博雅对外汉语精品教材
报刊教材系列

新编 读报纸 学中文
——汉语报刊阅读 准高级·上

Reading Newspapers, Learning Chinese:
A Course in Reading Chinese Newspapers and Periodicals
Quasi-Advanced · New Edition · Volume 1

吴成年 ◎ 主编

吴成年　王瑞珊　张　爽 ◎ 编著

北京大学出版社
PEKING UNIVERSITY PRESS

图书在版编目(CIP)数据

新编读报纸学中文.汉语报刊阅读.准高级.上/吴成年主编.—北京：北京大学出版社，2016.8
（博雅对外汉语精品教材）
ISBN 978-7-301-25640-4

Ⅰ.①新… Ⅱ.①吴… Ⅲ.①汉语–阅读教学–对外汉语教学–教材 Ⅳ.①H195.4

中国版本图书馆CIP数据核字(2015)第066102号

书　　名	新编读报纸学中文——汉语报刊阅读　准高级　上
	XIN BIAN DU BAOZHI XUE ZHONGWEN
著作责任者	吴成年　主编
责任编辑	孙　娴
标准书号	ISBN 978-7-301-25640-4
出版发行	北京大学出版社
地　　址	北京市海淀区成府路205号　100871
网　　址	http://www.pup.cn　新浪微博：@北京大学出版社
电子信箱	zpup@pup.cn
电　　话	邮购部 62752015　发行部 62750672　编辑部 62753334
印刷者	三河市博文印刷有限公司
经销者	新华书店
	889毫米×1194毫米　大16开本　20.25印张　499千字
	2016年8月第1版　2024年1月第3次印刷
定　　价	68.00元（含MP3光盘1张）

未经许可，不得以任何方式复制或抄袭本书之部分或全部内容。
版权所有，侵权必究
举报电话：010-62752024　电子信箱：fd@pup.pku.edu.cn
图书如有印装质量问题，请与出版部联系，电话：010-62756370

前 言

本教材分为上、下两册，适合具有较高汉语水平（约掌握了 5000 个左右的词语、2000 个左右的汉字）的外国学习者使用。教材的编写吸收了报刊课程的最新研究成果，借鉴了已有报刊及其他类型教材的经验特点，以求切合当前报刊阅读教学的需求。其突出特点体现在以下几个方面：

一、选材注重学生的兴趣。在编写这套教材之前，编者曾对 260 名高级水平的留学生作了报刊话题兴趣程度的调查问卷，将学生比较感兴趣的话题优先编入教材中，对于不同年级学生都感兴趣的话题注意循环复现和难度的逐渐增加。

二、突出较高年级重要语言点的教学。考虑到要让学生在有限的教学时间内能够充分地练习，编者将每篇课文的重要语言点确定为 3～5 个。这些语言点的选择原则是，既要体现报刊语言的特点，也要具备相当的实用性和常用性，能帮助学生熟练运用报刊词语句式、准确辨析同义词、正确掌握构词规律等。课文的重要语言点加黑体标出，便于教师和学生查找。重要语言点的解释力求简要、易懂，注重用法介绍，并主要选用报刊文章中的语料举例说明。

三、扩大学生词汇量的同时，注重对超纲词比例的控制和增加词语的重现率，以降低学生学习生词的难度。编者将每篇课文的生词量控制在 40 个左右。全书上下两册纲内普通词占总生词量的比例分别为 79.08% 和 77.64%，超纲词分别为只占 20.92% 和 22.36%。这样，以往高级报刊教材因超纲词过多而难度过大的不足得以有效避免。每课词语表中的超纲词下面都画有横线，以便与纲内词区别开来。编者也十分重视生词的重现率。全书上下两册每个生词平均重复出现的次数分别为 10.6 次和 10.4 次，便于学生学习和掌握生词。所有的生词除了中文解释外，还配有英日韩三种语言的翻译，方便外国学习者理解掌握。

四、注重学生中文报刊阅读能力和报刊语篇能力的训练。教材设有"读报小知识"，旨在帮助学生认识中文报刊的特点，了解如何有效地阅读中文报刊文章。每课的练习一有让学生每周读两篇最新中文报刊文章的规定；每课的"快速阅读"有 3 篇标明字数和限时，要求当堂阅读的文章，培养学生面对大量阅读任务不断提高阅读速度和主动跨越阅读障碍的能力，这对学生学习课文、参加 HSK 考试大有好处；每课的练习五、七、八主要训练学生的语篇组织能力和语篇概括能力。教师通过课堂语言点的操练、话题的讨论、每周的报刊发言、练习一的报刊摘要与看法写作、练习九的话题写作准备和讨论等，使学生的听、说、读、写四种能力得到综合的训练和提高。

五、重视对课文内容的复习。教材每课的练习二、三、四、六，紧扣课文，帮助学生复习课文、生词和重要语言点。编者还分单元设置4套测试题，可以阶段性地检查学生对所学知识的掌握情况和所达到的阅读水平。

为方便广大教师规范合理地组织教学，教材配有电子版教师教学参考资料。欢迎大家与北京大学出版社（beidayuyan@126.com）联系免费索取，或者直接在http://www.pup.cn下载专区进行免费下载。

另外，需要说明的是：研究生张新军、王苗苗曾经参与了教材编写前期报刊资料收集，初稿中部分练习编制，以及后期部分生词和语言点注释的工作；美国留学生贺永泉、日本留学生市村佳织、韩国留学生明玲珠分别负责了教材生词的英日韩文翻译。对他们的热忱帮助，我们在此深表谢意。

本教材是北京师范大学"十二五"规划教材成果之一。在教材编写过程中，我们得到了北京师范大学汉语文化学院领导、同事和北京大学出版社的大力支持，在此一并致谢。

教材里选用了大量的媒体文章，我们还要特别感谢这些文章作者的支持。个别篇目由于种种原因，我们暂时无法与其作者取得联系。希望这些作者看到本教材后，及时与我们联系。

最后，感谢国内外同仁、朋友对本教材的关注及指正。同时，欢迎使用本教材的老师和学生多提宝贵意见。我的E-mail地址是：wucn2008@sina.com。

北京师范大学汉语文化学院　吴成年
2016年8月

目 录

第一课　金发碧眼看上海　　　　　　　　　　　　　　　　　　　　1
　　词语表 /1　　课文 /5　　注释 /6　　练习 /7
　　快速阅读 /16
　　　　阅读一　汉语学习者：请叫我的中文名字 /16
　　　　阅读二　探秘京城插班外国小留学生 /17
　　　　阅读三　看不懂菜单　留学生吃啥没方向 /19

第二课　学会利用食品调节情绪　　　　　　　　　　　　　　　　　21
　　词语表 /21　　课文 /25　　注释 /27　　练习 /28
　　快速阅读 /31
　　　　阅读一　年夜饭，那一席最浓的乡愁 /31
　　　　阅读二　礼盒团购遭冷遇，冷冻菜肴争除夕 /32
　　　　阅读三　中国食文化应该如何申遗 /34

第三课　家庭规模日趋小型化　　　　　　　　　　　　　　　　　　36
　　词语表 /36　　课文 /40　　注释 /42　　练习 /43
　　快速阅读 /47
　　　　阅读一　全家福的流行 /47
　　　　阅读二　再生一个要不要 /48
　　　　阅读三　中美孩子家务清单对比的启示 /50

第四课　"不婚族"日趋庞大　单身白领女性多　　　　　　　　　　52
　　词语表 /52　　课文 /56　　注释 /58　　练习 /59
　　快速阅读 /63
　　　　阅读一　情人节，让我们沉思何为爱情 /63
　　　　阅读二　第一代独生子女婚恋观巨变　有"草结草离"的趋势 /64
　　　　阅读三　抵制逼婚广告还不够 /65

第五课　网络婚姻使真夫妻反目　　　　　　　　　　　　　　　　　67
　　词语表 /67　　课文 /71　　注释 /73　　练习 /75

快速阅读 /78
　　阅读一　大学生与社交媒体，一场孤独的狂欢 /78
　　阅读二　娱乐化，不只是笑谈 /79
　　阅读三　网络热词改头换面成文言，点赞否 /81

第一～五课测试题 …………………………………………………………… 83

第六课　再富不能富孩子 ……………………………………………………… 94
词语表 /94　　课文 /97　　注释 /99　　练习 /100
快速阅读 /104
　　阅读一　不一样的教育救助 /104
　　阅读二　慢养，相信孩子自己的力量 /105
　　阅读三　帮助自闭症儿童　勿拔苗助长 /107

第七课　透视城市青年生活形态 ……………………………………………… 109
词语表 /109　　课文 /113　　注释 /114　　练习 /116
快速阅读 /119
　　阅读一　告别打口时代：中国摇滚乐与城市青年文化 /119
　　阅读二　北京青年研究"沙发人类学"　挖掘胡同里的老故事 /121
　　阅读三　户外音乐节：迷笛打造城市节日 /122

第八课　短信文学大赛引争议　手机短信：文学零食？正餐？ ……………… 124
词语表 /124　　课文 /128　　注释 /129　　练习 /130
快速阅读 /134
　　阅读一　手机，刷新我们的生活方式 /134
　　阅读二　被手机"绑架"的"低头族" /136
　　阅读三　指尖上的购物革命：无网购不生活 /137

第九课　一个高中女生眼里的中美教育差异 …………………………………… 140
词语表 /140　　课文 /143　　注释 /145　　练习 /146
快速阅读 /150
　　阅读一　吃泡面入名校，中美教育不是"统一牌" /150
　　阅读二　小贝家王子餐厅打零工 /151
　　阅读三　现场观摩德国爸爸如何教育女儿 /153

第十课　高校毕业生碰到了EQ难题·················155

词语表 /155　　课文 /159　　注释 /161　　练习 /162

快速阅读 /165

阅读一　大学生求职记 /165

阅读二　隐性就业　想说爱你不容易 /167

阅读三　中国高校毕业生就业难成因及出路何在 /169

第六～十课测试题·················172

第十一课　未来：可再生能源唱主角·················182

词语表 /182　　课文 /185　　注释 /187　　练习 /188

快速阅读 /191

阅读一　与其引进萤火虫，不如改善环境 /191

阅读二　互联网巨头缘何对绿色能源情有独钟 /193

阅读三　风险评价：给重金属画一条科学的"红线" /195

第十二课　知名企业看中何种人才·················198

词语表 /198　　课文 /201　　注释 /203　　练习 /204

快速阅读 /208

阅读一　解读世界杰出华商协会卢俊卿的幸福企业 /208

阅读二　俞敏洪：企业家本身决定了企业的生死 /209

阅读三　冯仑：企业公益需要制度化 /211

第十三课　中国人的名字该怎么起·················213

词语表 /213　　课文 /216　　注释 /218　　练习 /219

快速阅读 /222

阅读一　婚姻彩礼：缠绕习俗文化与利益诉求 /222

阅读二　文化，就在习俗节日中 /224

阅读三　不跳舞，大妈还能干啥去 /225

第十四课　张艺谋在行动·················228

词语表 /228　　课文 /231　　注释 /233　　练习 /235

快速阅读 /238

阅读一　中国故事　国际表达 /238

阅读二　好电影雅俗共赏 /240

　　　　阅读三　影视文化创新从何入手 /241

第十五课　中国农民工"40岁现象"调查 ················ 244
　　词语表 /244　　课文 /248　　注释 /249　　练习 /251
　　快速阅读 /254
　　　　阅读一　"破烂王"崔江涛的城里生活 /254
　　　　阅读二　济南两代农民工的城市梦 /256
　　　　阅读三　农民工和企业的双赢故事 /257

第十一～十五课测试题 ················ 260
第一～十五课总测试题 ················ 271
读报小知识（15则） ················ 283
词语总表 ················ 287
参考答案 ················ 307

第一课　金发碧眼看上海

背景知识

上海是中国最大的经济中心城市，在全国经济和社会发展中具有举足轻重的作用。正在向现代化国际大都市目标迈进的上海，肩负着面向世界、服务全国的重任。这个人口仅占全国 1%、土地面积占全国 0.06% 的城市，完成的财政收入占全国的九分之一，口岸进出口商品总额占全国的四分之一，港口货物吞吐量占全国的十分之一，并在改革开放、产业升级、科技创新等方面发挥着示范、辐射和带动作用。上海以其优越的地理位置、雄厚的经济实力、开放的文化意识，正日益吸引着世界的目光。不少外国人选择在上海定居、投资，发展自己的事业。

词语表

1. **金发碧眼**　jīn fà bì yǎn
   金色的头发，蓝色的眼睛，代指白种人
   blue-eyed blonde (refers to person of white race)
   「白色人種」を指す
   백인종을 가르키는 말

2. **定居**　dìngjū　（动）
   在某个地方固定地居住下来
   to settle down
   定住する
   한 장소에 주거를 정하다, 정착하다

3. **风味**　fēngwèi　（名）
   各个地方有特色的食品的味道
   local colour, special flavour
   風味
   각 지방마다 가지고 있는 (음식의) 독특한 맛

4. **摆设**　bǎishè　（动）
   摆放，陈设
   to furnish and decorate
   陳列する　飾り付ける
   진열하다, 장식하다

5. **反问**　fǎnwèn　（动）
   反过来对提问的人发问
   to reply to a question with a question
   反問する　逆に尋ねる
   반문하다

| 6 | 保姆 | bǎomǔ | （名） | nanny, housekeeper |

受雇为人照顾儿童或为人从事家务劳动的妇女

家政婦（主に子供の世話をする）

가정부, 보모

| 7 | 家务 | jiāwù | （名） | household duties |

家庭事务

家事

가사, 집안 일

| 8 | 攒 | zǎn | （动） | to collect together (things or monetary savings) |

把节约下来或暂时不用的钱或物存起来

蓄える　貯蓄する

쌓다, 모으다, 축적하다

| 9 | 售货员 | shòuhuòyuán | （名） | shop assistant; sales clerk |

商店里卖东西的工作人员

店員 販売員

（상점 등의）점원, 판매원

| 10 | 心灵 | xīnlíng | （名） | heart; soul; spirit |

指精神、思想等

「精神、思想等」を指す

정신, 사상, 영혼, 마음

| 11 | 自然 | zìrán | （名） | nature |

自然界

自然

자연

| 12 | 诱惑 | yòuhuò | （动） | to attract, to tempt |

吸引，招引

引き付ける　誘惑する

유혹하다

| 13 | 欲望 | yùwàng | （名） | desire, wish |

想得到某种东西或想达到某种目的的要求

欲望

욕망

| 14 | 限度 | xiàndù | （名） | limit |

最大的范围，最高或最低的数量或程度

限度

한도, 한계

| 15 | 断定 | duàndìng | （动） | to form a judgement, to conclude |

下结论

断定する

단정하다, 결론을 내리다

| 16 | 合伙 | héhuǒ | （动） | two or more persons in partnership to accomplish a task |

两个或两个以上的人合在一起做某事

共同でする

한패가 되다, 동료가 되다, 동업하다

| 17 | 珍珠 | zhēnzhū | （名） | pearl |

某些软体动物（如蚌）的贝壳内产生的圆形颗粒，乳白色或略带黄色，有光泽，是这类动物体内发生病理变化或外界砂粒和微生物等进入贝壳而形成的。多用作装饰品

真珠

진주

18	项链	xiàngliàn	（名）	necklace 首飾り　ネックレス 목걸이
	套在脖子上挂在胸前的装饰品，多用金银或珍珠等制成			

19	批发	pīfā	（动）	wholesale 卸売りをする 도매하다
	成批地卖出商品			

20	串	chuàn	（量）	string, cluster 一さしにしたものを数える （한 줄로 쭉 꿴 듯한）줄，꿰미
	用于连贯在一起的东西			

21	精美	jīngměi	（形）	exquisite, elegant 精巧で美しい 정밀하고 아름답다
	精致美好			

22	上市	shàng shì		to go on the market (merchandise, goods) (季節のものが)売り出される 출시되다，(계절성 상품이) 시장에 나오다
	（货物）开始在市场上卖			

23	愣	lèng	（动）	to go blank, to be stupified ぼんやりする　ぽかんとする 멍해지다，어리둥절하다
	失神，发呆			

24	市区	shìqū	（名）	urban district 市区 시가지역，시내지역
	属于城市范围的地区，一般人口及房屋建筑比较集中			

25	成品	chéngpǐn	（名）	end product, finished product 製品　完成品 완제품
	加工完成后，可以向外供应的产品			

26	坑骗	kēngpiàn	（动）	to use deception to bring harm 人を騙し陥れる 속여넘기다，속여먹다
	用欺骗的手段使人受到损害			

27	内行	nèiháng	（名）	expert, one with substantial knowledge and experience 玄人　その道の人 전문가，숙련자
	对某种事情或工作有丰富的知识和经验的人			

28	小看	xiǎokàn	（动）	to look down upon, to belittle 軽視する 얕보다，깔보다，경시하다
	轻视，不认真对待			

29	奇特	qítè	（形）	peculiar, singular and strange 奇異である 기묘하다，기괴하다
	跟平常的不一样，奇怪而特别			

30	火	huǒ	（形）	prosperous, flourishing
	兴旺，兴隆			盛んである
				번창하다，흥성하다
31	客厅	kètīng	（名）	living room, sitting room
	接待客人用的房间			応接間　客間
				객실，응접실
32	沐浴	mùyù	（动）	to bathe (also symbolizes immersion in beautiful surroundings)
	洗澡；比喻处在（阳光、雨露等）美好的环境中			入浴する（比喩で太陽の光、雨・霧などを浴びる）
				목욕하다；(어떤 환경에) 푹 빠지다
33	地道	dìdao	（形）	authentic, pure
	真正的，纯正的			本場ものである
				순수하다，진짜의
34	红火	hónghuo	（形）	flourishing; prosperous
	形容兴旺、热闹			盛んである　にぎやかである
				번성하다，활기넘치다
35	好感	hǎogǎn	（名）	favourable opinion; good impression
	对人对事满意或喜欢的情绪			好感
				호감
36	犹豫	yóuyù	（形）	hesitant, irresolute
	拿不定主意			躊躇する
				주저하다，망설이다，머뭇거리다
37	川流不息	chuān liú bù xī		flowing endlessly and continuously as a stream (people, cars, etc.)
	（行人、车马等）像水流一样连续不断			川の流れのように絶え間がない
				(사람，차 등) 냇물처럼 끊임없이 오가다
38	俱乐部	jùlèbù	（名）	club (society, culture, art, etc.)
	进行社会、文化、艺术、娱乐、体育等活动的团体和处所			クラブ
				구락부，클럽
39	会员	huìyuán	（名）	member (group, organization)
	某些组织的成员			会員
				회원
40	棒	bàng	（形）	great, fine, excellent (informal)
	强，好（多用于口语）			良い
				강하다，훌륭하다，좋다 (구어에 많이 씀)
41	魅力	mèilì	（名）	glamour, charm
	能吸引人的力量			魅力
				매력

课文

金发碧眼⁽¹⁾看上海

唐宁、晓芳、艾薇儿

瑞典人李琳

金发碧眼的李琳是瑞典人。她和丈夫现在定居⁽²⁾在上海。丈夫每天早上出门去新天地的公司里上班,李琳在家里写文章。他们觉得在上海生活非常方便,已经熟悉了好几个好吃又便宜的中餐馆,会点一些上海风味⁽³⁾的菜。

李琳家挂着夫妇俩在各地旅游时拍的照片,家中**摆设**⁽⁴⁾着各地的纪念品。李琳曾经问过很多中国人:"什么是幸福?"回答都很相似:"有个好工作,买房、买车。"李琳说:"除了这些,就没有别的事情要做了吗?"别人便反问⁽⁵⁾她:"你的幸福在哪里?"

李琳说她也一直在思考这个问题。她从小就想去很远的地方。高中毕业后她去英国一边当保姆⁽⁶⁾,一边学英语。"在瑞典,孩子们可以有多种选择。大家不会认为帮人带孩子、做家务⁽⁷⁾有什么不好。19岁时,我去一家咖啡厅工作,用攒⁽⁸⁾下的钱去美国玩了半年。后来的几年中我在不同的国家工作,做过旅馆清洁工、售货员⁽⁹⁾,我看到了各个地方不同人的生活,我的心灵⁽¹⁰⁾改变了很多。直到24岁那年,我才走进大学读书。"

关于幸福,李琳说:"我的理想是要去很远的、很多自然⁽¹¹⁾的地方;将来要做帮助别人的事情。物质对我没有太大的诱惑⁽¹²⁾力。你可以购买好多东西,但你仍然不会感到幸福。物质欲望⁽¹³⁾是没有限度⁽¹⁴⁾的,培养这种欲望,不会为我带来幸福。我不敢**断定**⁽¹⁵⁾幸福究竟是什么,可是我认为,至少现在,我的幸福就是——生活在上海。"

德国人汉斯

汉斯是一个德国小伙,在德国和朋友合伙⁽¹⁶⁾开了家小店,卖一些朋友带回国的小东西。这当中要数中国珍珠⁽¹⁷⁾项链⁽¹⁸⁾最好卖,于是汉斯就决定亲自来中国批发⁽¹⁹⁾一些。这次他的目的地选在上海,要买的就是一串⁽²⁰⁾串**精美**⁽²¹⁾可爱的东方之"珠"。

到上海的头两天,汉斯被朋友带着去了近郊的一家饰品厂,那里的珍珠都是用麻袋装的,像新上市⁽²²⁾的大米,看得汉斯一愣⁽²³⁾一愣的。难道要把这些"大米"都运回去吗?最后汉斯还是决定回市区⁽²⁴⁾,因为老板说城隍庙的饰品店里就有许多半成品⁽²⁵⁾的珍珠项链。

这是汉斯第一次到城隍庙,看哪儿都新鲜。"由饰品厂老板带路去选珍珠,这样店家自然也就坑骗⁽²⁶⁾不了我了。"多鬼的汉斯!而且他还不知道从哪儿学来的,居然会像个内行⁽²⁷⁾一样拿工具敲碎了珠子看里面。饰品店的服务员看这外国人像个内行,自然是不敢小看⁽²⁸⁾他,几乎拿出了店里所有的宝贝。汉斯笑着告诉身边的翻译:"眼睛都花了,来之前可根本没想到东方之'珠'还有这么多种。"最后汉斯买了许多奇特⁽²⁹⁾的珠子,他说回去一定会卖火⁽³⁰⁾了。

澳洲人安德鲁

安德鲁喜欢上海的生活,和许多在上海打工的外国人一样,他有一套公司为他安排的房子。从小生活在南半球的安德鲁最爱在客厅⁽³¹⁾里享受阳光的沐浴⁽³²⁾，而且也很喜欢亲切的上海阿姨来打扫房间。因为每次阿姨来的时候，安德鲁就可以和她聊天，从她那里听到许多新鲜有趣的事，顺便学两句地道⁽³³⁾的上海话。

在澳洲的时候，安德鲁在自己住的小镇上开过一个修车铺，住在附近的人几乎都是他的客人，生意做得很是红火⁽³⁴⁾。朋友们不明白，他为什么要放弃好好的老板不做，而选择去中国做一个普通的打工仔。可是安德鲁却乐在其中，他一直就对这个神秘的东方国家充满了好感⁽³⁵⁾。三年前正好碰到合适的机会来中国，他当然毫不犹豫⁽³⁶⁾地就做出了决定。

刚到上海的时候，安德鲁最喜欢站在人行天桥上，看下面川流不息⁽³⁷⁾的人群。他还兴奋地拿DV拍下来，寄回去给在澳洲的父母看。因为在澳洲，他们一年都碰不到那么多人。

安德鲁喜欢旅游，趁着长假还经常和几个朋友去外地，现在他已经是一个旅游俱乐部⁽³⁸⁾的会员⁽³⁹⁾了。在那里，他又认识了许多有共同爱好的新朋友，还碰到了他现在的女朋友。他常常和在澳洲的父母说，上海的女孩很漂亮，而且她们的英文也很棒⁽⁴⁰⁾。他打算这个长假把父母从澳洲接来上海，见见自己的上海女朋友，也见见上海这座很有魅力⁽⁴¹⁾的城市。

（全文字数：约1600字）

（节选自《新民晚报》，有改动）

注释

1 李琳家挂着夫妇俩在各地旅游时拍的照片，家中**摆设**着各地的纪念品。

[解释] 摆设：动词，表示摆放、陈设。后面接的名词有：家具、纪念品、珍珠项链、首饰等。

[例句] ① 公司的接待室里摆设两盆花木能营造一个宽松和谐的交流环境。
② 公园湖边摆设的秋菊，给古老的城隍庙增加了一份独特秋景。

2 我不敢**断定**幸福究竟是什么，可是我认为，至少现在，我的幸福就是——生活在上海。

[解释] 断定：动词，指经过判断、推理而下结论。

[例词] 根据某些迹象断定／断定是非曲直

[例句] ① 仅仅在这个城市待了一天，他就断定自己喜欢上了这个充满魅力的城市。
② 只根据作画的技法，还不能断定作品的真假，因为技法是可以模仿的。

3 这次他的目的地选在上海，要买的就是一串串**精美**可爱的东方之"珠"。

[解释] 精美：形容词，有精致的意思。

[例词] 精美的项链 / 精美的装饰品 / 精美的服装

[例句] ① 南京的蒸饺别具一格，不但形状精美，口味更是以清新著称。
② 寺庙大殿的正中间，摆放着雕刻精美的佛像。

读报小知识

中文报刊有哪些

中文报刊非常丰富，你可以根据自己的兴趣或需要来选择不同类别的中文报刊。中国著名的报纸有《人民日报》《人民日报·海外版》《环球时报》《参考消息》《中国青年报》《经济日报》《科技日报》《健康报》《中国教育报》《光明日报》《中华读书报》《北京青年报》《北京日报》《南方周末》《文汇报》《新民晚报》《羊城晚报》等；著名的刊物有《三联生活周刊》《读者》《青年文摘》等。

练习

一 请在课外阅读中文报刊的最新文章，将其中你喜欢的一篇剪贴在你的笔记本上，然后写成摘要，并谈谈自己的看法。下面列举一位同学的作业来说明如何写报刊摘要与看法

原文：

【作为准高级初期水平的学生，你开始的时候适宜多选篇幅在1000字左右的文章。随着汉语水平的提高，选文的篇幅可逐渐增大。选文要注明出处（如报纸、刊物、网站等）与日期。】

美俄博弈之下乌克兰将走向何方

2014年5月6日《科技日报》

连日来，乌克兰军队在东部城市斯拉维扬斯克展开针对亲俄武装的特别行动。应俄罗斯的要求，联合国安理会召开了紧急会议。俄罗斯在会上警告，如果乌克兰当局不停止对本国民众的"犯罪行为"，将会面临"灾难性的后果"。美国则警告俄罗斯不得以"维和部队"为理由向乌克兰用兵，威胁更多制裁俄罗斯的措施将会出台。那么乌克兰危机未来

走向将会怎样？请看国防科技大学国际问题研究中心专家为您解读——

乌克兰东部局势不断恶化，示威者占领了多个东部城市的重要机构。4月17日，美俄欧乌四方在日内瓦同意采取措施缓和乌克兰局势，但示威者并未退出所占领的机构，乌军恢复展开军事行动。

那么，针对乌当局采取的高压政策，强调不能坐视俄裔居民受到侵犯的俄罗斯，下一步将会采取什么样的措施？被普京称作"逾越底线、歇斯底里"的西方国家，面对外交战场的丢分失利、国内民调的徘徊低迷、经济制裁的尴尬无力，是否会采取更加激烈的应对措施？

预测一：俄不会入侵乌克兰东部，也不会公开支持其独立建国

虽然在乌克兰危机爆发后不久，俄国防部立即宣布在南部军区进行军事演习，并接管了克里米亚的一些重要设施。然而需要指出的是，俄罗斯总统普京虽从上院获得了动武的权力，但迄今为止，俄武装力量并没有进入克里米亚，更没有进入乌东部各州。当然，无论是演习还是上院表决，其意图和针对性十分明显，正如中国古话所说，"项庄舞剑，意在沛公"。

俄乌之间无论是从历史上还是情感上都有着密不可分的联系。乌克兰首都基辅是俄罗斯的三大古都之一，也是俄罗斯的民族起源地。换句话说，现在的基辅即是俄罗斯的发源地，因此无论是在民族、宗教、文化、历史的认同方面，俄乌千百年来不可分割，兄弟同室操戈的可能性不大。

乌克兰彻底分裂更是西方各国无法接受的事实。针对乌克兰东部三州的独立呼声，白宫首先表达了对俄入侵乌克兰东部的担忧，国家安全局也迅速发声，指责俄罗斯在事件背后的运作，北约更是在俄乌边境进行24小时不间断的卫星侦察。进一步讲，乌克兰东部毕竟不是俄军常驻并且可以囊中取物的克里米亚，随着暴力的升级，俄想要武装拿下东部三州，难度之大无异于火中取栗。此外，面对来自西方的巨大压力，俄罗斯自忖并不具备与西方全面对抗的实力。继成功将独立入盟之火烧至乌本土后，克里米亚的归属问题也得以进一步坐实，乌国内乱局为俄争取乌克兰联邦化、中立化增添了额外的筹码，扩宽了腾挪的空间。

预测二：俄美因乌克兰斗而不破，军事对抗上不可能

从美国的角度看，美俄武装冲突既不是其策动乌克兰危机的题中应有之义，更不符合其进行战略转向的长远利益。从最近几次的交锋中我们看到，美国及其西方盟友实际上可打的牌并不多。

外交战场上，如果说3月15日安理会表决中俄罗斯的否决票并不能让美国忧虑，那么3月27日联合国大会决议则让美国深深感到，国际舆论的风向已不再唯其美国马首是瞻。除了追随西方的100个国家赞成外，在所有193个国家中，另有11票反对，58票弃权，24国没有参加投票。众所周知，联合国外交中弃权不参与也是一种态度，金砖国家弃之不理，更有美国盟友以色列、伊拉克、阿富汗投票弃权。

军事斗争上，俄坐拥三位一体的核威慑力量，也是公认的世界第二大强国。乌克兰危机后，俄高层集体表态，表示不惜动用武力维护俄裔居民权益。俄军事专家卡拉加夫更是赤裸裸地威胁，"目前，俄拥有摧毁美国本土几十次的能力"。这也正是俄罗斯除地缘优

势外，在美俄斗争的天平上最为倚重的一枚砝码。

在与美国制裁紧密相关的经济方面，西方也不能讨到什么好处。首先，俄罗斯经济自成体系，对外依赖较少，是世界上唯一一个能够做到所有资源自给自足的国家。其次，想要形成合力的西方国家自身经济就存在着极大的隐患。自乌克兰危机发生后，国际金融市场的波动迅速加剧，西方经济难除风险，新型经济体继续保持高速增长力不从心。在如此背景下，俄罗斯的处境和未来就显得不太凶险。继成为中国战略合作伙伴后，俄强化了其在能源领域的地位。尽管目前的地缘政治存在不确定性，但俄罗斯仍是欧亚贸易关系里的重要角色，也是欧亚国家的主要能源供应商。再次，在过去的10年里，俄罗斯和欧盟的贸易额从每年900亿欧元上升到4000亿欧元，强行推行大规模制裁只会使欧洲盟友本已疲乏的经济雪上加霜。

而对于俄罗斯，一场战争的代价可能不仅仅是将近年来由于经济回升而积蓄的一点实力消耗殆尽，更有可能迫使俄罗斯因为克里米亚的"回归"而背上新的、沉重的经济包袱。普京清醒地认识到，俄既不是当年力可扛鼎的苏联，也不再有如北约那般可以倚靠的华约，想要和西方进行大规模较量难免有些力不从心。况且，俄罗斯社会的稳定绝非可控的，这点从普京2012年再次当选的艰辛可见一斑。俄民众这些年虽然尝到了油价攀升带动经济复苏的甜头，但也逐渐习惯了与西方自由交流的宽松，克里米亚危机虽可以一时激起民族主义的高涨，但现代社会的民族主义有着相当的脆弱性。如果俄当前奉行的强硬外交最终导致民众生活水平的下降，那么俄政府也将成为"孤家寡人"，失去民众的基础，从而动摇其执政基础。

特别是，乌克兰是俄罗斯的底线，但对美欧却并非如此。正如布热津斯基所言，"没有乌克兰的俄罗斯将不会成为一个世界大国"，俄罗斯对此深以为然。而对于美国，乌克兰虽是北约东扩的重要一站，但在其战略"优先顺序中排不到前三"。无论是2014年的阿富汗撤军、中东谈判、国内移民改革，还是苦心经营的亚太再平衡，奥巴马总统的办公桌上有着更多优先亟待解决的难题。比较而言，俄虽然凭借文化传统、地缘优势解决克里米亚问题后，成功地将东西斗争焦点转移到乌国内，但却"既不追求霸权也不觊觎意识形态领域的主导地位"。"在国际舞台上与美国对抗并非目的本身，而可被视为提醒界线存在的方式。"俄罗斯外交和国防政策委员会主席卢科亚诺夫如是说。

预测三：芬兰模式或将适用于乌克兰，俄罗斯向东倾斜是战略考量

美国著名外交家基辛格曾预言："在可预见的将来，乌克兰无论如何也不能加入北约，否则就动了俄罗斯的奶酪，触及了他的底线。"也有俄罗斯专家认为："为此也有可能引发新的冷战。"对于乌克兰危机，俄罗斯自然咬定不松口，西方也不会轻易吞下苦果。然而，无论这次危机是在怎样的你进我退、反复周旋中尘埃落定，乌克兰社会都将会在两方角力、东拉西扯中被硬生生地撕开一道难以愈合的伤痕，小国的悲剧大抵如此。然而，当我们把目光投向芬兰，一个同样在东西拉扯中挣扎的国家，一个同样与俄罗斯有着数不清恩怨的国家，却在二战后收获了如迪斯尼般快乐的结局。这不禁让人遐想，乌克兰可否借用芬兰模式实现国家经济发展和人民生活水平的提高。

芬兰地处欧洲北部，与俄罗斯接壤。早在苏联时期，芬兰就在两次苏芬战争中折戟沉沙，

丢失了大量领土。然而二战后的芬兰却成为了世界上高度发达的国家，国民享受极高的生活标准。芬兰成功的背后是战后奉行"积极的和平中立政策"，同苏联保持睦邻友好关系，不介入大国冲突。苏联解体后，芬兰对其外交政策进行了重大调整，将发展同欧盟的关系作为外交重点，并于1995年正式成为欧盟成员。入盟之后，芬兰仍坚持奉行军事不结盟和独立可靠的防务政策，密切与北约的合作，同时继续与俄罗斯保持睦邻关系，支持俄罗斯融入国际社会。正是其经济上依靠欧盟、政治上对俄保持中立，在某种程度上发挥了俄与北约、欧盟的纽带桥梁作用，也为自己争取了最大的利益。

相较于芬兰，乌克兰对于俄罗斯的重要性不言而喻。乌克兰能否摆脱历史的诅咒，发挥自身同俄罗斯经济的互补性优势以及良好的工业基础、农业优势、科技潜力，保持政治上的中立，积极融入欧盟，对其自身发展未尝不是一个平衡、折中、现实的选项。

那么，面对自诩拥有体系性优势、掌控强大软实力的西方国家，经常遭遇"挤压、遏制、围堵"的俄罗斯未来将如何应对？

也许可以从普京在克里米亚和塞瓦斯托波尔入俄签约仪式上的演讲找到答案。普京感叹道："俄罗斯已经厌倦了西方不能将其视为平等伙伴……一次次地欺骗我们，背着我们做出决定，然后将既成事实摆在我们面前……在北约东扩问题上，在部署导弹防御系统问题上，在无休止地拖延签证谈判问题上，在公平竞争和自由进入全球市场的承诺上，每次都是这样。"针对俄总统讲话，《全球政治中的俄罗斯》杂志主编菲奥多尔·卢基扬诺夫评论道："普京讲话的中心思想是对苏联解体后的时期做一总结。"早在乌克兰危机爆发前，俄罗斯人就意识到"转向亚洲"是其21世纪的最优先任务。随着冲突的升级，美欧的表现真正让俄罗斯意识到，世界不只局限于西方。

西方挤压着俄的生存空间，但同时也成了俄罗斯战略转向的重要推手。多极化背景下新兴国家的群体性崛起，为俄主张的多极世界增添了新的平台。而俄对外政策的"向东看"和国家战略的调整也势所必然。正如4月10号参加博鳌亚洲论坛的俄副总理德沃尔科维奇在开幕式上表示的，"俄罗斯政治上向东倾斜不是见风使舵，而是经过检验的战略路线"。

生词：

【选择一些影响文章理解、比较难、比较重要的词语作为生词，注上拼音与中文或英文解释。】

1.	歇斯底里	xiēsīdǐlǐ	形容情绪异常激动，举止失常，无法控制自己。
2.	项庄舞剑，意在沛公	Xiàng Zhuāng wǔ jiàn, yì zài Pèi gōng	项庄席间舞剑助兴，企图刺杀刘邦。比喻说话和行动虽然表面上另有名目，其真实意图却在于对某人某事进行威胁或攻击。
3.	同室操戈	tóng shì cāo gē	自家人之间动刀枪。泛指内部斗争。
4.	囊中取物	náng zhōng qǔ wù	字面义是从口袋中拿东西。比喻办起事情来毫不费力。
5.	火中取栗	huǒ zhōng qǔ lì	比喻被人利用，替人冒险出力，自己却一无所得。现也指冒险行事，使自己蒙受损失。

6. 自忖	zìcǔn	自我思量。
7. 筹码	chóumǎ	通常指在对抗或竞争中可以用作谈判条件的本钱。
8. 腾挪	téngnuó	挪动，也是棋类运动当中的一个术语，使用较为广泛。
9. 马首是瞻	mǎ shǒu shì zhān	原指作战时士卒看主将的马头行事。后比喻服从某人指挥或依附某人。
10. 砝码	fǎmǎ	天平上作为质量标准的物体，通常为金属块或金属片，可以称量较精确的质量。
11. 觊觎	jìyú	渴望得到（不应该得到的东西。）
12. 咬定	yǎodìng	一口认定，指话说得十分肯定。
13. 松口	sōngkǒu	将咬住的东西放开，比喻不再坚持原来的意见。
14. 尘埃落定	chén'āi luòdìng	比喻事情经过许多变化，或经过一阵混乱后，终于有了结果或结局。
15. 东拉西扯	dōng lā xī chě	（说话、写文章）条理紊乱，没有中心。
16. 硬生生	yìngshēngshēng	形容态度生硬。
17. 遐想	xiáxiǎng	悠远地想象；无拘无束地联想；超越现实境界的思考。
18. 折戟沉沙	zhé jǐ chén shā	断戟沉没在泥沙里，成了废铁。形容失败十分惨重。
19. 见风使舵	jiàn fēng shǐ duò	根据风向来操纵船舵，比喻根据形势的变化而改变方向或态度。多含贬义。

摘要：

【用尽可能简洁的语言概括出原文的主要内容，字数一般在 100—500 字左右。】

对于不断恶化的乌克兰危机，一位中国国防科技大学的专家介绍未来走向的三个主要预测。第一，俄不会入侵乌克兰东部，也不会公开支持其独立建国。在表面上看，军事演习等威胁乌克兰的因素存在，但是俄罗斯侵入乌克兰的可能性很低。自古以来俄乌兄弟两国有着密不可分的联系，西方各国也绝不能接受乌克兰的分裂，而且俄罗斯与西方全面对抗的实力也不够。

第二，俄美因乌克兰斗而不破，军事对抗上不可能。考虑国际社会不再唯其美国马首是瞻的舆论，俄罗斯强大的军事力量，以及在能源领域占上风的地位，美国不能乱动；俄罗斯也要避免全面性的冲突。俄罗斯不再有如北约那般可以倚靠的华约，况且，绝不可忽视国内社会的稳定。

第三，芬兰模式或将适用于乌克兰，俄罗斯向东倾斜是战略考量。乌克兰值得参考芬兰，芬兰在两次苏芬战争中折戟沉沙，丢失了大量领土，然而二战后却成为了世界上高度发达的国家。秘诀在于芬兰的"积极的和平中立政策"。那俄罗斯的"向东看"对外政策是从何处来的呢？这是因为西方挤压着俄罗斯的生存空间，俄罗斯随之摸索战略的路线而已。

看法:

【针对文章的内容谈自己的看法,角度不限,可以通过对比文章的内容与自己的情况或自己国家的情况来谈。字数一般在100字以上。】

乌克兰的未来会怎样展开? 我的观点,跟这位专家的观点差不多,乌克兰东部的局势将要慢慢地稳定下来。我想,普京本来的目标是对克里米亚的"吞并",而不是乌克兰东部。对普京来说,幸好火烧至乌本土使国际社会只注视着乌克兰东部,否则克里米亚的局势仍然颇为混乱,各国议论纷纷。目前,由于乌克兰东部局面的不稳定,连西方国家也实际上承认了克里米亚的归属。就这样,普京已圆满地达到自己的目标,因而,现在的矛盾通过美俄欧乌四方的外交协议将会慢慢地缓解。

那么,乌克兰的"失败"到底是从哪里开始的呢? 苏联解体之际,乌克兰核武器运用能力很了不起,但是乌克兰接受西方的建议放弃了所有的核武器。当然,以放弃核武器为条件,西方承诺将来主动地确保乌克兰的主权和安全。结果呢? 美国及其西方盟友实际上可打的牌并不多,所谓的"经济制裁"俄罗斯一点也不怕。在此,我们看到自主国防的重要性。

我的祖国韩国呢? 很遗憾,韩国很多军事人士坚定地相信,如果韩国与朝鲜之间发生军事上的纠纷或者矛盾,美国会毫不犹豫跑过来帮助韩国,因此愿意美军继续屯驻在韩国。但是,我想那是五十年前的故事。现在美国牵制的不再是"资本主义和社会主义之间的战线",而无疑是中国。所以,虽然韩美同盟条约规定,如果韩国被别的国家打击,美国将立即派兵帮助韩国,但事实上,美国先考虑自己的军事行动将给中美两国关系带来什么样的变化,然后再决定怎么做。因此,韩国当然不仅要好好儿维持友好的韩美同盟关系,还要致力于增强自主国防能力,以免成为"第二个乌克兰"。

问题:

【对于本周安排在课堂上作报刊发言的同学,需要准备两个容易引起大家讨论的问题。】

1. 关于克里米亚的"归属/吞并",你认为俄罗斯和乌克兰,哪一方的说法更有道理?
2. 说说你们国家的国防力量,是自主国防还是同盟性国防? 你们国家的国防着重点何在?

二 给下列动词搭配适当的词语

批发＿＿＿＿＿＿＿＿＿　　　攒＿＿＿＿＿＿＿＿＿

享受＿＿＿＿＿＿＿＿＿　　　充满＿＿＿＿＿＿＿＿＿

坑骗＿＿＿＿＿＿＿＿＿　　　摆设＿＿＿＿＿＿＿＿＿

定居＿＿＿＿＿＿＿＿＿　　　小看＿＿＿＿＿＿＿＿＿

三 选词填空

摆设　对……有诱惑力　对……充满好感　合伙　川流不息　沐浴　小看

1. 在繁华的商业街，车辆和行人_____。
2. 因为每天清晨太阳从厦门五老峰后升起，日光岩最先_____在阳光中，故得名为日光岩。
3. 现在社会上_____运动员_____的东西实在太多了，如果我们管理上稍有放松，就会给奥运备战工作带来极大的危害。
4. 互联网的出现，使人们有机会去跟陌生人交流，随着交流的增加，很多人_____网友_____。
5. 王春海同北大法律系和外语系的两名学生_____建立了"三友俱乐部"网站，专门在校内从事珠宝饰品和数码产品的销售。
6. 偶尔的失眠无关紧要，但经常性失眠就应该引起足够的重视，不可_____，因为失眠是多种疾病的早期症状。
7. 他在书房里_____着各种旅游纪念品。

断定　确定

8. 如果中国在他国并没有认定中国是敌人的情况下_____他国正在将自己视为敌人，那么中国将会使自己真的成为他国的敌人。
9. 考试时间紧张时，首先要_____做题顺序，可以按照填空、计算、选择、证明的顺序答题。

精美　精细

10. 他遇事冷静，考虑问题特别_____。
11. 他终于在一间不起眼的小屋里看到一份价钱不贵却又很_____的礼物，就是那种相框式的壁画，看上去非常漂亮。

四 根据课文内容判断正误

1. 李琳断定生活在上海是她的幸福。（   ）
2. 因为汉斯是个内行，所以他在买珍珠的时候没有被坑骗。（   ）
3. 安德鲁是在旅游俱乐部里认识他的女朋友的。（   ）
4. 李琳上大学后心灵改变了许多。（   ）

五 请按正确的语序将下列句子组成完整的一段话

1. A. 我看到了各个地方不同人的生活

   B. 做过旅馆清洁工、售货员

   C. 我的心灵改变了很多

   D. 后来的几年中我在不同的国家工作

   E. 直到24岁那年，我才走进大学读书

   正确的语序是：（   ）（   ）（   ）（   ）（   ）

2. A. 因为每次阿姨来的时候，安德鲁就可以和她聊天

   B. 顺便学两句地道的上海话

   C. 而且也很喜欢亲切的上海阿姨来打扫房间

   D. 从小生活在南半球的安德鲁最爱在客厅里享受阳光的沐浴

   E. 从她那里听到许多新鲜有趣的事

   正确的语序是：（   ）（   ）（   ）（   ）（   ）

六 根据课文内容选择最合适的答案

1. 李琳认为幸福的理想是_____。

   A. 有好工作   B. 有好车、好房

   C. 做帮助别人的事   D. 生活在上海

2. 饰品店拿出了店里所有的宝贝，因为_____。

   A. 汉斯是外国人   B. 汉斯是内行，能看得出好坏

   C. 汉斯需要一些奇特的珠子   D. 汉斯看起来像个内行

3. 李琳和丈夫_____。

   A. 都是瑞典人   B. 都觉得在上海生活很方便

   C. 都在公司上班   D. 都爱吃上海菜

4. 安德鲁来中国的主要原因是_____。

    A. 中国有很多发展机会　　　B. 他不想做老板

    C. 对中国充满好感　　　　　D. 有合适的机会来中国

七　完型填空

在此之后的几个月里，他不厌其烦地听这几盘CD。我们大人开玩笑说，孙悟空就住在我们的车上！__1__凭着这种对猴哥的"热爱"，他后来可以大段复述孙悟空的故事。最让我们惊喜的是，一天吃过晚饭后，他坐在沙发上一边__2__一个球，__3__开始讲《孙悟空三借芭蕉扇》。开始我们__4__他讲一小段就完了，__5__小家伙一口气讲了半个多小时。他的复述__6__内容几乎一字不差，__7__连孙敬修老人的语音、语调以及他在拖长音时那特有的颤音都没逃过他的模仿。等他终于讲完了，我们报以长时间的掌声和热情的拥抱，还有很多的鼓励！

    1. A. 因为　　B. 不过　　C. 正是　　D. 然而

    2. A. 摆设　　B. 摆弄　　C. 放着　　D. 摆放

    3. A. 一面　　B. 一会　　C. 一边　　D. 另一面

    4. A. 断定　　B. 以为　　C. 认为　　D. 想象

    5. A. 却　　　B. 竟　　　C. 于是　　D. 结果

    6. A. 虽然　　B. 由于　　C. 不仅　　D. 而且

    7. A. 但是　　B. 所以　　C. 因此　　D. 就

八　请用自己的话或原文中的关键句子概括下面一段话的主要内容

这是汉斯第一次到城隍庙，看哪儿都新鲜。"由饰品厂老板带路去选珍珠，这样店家自然也就坑骗不了我了。"多鬼的汉斯！而且他还不知道从哪儿学来的，居然会像个内行一样拿工具敲碎了珠子看里面。饰品店的服务员看这外国人像个内行，自然是不敢小看他，几乎拿出了店里所有的宝贝。汉斯笑着告诉身边的翻译："眼睛都花了，来之前可根本没想到东方之'珠'还有这么多种。"最后汉斯买了许多奇特的珠子，他说回去一定会卖火了。

九 请尽量用以下词语进行话题讨论

| 摆设 | 对……（没）有诱惑力 | 对……充满好感 | 川流不息 |
| 小看 | 红火 | 犹豫 | 地道 | 反问 | 合伙 |

1. 你最喜欢中国的哪个城市？为什么？
2. 你最喜欢你们国家的哪个地方？为什么？

快速阅读

阅读一　（字数：约1470字；阅读与答题的参考时间：8分钟）

汉语学习者：请叫我的中文名字

近日，新浪微博"@北美新浪"提到了一个现象让人们关注：一方面，中国的白领流行取英文名字，有的人一起工作了很多年，只知道同事的英文名字而不知其中文名字；另一方面，越来越多的外国汉语学习者想取中文名字，还有专门帮人取中文名字的网站，名叫"Get Your Chinese Name"。

我想要一个真正的中国名字

如果你在大学校园里结识一个外国留学生，十有八九他会告诉你他的中文名字，并强调说："请叫我的中文名字。"事实上，一般外国人在刚开始学习中文的时候，往往都会给自己取一个中文名字。这样既可以激发自己学习中文的兴趣，又可以使自己尽快融入中文的语境当中。罗马尼亚锡比乌孔子学院汉语教师志愿者小王说："我所教的班里，每个同学都有自己的汉语名字，一般是由他们的第一任汉语老师根据他们的罗马尼亚名字给取的。"

其实，外国学生更愿意将自己所喜欢的人或事物融入中文名字中。笔者认识的一名留学生，因为喜爱熊猫这种中国独有的可爱动物，他的中文名字就叫"熊猫"；还有爱吃饺子的外国学生，就干脆把自己的中文名字取成了"饺子"。

正在北京学习汉语的英国同学关云长这样解释自己的中文名字："我特别崇拜关云长，他是我心目中的大英雄。"说罢，还摆出了关公经典的摸胡子动作。"另外，我在家里排行老二，和关云长在家里的位置一样，所以，我叫关云长再合适不过了。"据他的同学介绍，他也的确如关二爷一样，平时喜欢舞枪弄棒，习得一身好功夫。

而取名字的最高境界要算是把自己本名的音和意都融入其中。北京语言大学的美国留学生吴明风趣地说："我的英文名字叫 Daniel，很多中国朋友读起来都是'呆鸟'，我也不喜欢直译成丹尼尔，而是想要一个真正的中国名字。我很喜欢《水浒传》里的吴用，他很聪明，还有这样一个谦虚的名字。我就把'吴'理解成口上天，代表上帝的言语，和 Daniel 的意思很相近，和我的姓 Worlton 的发音也类似。而且'吴明'又谐音为'无名'，默默地做个无名英雄，也很成功啊。"

政界人物爱取"很中国"的名字

政界人物中中文名字叫得最响亮的当属澳大利亚前总理陆克文。他在微博中这样解释自己中文名字的来历："上大学的时候，中文老师替我选择的。他说陆克文跟 Kevin Rudd 很像。他还说'陆'强调我非得了解中国大陆不可。他又说'克文'强调我非得克服中国文学不可。"美国多任驻华大使都有一个"很中国"的名字：恒安石、芮效俭、李洁明、洪博培……这些政要人物喜欢给自己取一个中文名字，并且还要中国味道十足，甚至"典出有故"，读起来古意盎然。这样做的确展示了他们对中国人民的亲近和对中国文化的尊重，迅速地拉近了和中国的距离。

中文名字背后的身份认同

北京语言大学汉语学院闻亭老师认为，名字是一个人的标记，外国汉语学习者的中文名字体现了他们对于自己身份的认同态度。进入到不同语言文化环境后，有的人采取努力保持原有身份认同的方式，希望被别人看作是一个外国人，所以在取名字的时候会努力保持原有名字的痕迹。而更多的外国汉语学习者和来华留学生，则希望尽快地融入中国社会，所以在取名字时就希望有中国特色。

名字只是一种称呼、代号。母语的名字往往是父母和家中长辈给予的，没有选择性，但是第二语言的名字，则可以由自己做主。虽然中文名字里只有短短的两三个汉字，反映的文化信息有限，但是世界上这么多汉语学习者，每个人的中文名字都是中华文化的展示，汇合起来就是一次蔚为大观的中华文化传播。并且将来中文名字还将一直伴随着他们，他们如果在中文环境中继续工作和生活，这个名字将是他们最好的名片。说到底，给自己取了中文名字，表达了这个中文名字所有者对中国社会以及中国文化的尊重和认同。

（选自《人民日报·海外版》，有改动）

回答问题
1. 为什么很多汉语学习者都想取中文名字？
2. 文中的汉语学习者都是怎样取中文名字的？
3. 为什么有的汉语学习者喜欢"很中国"的中文名字，而有的汉语学习者不喜欢？

阅读二（字数：约 1410 字；阅读与答题的参考时间：10 分钟）

探秘京城插班外国小留学生

早在 1999 年，教育部就制定了《中小学接受外国学生管理暂行办法》。北京市教委也相继出台了《关于执行〈中小学接受外国学生管理暂行办法〉有关问题的通知》《北京市中小学接受外国学生管理工作的若干规定》等文件，为北京市中小学接收外国学生做了充足的准备。

北京第五十五中学、芳草地国际学校等，传统上接收在华外交官子女，其国际课程体系，可以直接与国际接轨。而越来越多有资格招收小留学生的学校，则选取了"入乡随俗"模式，即允许小留学生插班到中国孩子所在的普通班，按照中文的课程体系学习，中国学生学什么，外国学生也学什么。

到中国中小学校插班，汉语水平要六级以上

北京四中是首批被批准的可以招收外籍学生的学校之一，从2003年招收8名外国学生开始到2013年，已经累计接收来自25个国家的200多名外国学生。

在四中，国际部70%的学生为插班生，即分散在中国学生的课堂中，和中国学生一起上课。这部分学生不仅汉语水平要达到六级以上，还要学习成绩优秀。而这样的插班学习并不容易。一个留学生表示：平时用汉语说话觉得没什么，可是一想到还要用汉语去学数学、物理，自然头就大了。实际上，很多外国学生在本国成绩很优秀，但刚到中国往往成绩不好，很大原因是汉语学习的转化过程。等到汉语学习进步了，他们的成绩自然也就能提高了。所以，在四中还有30%的小留学生单独上课，这些学生又被分为汉语班和学历班。汉语班分为初级班和中级班，主要是针对汉语零基础的学生，中级班成绩合格之后就可以升到学历班，即可以拿到学历，和中国学生的课程一样。在学历班成绩优秀的同学，还可以去中国学生的课堂做插班生。

追着老师求知识，小留学生异国学习很刻苦

来自哈萨克斯坦的丽达，14岁的时候来到北京上初三，今年她已经上高二了。丽达的爸爸妈妈做的生意和中国有关，于是一家三口就来到了北京。丽达表示，父母之所以早早把她送到北京来上高中，而不是直接过来读大学，是因为觉得北京的中学学校管理更加严格，学习的内容多，而且也比较容易掌握。即便如此，丽达刚到北京时，她的汉语水平较低，并不能直接和中国学生一起上课。经过初三一年的汉语班学习，丽达在高一才开始插班上课。

来自缅甸的康美丽，作为2013届毕业生，同时被北京大学和清华大学录取。而当她刚来中国的时候，成绩并不优秀。这个对自己要求严格的姑娘，经常为成绩而痛哭。康美丽十分用功，每次下课都追着老师问问题，经常学习到深夜，还会在周末请老师补习汉语。一个学期下来，成绩有了明显提高。

四中国际部主任李树明表示，小留学生们学习很刻苦，由于要学的内容太多，很多学生每天学习到深夜，只睡五六个小时。虽然校方几次给同学们做工作，但是他们依然这样加班加点读书。2013届的学生们上数学课，有时候一半的同学都在后面站着听课。"因为怕自己上课打瞌睡，错过了老师的讲解。"李主任介绍，汉语班老师的办公室，简直就是学生自习室，每个老师的屁股后面都追着几个学生。

期望考名校拿奖学金，多数学生选择继续深造

很多小留学生都期望在中国考名校、拿奖学金。他们中的大多数高中毕业后，都选择了继续深造。能够在中国的名校拿到奖学金，诱惑也不小。作为插班生，韩国的金能相在中国

班级 45 名学生中，排名第十左右，2010 年以留学生高考总分第一名被清华大学录取，获得全额奖学金；哈萨克斯坦的叶斯布兰 2010 年被北京航空航天大学录取，获得全额奖学金，大学四年连续拿到了奖学金；阿根廷的庞仪欣 2013 年考取北京大学理科总分第一名，获得全额奖学金。

（选自《北京日报》，有改动）

回答问题

1. 为什么有的外国学生选择来中国上高中，而不是直接来中国上大学？
2. 在中国的小留学生是怎样刻苦学习的？
3. 如果平时用汉语说话没问题，但是用汉语学习其他的知识很困难，应该怎么办？

阅读三 （字数：约 1410 字；阅读与答题的参考时间：7 分钟）

看不懂菜单　留学生吃啥没方向

这几天，华东师范大学的学生谷雨薇和同学刚完成了一份别具特色的英文版食堂菜单。菜单一出就引起了全校师生，尤其是外国留学生的强烈关注，给出了"全 5 分好评"的成绩。

看不懂菜单　很少去食堂

谷雨薇是华东师大对外汉语学院的一名研究生，由于长期在学院汉语文化教学中心担任兼职教师，她在和外国留学生近距离的接触中，发现因为汉语水平的局限，很多留学生不能很好地通过阅读食堂菜单点菜，便产生了利用寒假时间来解决这个问题的想法。

小谷在同学中组织了一个小组，并将这项任务分为调查采访、翻译校对和版面设计三个部分。其中，问卷调查的内容主要关注留学生在食堂吃饭的参与度、在食堂点菜时遇到的困难，以及希望得到的解决方法几个方面。华东师大中山北路校区有多个食堂，除去设有英文翻译菜单的 mana 韩国餐厅和华菁园是留学生最爱去的餐厅之外，河西食堂和丽娃食堂也是校内留学生的主要选择。这两个食堂相对来说菜品更为丰富，也更具有中国特色，小组决定选择这两家食堂为主要对象进行菜单的翻译工作。

今年 1 月，小组针对校内留学生进行了抽样调查，问卷显示 20% 的人很少去学校食堂，其中 43% 的人是因为不认识菜单上的汉字，不会点菜。去食堂就餐的人中有 4 人不知道食堂的名称，有留学生明确表示自己只选择某家餐厅的理由是"我看得懂那里的菜单"。 63% 的留学生表示，希望菜单添加英语翻译，58% 的人认为在菜单上添加拼音会使点菜更方便，63% 的人建议添加图片。

通过菜名了解中国文化

一开始，小组成员选出需要翻译的菜单，为确保翻译质量，他们以 2007 年《北京市英文菜单英文译法》为参考，以写实性翻译为主，进行菜单内容的翻译工作。"翻译时，我们一方面注意用词和语法的准确性，同时还要兼顾中国文化的传播。这样，不但可以保持菜名的原汁原味，也能使留学生通过这些有趣的菜名更好地了解菜名背后的中国文化、中国故事。"

小谷介绍，他们在翻译过程中尽量做到信、达、雅，准确地传递菜单信息。通常主料在前，辅料随后，如"土豆鸡块"译作 Braised Chicken with Potatoes；有的添加对口感和酱料的描述，如"麻辣豆腐" Stir-Fried Tofu in Hot Sauce；有的对食材的形状进行描述，如"肉丝" Shredded Pork，"肉片" Pork Slices，"肉末" Minced Pork。一些体现中国餐饮文化的菜名使用汉语拼音来翻译，如"东坡肉"为 Dongpo Pork；还有一些使用地方语言拼写或音译拼写已经被外国人接受的菜名，如"豆腐" Tofu，"宫保鸡丁" KungPao Chicken。对一些介词的使用也需要区分开来，当主料是浸在汤汁或配料中时使用"in"，当汤汁或配料与主料分开，浇在菜上，则使用的是"with"。

还有一些菜品单单从名字的翻译上不能体现它的独特之处，比如瓦罐汤特别在于它的小罐子，木桶饭则别致地用木桶盛放。对于这些具有特殊外貌的菜品就需要辅以图片，才能使留学生更全面地理解。此外，中国人很讲究"食疗"，很多菜品都具有独特的功效，因此在翻译这种菜名的时候就需要将其功效列举出来，比如有"补血养颜功效"的花旗参乌鸡汤这样就能得到广大女性留学生的喜爱。而对于某些自己都没有品尝过的菜品，小组成员们采用亲身实践的方法，亲自品尝，从而得出菜品的确切翻译。他们还很贴心地将外卖方式添加到菜单中，对留学生十分实用。

"这一次的菜单翻译不仅解决了留学生生活的具体问题，也增进了中外学生的互相了解。"对外汉语学院副院长汤涛认为，小组成员的努力解决了外国学生面对复杂的中国菜名的大问题，使外国学生既尝到了中国菜的美味，还体会到了中国菜的美名和背后的文化，为翻译中国菜名提供了一种尝试。

(选自《新闻晚报》，有改动)

判断正误

1. 很多留学生不去学校食堂吃饭是因为看不懂食堂的菜单。　　　　　　　　( )
2. 翻译菜单是为了帮助留学生在学校食堂吃饭。　　　　　　　　　　　　　( )
3. 文中认为翻译菜单最重要的原则是"信、达、雅"。　　　　　　　　　　　( )
4. 翻译小组选择河西食堂和丽娃食堂的菜单进行翻译是因为这两家食堂的菜种类很多。
　　　　　　　　　　　　　　　　　　　　　　　　　　　　　　　　　　( )
5. 针对不同的菜，翻译小组使用不同的方法突出了菜的特色。　　　　　　　( )
6. 翻译小组翻译的菜单深受外国留学生的喜爱。　　　　　　　　　　　　　( )
7. 将外卖方式添加到菜单中是应外国留学生要求进行的。　　　　　　　　　( )
8. 菜单的翻译体现了中国文化。　　　　　　　　　　　　　　　　　　　　( )

第二课　学会利用食品调节情绪

背景知识　　合理的饮食，不仅可以使我们身体健康，还可以帮助我们调节情绪，释放不快的情感，获得一份轻松、愉快、积极的好心情，对保持心理健康有着重要的作用。

词语表

1. 调节　　tiáojié　　（动）　　to adjust
   调整，使适合要求
   調節する
   (수량, 정도 등을) 조절하다, 조정하다

2. 动不动　　dòngbudòng　　（副）　　easily, frequently (often used for undesired circumstances)
   表示极容易作出某种反应或行动，多用于不希望发生的事
   ややもすれば / ともすれば…しがちである (起こってほしくない事柄に用いることが多い)
   걸핏하면, 언제나 (원하지 않는 일이 쉽게 발생함을 나타냄)

3. 发作　　fāzuò　　（动）　　to break out one's temper, flare up
   发脾气
   腹を立てる
   화를 내다

4. 无能为力　　wú néng wéi lì　　powerless, incapable of action
   用不上力量，没有能力或能力达不到
   無力である
   일을 추진시킬 능력이 없다

5. 饮食　　yǐnshí　　（名）　　food and drink
   吃的和喝的东西
   飲食
   음식

6. 忧郁　　yōuyù　　（形）　　melancholy, heavy-hearted
   愁闷，悲伤
   憂鬱である
   우울하다

7	烦躁	fánzào	（形）	agitated, fidgety
	烦闷急躁			いらだたしい
				초조하다

8	不堪	bùkān	（形）	utterly, extremely
	用在消极意义的词后面，表示程度深			耐えられない
				……할 수 없다（대개 좋지 않거나 불유쾌한 방면에 쓰임）

9	灵丹妙药	líng dān miào yào		miraculous drug, miracle cure
	非常有效的奇药，迷信的人认为这种药能治百病。比喻能解决一切问题的方法。			万能薬　特効薬
				영험하고 효력있는 신기한 영약；모든 문제를 해결할 수 있는 방법

10	食用	shíyòng	（动）	to eat
	吃			食用にする
				식용하다

11	冰镇	bīngzhèn	（动）	to ice, to cool food items by means of ice
	把食物或饮料和冰等放在一起或放在冰箱里使凉			氷で冷やす
				얼음으로 차게 하다，얼음에 채우다

12	如意	rúyì	（形）	satisfied, as one wishes
	心里感到满意			思いどおりになる
				뜻대로 되다，마음에 들다

13	一旦	yídàn	（副）	one day, when the time comes that
	表示有一天			一旦
				어느 때，일단

14	消耗	xiāohào	（动）	to consume; use up
	（精神、力量、东西等）因使用或受损失而渐渐减少			消耗する
				（정신，힘，물자 등）소모하다，소비하다

15	思维	sīwéi	（名）	thought; thinking (philosophy)
	人类特有的一种精神活动，在表象、概念的基础上进行分析、综合、判断、推理等认识活动的过程。			思考
				사유（인류가 가지고 있는 일종의 정신활동，（분석，종합，판단，추리 등）인식활동의 과정）

16	抑制	yìzhì	（动）	to restrain; control
	压下去，控制			抑制する
				억제하다，억누르다

17	烦闷	fánmèn	（形）	unhappy; impatient and worried
	心情不好，对人对事没有耐心			煩悶する　悩み煩う
				번민하다，고민하다

18	沮丧	jǔsàng	（形）	depressed, disheartened
	灰心失望			気落ちする
				낙담하다, 실망하다,

19	推荐	tuījiàn	（动）	to recommend
	把好的人或事物向人或组织介绍，希望被接受			推薦する
				추천하다

20	缓解	huǎnjiě	（动）	to ease, to help to relieve
	使（病情、情绪、交通等）紧张的程度减轻；缓和			緩和する
				（병세，정서，교통 등의 긴박한 정도가）완화되다, 풀어지다

21	不利	búlì	（形）	unfavourable, disadvantageous
	没有好处			不利
				불리하다

22	压抑	yāyì	（动）	to constrain, to inhibit
	限制感情的流露、力量的发挥等			（感情や力などが）気づまりである
				억압하다, 억제하다, 속박하다

23	确保	quèbǎo	（动）	to ensure, to guarantee
	确实地保持或保证			確保する
				확보하다, 확실히 보증하다

24	成批	chéngpī	（形）	group by group, in batches
	整批			（大量の）一まとめの
				큰 덩어리의, 대량의

25	无影无踪	wú yǐng wú zōng		completely lost into thin air
	形容完全消失，不知去向			影も形もなく行方が分からない
				흔적도 없다, 온 데 간 데 없다, 종적을 감추다

26	来源	láiyuán	（名）	source, origin
	事物所来自的地方			源
				（사물의）내원, 근원, 출처

27	血压	xuèyā	（名）	blood pressure
	血管中的血液对血管壁的压力			血圧
				혈압

28	高温	gāowēn	（名）	high temperature
	较高的温度			高温
				고온

29	迟钝	chídùn	（形）	slow (in thought/action/response)
	（感觉、思想、行动等）反应慢，不灵活			遅鈍である　鈍感である
				（감각，사상，행동 등）둔하다, 굼뜨다, 무디다

30	堵塞	dǔsè	（动）	to block up (traffic), to jam

堵住（道路、洞口等），使不通
塞ぐ
막히다，가로막다

31	发火	fā huǒ		to lose one's temper

发脾气
怒り出す
발끈 화를 내다

32	嗑	kè	（动）	to crack between the teeth

用上下门牙咬有壳的或硬的东西
（前歯で）かみ割る
（이빨로）까다

33	平静	píngjìng	（形）	quiet, calm, peaceful

（心情、环境等）没有不安或动荡
平穏である
（물가，마음，병세 등）평온하다，안정되다，편안하다

34	委屈	wěiqū	（形）	to feel wronged

受到不合理的对待，心里感到难过
不満である
억울하다

35	搅拌	jiǎobàn	（动）	to stir, to mix

用棍子等在液体混合物中转动，使均匀
攪拌する
휘저어 섞다，반죽하다

36	粥	zhōu	（名）	gruel (made of rice, millet, etc.), porridge

用粮食或粮食加其他东西煮成的半流质食物
かゆ
죽

37	释放	shìfàng	（动）	to release, to set free to true potential

事物放出所含有的能量
釈放する
석방하다

38	极度	jídù	（副）	extremely, to the utmost

程度极深的
極度
극도로，최대 한도로

39	亢奋	kàngfèn	（形）	unusually excited, stimulated

极度兴奋
非常に興奮する
극도로 흥분하다

40	无缘无故	wú yuán wú gù		without reason or cause

没有原因
何の理由もない
아무 이유도 없다

41	镇静	zhènjìng	（形）	calm, composed (feelings)

情绪稳定或平静
落ち着いている　平静である
침착하다，냉정하다，차분하다

42	偶尔	ǒu'ěr	（副）	occasionally, once in a while

有时候
たまに
간혹，이따금，때때로

43	过度	guòdù	（形）	excessive

超过适当的限度

過度である

（정도를）지나치다，과도하다

44	刺激	cìjī	（动）	to stimulate

对感觉器官的影响

刺激する

자극하다

45	镇定	zhèndìng	（动）	calm, unruffled (feelings)

紧急情况下不慌不乱

落ち着き払っている

（다급한 상황에서도）침착하다，냉정하다，차분하다

课文

学会利用食品调节(1)情绪

杨孝文、任秋凌

你是否对自己动不动(2)就脾气发作(3)很不满意？你是否对此感到无能为力(4)？其实，如果想要转变自己的情绪，只需改变一下你的饮食(5)习惯，因为很多食品有影响情绪的作用。如果你感到情绪紧张、忧郁(6)烦躁(7)或痛苦不堪(8)，解决这些问题的灵丹妙药(9)也许就在你的冰箱里。当然了，我们并不是在建议你食用(10)巧克力奶油蛋糕或是冰镇(11)啤酒。当生活不如意(12)的时候，不停地食用甜品似乎很有吸引力，然而，一旦(13)它们消耗(14)完了，你便会感到更加无能为力。但一些食品中的确富含大脑所需要的特殊营养成分，它们可以使你保持思维(15)敏捷，情绪稳定。这些食品也许不能立刻使你处于最佳状态，但它们有助于改善你的情绪。当你无法抑制(16)烦闷(17)、沮丧(18)的情绪时，试一试下面向你推荐(19)的一些可以缓解(20)这种不利(21)情绪的最佳食品。

感觉压抑(22)——首选食品：菠菜

我们并不能确保(23)一碗精美的食物就能令你成批(24)的工作任务变得无影无踪(25)了，但营养学家帕特里克·霍尔福特说："菠菜含有丰富的镁，镁是一种能使人头脑和身体放松的矿物质。菠菜和一些墨绿色、多叶的蔬菜都是镁的主要来源(26)。"菠菜还富含另一种降血压(27)的营养物质——维生素C。

食用方法：用旺火炒一份蔬菜，准备一大把新鲜菠菜，在最后一刻把菠菜撒在蔬菜上面，然后出锅，这样维生素C的营养就不会被高温(28)所破坏。

反应慢，注意力不集中——首选食品：鸡蛋

如果你大脑反应迟钝(29)，无法集中注意力，那么就吃上几个鸡蛋吧。鸡蛋富含一种维生素B的复合体，有助于提高记忆力，会使注意力更加集中。鸡蛋内还含有人体正常活动所必需的蛋白质，令人轻松度过每一天。

食用方法：把炒鸡蛋卷在面包片里，要保证面包是全麦面包，因为全麦面包富含能使大脑敏捷的维生素B。

异常愤怒——首选食品：瓜子

如果遇上交通堵塞[30]，你可能要迟到，这时你千万不要发火[31]，拿出一包瓜子，慢慢嗑[32]上一会儿。瓜子富含可以消除火气的维生素B和镁，有助于你心情平静[33]。

食用方法：如果想放松心情的话，就在饮用酸奶之前在上面撒上把瓜子仁和一些梨丁。

委屈[34]、情绪不佳——首选食品：香蕉

你是否有过这样的经历，因为发型做得不够理想，所以会因白花了不少钱而情绪不佳？香蕉含有大量的色胺酸，而色胺酸中的物质成分有利于调节不佳的情绪，所以，慢慢地吃上一根香蕉有助于改善情绪。

食用方法：半根香蕉，80克草莓，再加上一些半脱脂乳，把它们放在搅拌[35]机中快速搅拌。

烦躁、精神紧张——首选食品：燕麦

你是否有过由于种种原因，久久不能入睡的经历呢？这时候，你可以在早上喝一碗麦片粥[36]———燕麦富含维生素B，而维生素B有助于平衡大脑神经系统，使你安静下来。麦片粥还能缓慢释放[37]能量，所以你不会出现血糖忽然升高的情况。血糖忽然升高有时会令你极度[38]亢奋[39]。

食用方法：用50克燕麦加150毫升水做麦片粥早餐，等水煮开后，将燕麦加入水中，再慢煮10分钟。上面再加上2汤匙普通酸乳酪、一些苹果丁和碎杏仁。

注意远离以下食品

含糖食品：烦闷的一天快要结束时，你也许特别渴望吃上一块巧克力，但此时应尽量控制不要吃巧克力。帕特里克说："沮丧、疲劳等众多问题都与糖分有关。"

酒精：如果你曾有过在夜深人静时无缘无故[40]哭泣的经历，你就会明白酒精起到重要的镇静[41]作用。为了放松一下，偶尔[42]喝上一两杯酒的确感觉不错，但如果过度[43]，你就会意识到，酒精可真害人不浅！

咖啡：尽量少饮用它。咖啡因会过分刺激[44]神经系统，令你感到神经过度亢奋、烦躁不安。建议你远离咖啡，试一试有镇定[45]作用的茶。

（全文字数：约1500字）

（节选自《北京青年报》，有改动）

注释

① 你是否对自己**动不动**就脾气发作很不满意?

[解释] 动不动:表示极容易作出某种反应或行动,多用于不希望发生的事。常跟"就"连用。

[例句] ① 心理学家说,有五分之一的孩子天生害羞,动不动就脸红,他们不喜欢在大庭广众前抛头露面就是这个原因。
② 我不像那些动不动就灰心丧气的人:我从不幻想天上掉馅饼,所以从不埋怨生活。
③ 著名运动员王义夫面对形影不离的记者,动不动就跟大家开个玩笑,引得记者们不时笑成一团。

② **一旦**它们消耗完了,你便会感到更加无能为力。

[解释] 一旦:副词,表示不确定的一天,可以是过去的,也可以是将来的。用在动词前做状语,后面的分句可用"就"相呼应。

[例句] ① 这对老夫妇结婚50多年了,一旦回忆起结婚时的情景,两人总是会心地一笑。
② 家中一旦有多余的钱,就应到银行及时存款,以满足家庭消费在紧急情况下的需求。

③ 血糖忽然升高有时会令你**极度**亢奋。

[解释] 极度:副词,表示某种行为或状态的程度已超过适当的限度,常含有不好的意思,既可以位于动词或形容词的前面,又可以位于动词或形容词的后面。

[例句] ① 这件衣服上装饰的珠片亮花和皮草滚边极度华丽,代表了本季的流行风尚。
② 儿子出生23个月时妻子病故,许先生因极度悲伤而哭坏了双眼,但在他绝望时,社会各方向他伸出了援助之手。

读报小知识

如何找报纸的版面

中文报纸的文章是按照版面类别进行分布编排的，具体版面的名称与序号一般是放在报纸的最上方。报纸的第一版（又叫头版）通常会告诉读者当日有几版。一些报纸在头版上还有"今日导读"，提示读者一些重点文章分布在第几版。读者可以根据版面的类别来寻找自己想要读的文章。

练习

一 请在课外阅读中文报刊的最新文章，将其中你喜欢的一篇剪贴在你的笔记本上，然后写成摘要，并谈谈自己的看法

二 给下列动词搭配适当的词语

调节_____   推荐_____

消耗_____   抑制_____

缓解_____   释放_____

确保_____   刺激_____

三 选词填空

| 动不动　　一旦　　偶尔　　堵塞　　不堪　　消耗　　无影无踪 |

1. 当承受强大心理压力时，身体会_____比平时多8倍的维生素C，所以要尽可能地多食用富含维生素C的食物。

2. 深圳经过二十年的改革春风沐浴，往日的老城区已消失得_____，取而代之的是气势非凡的高楼大厦。

3. _____磨牙对健康影响很小，但如果长期磨牙，或每次入睡后磨牙的时间过长，则可导致心理及生理障碍。

4. 权力很大的人更要接受教育，因为拥有的权力越大，_____滥用，危害就越大。

5. 由于机动车、自行车、行人都涌到一起，路口每天上班高峰时都会_____，司机只能耐心等待。

6. 深圳1986年就成立了由政府、工会、企业联合会三方组成的劳动争议仲裁委员会，但面对直线上升的劳动争议，简直_____重负。

7. 刘大爷退休后，经常觉得头昏，而且脾气暴躁，_____就发火。

四 根据课文内容判断正误

1. 当你生活不如意的时候，食用甜品是一个很好的选择。（　　　）

2. 你感到情绪紧张、忧郁烦躁，可以改变一下饮食习惯。（　　　）

3. 沮丧、疲劳等众多问题都是因为吃巧克力太多引起的。（　　　）

4. 为了放松心情，消除火气，可以吃一包瓜子。（　　　）

五 请按正确的语序将下列句子组成完整的一段话

1. A. 只需改变一下你的饮食习惯

　　B. 如果想要转变自己的情绪

　　C. 因为很多食品有影响情绪的作用

　　正确的语序是：（　　　）（　　　）（　　　）

2. A. 鸡蛋富含一种维生素B复合体

　　B. 有助于提高记忆力

　　C. 那么就吃上几个鸡蛋吧

　　D. 会使注意力更加集中

　　E. 如果你大脑反应迟钝，无法集中注意力

　　正确的语序是：（　　　）（　　　）（　　　）（　　　）（　　　）

六 根据课文内容选择最合适的答案

1. 当你感觉反应慢、注意力不集中时，首选_____。

　　A. 香蕉　　　　　　　　　　B. 鸡蛋

　　C. 巧克力　　　　　　　　　D. 燕麦

2. 当你感觉烦躁、精神紧张时，首选_____。

　　A. 巧克力　　　　　　　　　B. 喝酒

　　C. 燕麦　　　　　　　　　　D. 瓜子

3. 食用菠菜可以_____。
   A. 使人的头脑和身体放松　　B. 使成批的工作任务变得无影无踪
   C. 集中注意力　　D. 提高记忆力

4. 缓解不利情绪的最佳食品不包括_____。
   A. 香蕉　　B. 冰镇啤酒
   C. 瓜子　　D. 菠菜

七　完型填空

过年时，我们时常能听到一家人在一起打牌、一起喝酒、一起唱卡拉OK，__1__一起吵架的声音。__2__有一种形式，我们还不习惯，__3__——一家人开个诗歌朗诵会。不用费事，你只需__4__从书架上抽出几本文艺类的书，便会从中找到精美的诗歌和散文，打开来，__5__老人到孩子每人读上几段，你会感到，一个暖融融的春天来了。

中国的老人最辛苦。带大了儿女又要带孙子。这边从辛苦的工作岗位上退下来，那边又操劳起儿孙们的一日三餐。过年了，何不"解放"一下老父母，让他们住一住__6__的宾馆，__7__一下不操劳的悠闲和清福？要知道，让老父母重温一下"蜜月"时光，对于他们，该是最好的新年礼物和最大的孝心。

1. A. 或者　　B. 还有　　C. 甚至　　D. 和
2. A. 虽然　　B. 即使　　C. 也能　　D. 但
3. A. 那就是　　B. 即　　C. 或者说　　D. 但是
4. A. 胡乱　　B. 随意　　C. 方便　　D. 随心所欲
5. A. 无论　　B. 从　　C. 哪怕　　D. 就是
6. A. 舒服　　B. 合适　　C. 舒适　　D. 安静
7. A. 享受　　B. 享福　　C. 接受　　D. 感受

八　请用自己的话或原文中的关键句子概括下面一段话的主要内容

你是否有过由于种种原因，久久不能入睡的经历呢？这时候，你可以在早上喝一碗麦片粥——燕麦富含维生素B，而维生素B有助于平衡大脑神经系统，使你安静下来。麦片粥还能缓慢释放能量，所以你不会出现血糖忽然升高的情况。血糖忽然升高有时会令你极度亢奋。

九 请尽量用以下词语进行话题讨论

| 动不动 | 一旦 | 极度 | 刺激 | 偶尔 | 堵塞 |
| 无影无踪 | 释放 | 缓解 | 调节 | 不堪 | 消耗 |

1. 当你情绪不好的时候，你采用什么方法调节情绪？
2. 为了保持良好的心情，你认为应该怎么做？

快速阅读

阅读一（字数：约1530字；阅读与答题的参考时间：9分钟）

年夜饭，那一席最浓的乡愁

每一个中国人都有关于年夜饭的记忆，这些记忆往往是就着大年三十晚上那一桌丰盛的菜肴蔓延开的，而这些菜肴，在各个家族的血脉里，也都有着固定的名目，许多辈人的口味与习惯，在时间的漏斗里流下来，散发出的香气，早已超越了菜肴本身的味道。那是一种光亮，照见父母眼角的慈爱，照见儿时简单的欢喜，照见全家围坐的喧闹……那是中国人血液里最浓的乡愁。

大年三十，在中国人的生活中有着特殊的位置，是一个充满温情的日子。我们可以勤劳364天，但也要今日休息；我们可以在一年中四处飘荡，但这天必须回家，"一年不赶，赶年三十晚"，只有回到父母的身边，享受那顿盼望已久的年夜饭，我们的精神才得以安顿。年夜饭的文化魅力确实惊人，由年夜饭而促成的20余亿人次的大流动，不仅是当代社会的节日奇观，也是假日经济的巨大成功。

中国人从有"年"的概念开始，就有了年夜饭，年夜饭来源于古代的年终祭祀仪礼。"年"是丰收的标志，上古社会，人们种植的庄稼丰收了，就要感谢神灵的赐予，感谢的祭品自然是收获的食物。这顿一年中最丰盛的晚餐，是人神共进的晚餐。逝去的各位亲人都被主人一一地招呼、请回。只有等各位先人礼仪性地用过年夜饭之后，人们才开始享用。年夜饭的意义在这里不仅仅是物质享受，更重要的是精神聚餐。

年夜饭是中国人一年到头最温暖、最柔情的仪式。在曾经的物质缺乏年代，一顿年夜饭可能要准备上半个月，一家人平日里节省下来的食材，齐齐摆放在团圆夜的桌上。我童年的记忆里，这顿最丰盛的家宴上几乎没什么素菜，鸡鸭鱼肉、腊味卤品、猪油八宝饭……各式各样平时见不到、吃不上的荤腥，悉数登场，这是集中进补的时刻。伴着阖（hé）家团聚的甜美心情，吃一顿最香最美的饭菜，这是父母在岁末年初给孩子们最强的信心和最好的祝福。

这顿饭必须吃得越慢越好，因为这样才能长长久久。传统的年夜饭，菜肴充满寓意。《金陵岁时记》记载了南京人除夕的"十景菜"，人们以酱姜、瓜、胡萝卜、金针菜、木耳、冬笋、白芹、酱油干、百页、面筋十种，细切成丝，以油炒之，谓之"十景"。还有以晒干了的马齿苋作年夜饭中的安乐菜，以黄豆芽作如意菜等，都取其吉祥之意。人们吃年夜饭，下箸（zhù）必先此品，以求吉祥。中国南方地区的年夜饭有两样菜不可少，一是有条头尾完整的鱼，象征年年有余；二是丸子，南方俗称圆子，象征团团圆圆。旧时山区穷人弄条鱼过年不容易，有的地方就用一条雕刻的木鱼代替。老北京人的年夜饭中必定有荸荠（bíqi），谐音"必齐"，就是说家人一定要齐整。

年夜饭中酒肉自然是基本的饮食内容。"相聚酣（hān）饮"是人们过年的场景，古代人的年酒必定在冬季酿好，称为腊酒；年肉也是冬至之后腌制的腊肉，祭过祖先、社庙后的猪头，是年夜饭的主食肉品。

年夜饭当然有南北的地域差异，南方除了菜肴外，要吃糍粑（cíbā）或年糕。北方一般吃饺子。除夕的饺子旧时还能帮穷苦人躲债呢。俗话说"要命的关东糖，救命的煮饽饽（bōbo）"，说的是到年三十吃过饺子，催债的人就不能再逼债了。

如今生活好了，老百姓的物质生活早已今非昔比，但年夜饭的仪式感和重要性，非但没有被冲淡，反而更加突显了。新的种植和养殖技术，打破了四季轮回对食材生长的限制，任何季节任何时候，只有你想不到的，没有你吃不到的；另一方面，现代交通的发展又将原来的距离感打破了，再遥远的物理距离都是咫尺天涯，只要有相聚的愿望，便没有无法跨越的空间。既然大鱼大肉天天都能吃到，年夜饭上，怎么吃得健康就成了学问。荤腥鱼肉退了场，蔬菜和菌类成了讲究。当然，唯一不变的还是一家人团团围坐，不管在家吃还是在饭馆吃，灯火辉映中，亲人脸上的光彩、父母眼角的笑意，才是这一餐最隆重的佳肴。年年延续的这一晚，也就成了岁月写就的故事。

（选自《人民日报》，有改动）

回答问题

1. 第二段中"一年不赶，赶年三十晚"指的是什么？
2. 最早的年夜饭是怎么开始的？
3. 为什么说年夜饭是中国人一年到头最温暖、最柔情的仪式？
4. 文中介绍的年夜饭中的菜肴都有哪些寓意？
5. 现在的年夜饭和以前的相比，有什么变化？

阅读二（字数：约1250字；阅读与答题参考时间：8分钟）

礼盒团购遭冷遇，冷冻菜肴争除夕

马年春节，速冻食品迎来了一场形势颇为严峻的旺季"大考"。中央连下禁礼令、北方冬季气温偏高、除夕不放假等因素叠加在一起，为本该是速冻食品旺季的春节市场带来很大的变数。

"去年水饺礼盒卖了近5000箱，今年订单还不到去年的五分之一"，"2013年1月份卖了490多万，今年1月份已过去一半，才卖了100多万"，"除夕不放假，这为半成品年夜饭市场带来了利好，预计会有 20%—30% 的增长"。当被问及春节市场表现，无论是生产商还是经销商，都感慨万千。

"今年的旺季市场表现并不太好。总体来看，面点有一定的增长，汤圆略有增长，而水饺同比去年下滑了 30%。"河南泰丰食品有限责任公司总经理任城东告诉记者。其实，泰丰食品水饺销量的下滑情况早就在经销终端显露迹象。哈尔滨冰洁商贸有限公司总经理于萍代理了泰丰食品的速冻米面产品，主要在黑龙江地区销售。据她介绍，泰丰以前一年都卖到 500 多万元，而去年连 100 万元也没有卖到，下滑了 80%。

在分析销量下滑原因时，于萍认为，速冻米面产品的终端消费开始显示出理性的迹象，消费者不再贪求便宜，反而更注重品质和品牌。在销售渠道方面，以大型连锁超市为代表的商超渠道销量下滑，而社区便利店的销量开始增长。"往年临近春节，大商超都会送出很多购物券，但是今年少了，这在一定程度上影响了我们的销售。与此同时，贴近社区的便利店系统开始受到消费者的喜爱。"于萍的分析得到了吉林龙鹏经贸有限公司总经理邵鹏的认可。除了政策因素，天气也是一个原因。"今年北方冬季气温偏高，一定程度上也影响了速冻食品的销售。"邵鹏分析道。

除了常规产品的低迷之外，作为节令产品的速冻米面礼盒也遭遇了"滑铁卢"。

据任城东介绍，每年泰丰食品都会针对春节市场做一些速冻米面礼盒，里面有水饺、汤圆和面点。"去年春节卖出了近 5000 箱，而今年才卖出了 1000 多箱。"任城东告诉记者，"往年的礼盒消费主力是企事业单位，而今年则全都没有了。"

以政府和企事业单位为代表的公务消费被严格管控，但中小企业和个人消费需求却在不断上升。据四川龙旺食品有限公司（简称龙旺食品）技术总监郭志军介绍，和往年一样，龙旺食品推出的组合装礼盒主要走团购渠道，仍然以企业订单为主。"我们的组合装礼盒大多在 100 元以下，价格比较亲民。因此，今年的礼盒销售较之往年并没有太大的落差。"郭志军说。

随着生活节奏的加快以及冷冻菜肴的研发，在年夜饭的餐桌上，越来越多的冷冻半成品开始出现。按照国家法定节假日规定，春节假期是从正月初一到初七，除夕当天并不放假，紧张的年夜饭准备时间也为冷冻半成品的销售提供了发展机遇。

武汉良中行冷链大市场是一家专业的网上冻品批发及酒店餐饮食材采购平台。据良中行采购管理部总监朱劲介绍，在良中行为餐饮酒店供应的餐料中，主要就是成品或半成品两大部分。就节前一两个月的销售数据来看，半成品的销量增长了22%。此外，良中行每年都要在北上广及武汉等城市做一些年夜饭礼盒，最低规格是六菜一汤，价格从 298 元到 998 元不等。"较之往年，我们把年夜饭礼盒的价格下调了 100 元，价格更亲民，产品更接地气。"朱劲说。

（选自《中国食品报》，有改动）

回答问题
1. 马年春节期间速冻食品销量下降的原因是什么？
2. 与往年相比，速冻礼盒的销售有什么变化？
3. 半成品年夜饭的销量与往年相比有什么变化？为什么会出现这样的变化？

阅读三（字数：约1430字；阅读与答题参考时间：9分钟）

中国食文化应该如何申遗

目前，联合国教科文组织《人类非物质文化遗产代表作名录》已经收录 6 个食文化非遗项目。同时，比利时、德国等国家也在摩拳擦掌，准备为本国的饮食文化申请世界非遗。入选的"食文化"需要符合哪些标准？作为传统农业大国，饮食文化博大精深的中国是否也应在申遗方面有所作为？

惊人的技艺、珍稀的食材、丰富的菜品，这些并非最能打动评审专家的要素。"联合国教科文组织评选非遗项目时注重申报内容的群体特色，强调以民众为主体，注重全民共享性。"联合国教科文组织驻华代表处文化项目官员卡贝丝说。

国家非物质文化遗产保护工作专家委员会副主任委员、中国民俗学会荣誉会长乌丙安持相同观点。他在接受记者采访时说："拿今年成功入选的日本和食及韩国泡菜为例，他们都是该国最具大众特点的食文化。和食并不是餐馆里的高档菜，而是普通日本人新年的年夜饭，是日本料理中最丰富的样式。泡菜更是韩国每家每户饭桌上必备的菜品，每年秋收后，民众一起制作泡菜，'共享'和'交流'的特点被很好地体现出来。"

"联合国教科文组织也希望通过入选世界非遗的食文化项目使得科学、健康的饮食文化得到发扬。"乌丙安说。现代人的饮食习惯和环境面临诸多挑战，一些面临消失危险的传统食文化具有可贵的现代价值。今年，地中海饮食便是以突出科学、卫生、健康的选材标准和烹饪方法胜出。

生态文明也是联合国教科文组织非常看重的要素。乌丙安表示："申遗的食文化项目需要符合人类进步的需求。饮食文化是人类精神文明和物质文明的结合部，通过对非物质文化遗产的保护，能够逐步引导人们形成保护自然与环境的意识。"

"在国内，饮食文化的非遗申报早已引起重视。在省级非物质文化遗产名录中，早就出现了食文化项目，南方省份尤其常见。"乌丙安说，"在我国国家级非遗名录中，食文化一般作为传统技艺或民俗类项目接受申报。目前，传统技艺类国家级非遗名录中，已经收录了许多与食文化相关的项目。但申报民俗类国家级非遗项目的食文化，至今还没有成功案例。"同时，世界非遗代表作名录中至今并无中国食文化的身影。作为传统的农业和美食大国，中华民族有责任，也有义务将我们的食文化遗产贡献给世界。

事实上，中国食文化申遗面临的问题也很明显。中国食文化地方特色浓厚，形成了各种不同的菜系，经过数千年的积累，宫廷菜和宴席文化也被视为中国食文化的精华和珍品。然而，各大菜系和宫廷菜虽然在国内认可度很高，但却不能代表以亿万民众为主体的中国食文化特色，更没能很好地体现共享性原则，在国际上难获认可。乌丙安提出，中国传统各大菜系以及中药材里，喜欢选用珍禽异兽，在当代世界范围内造成了一定的负面影响，需要反思。

国家非物质文化遗产保护工作专家委员会副主任委员刘魁立认为，中国食文化中，地方特色小吃独具特色。与大餐不同，小吃能够明显地体现出中国食文化多元的地方特色，是最贴近百姓、最有乡土气息、最能反映出民族文化记忆的内容。因此，他认为，与节日传统相结合，把小吃作为表征，在申请世界非遗时，应该较有胜算。

乌丙安则提出，可以为中国年节饮食文化申遗："中国食文化大致可分两方面，北方以面食、杂粮和豆类为主的麦黍（shǔ）文化和南方的稻米文化，年夜饭是全年喜庆丰收食文化的集中表现，不仅将米面两种饮食系统很好地结合在一起，还体现出中国菜品丰富的特点。同时，年夜饭也是举国全民共享团圆饭，围绕年夜饭产生的一系列民俗文化现象都非常具有非遗的典型性。最重要的是，年节饮食文化是最能体现'民众主体'的中国食文化。"

（选自《中国文化报》，有改动）

判断正误

1. 菜品的群体性特征是申报食文化非遗项目最重要的条件之一。　　　　　　（　）
2. 日本和食入选食文化非遗是因为和食是日本料理中最丰富的样式。　　　　（　）
3. 韩国泡菜虽然不属于高档菜，但是它是韩国最大众化的食品，因此符合食文化非遗项目的申报条件。　　　　　　　　　　　　　　　　　　　　　　　　　　　（　）
4. 科学、卫生、健康的选材标准和烹饪方法是联合国教科文组织看重的要素之一。（　）
5. 中国对饮食文化的非遗申报十分重视。　　　　　　　　　　　　　　　　（　）
6. 中国饮食文化申遗的主要问题是在国内认可度高的各大菜系和宫廷菜体现不出共享性原则。　　　　　　　　　　　　　　　　　　　　　　　　　　　　　　　（　）
7. 其他国家对于中国饮食和中药材喜欢选用珍禽异兽的习惯没有异议。　　　（　）
8. 刘魁立认为小吃最能体现中国食文化的地方特色，因此申报非遗应该用小吃作为表征，乌丙安也赞成这个观点。　　　　　　　　　　　　　　　　　　　　　（　）

第三课　家庭规模日趋小型化

背景知识

中国的改革开放不仅使经济、社会发生了翻天覆地的变化，而且给中国的婚姻和家庭结构带来了前所未有的影响。近三十年来，中国的家庭模式呈现多样化，家庭规模趋于小型化，婚姻功能逐渐被削弱。家庭规模的小型化是中国城乡家庭结构变化的重要特征，而且家庭结构正呈现出以核心化家庭为主，小家庭式样日益多样化的趋势。除核心家庭外，其他非核心化的小家庭式样，如空巢家庭、丁克家庭、单身家庭、单亲家庭等，正在构成中国城乡家庭结构的重要模式。

词语表

1. 规模　　　guīmó　　　（名）　　scale, scope
   （事业、机构、工程、运动等）所具有的结构或范围
   规模
   규모

2. 日趋　　　rìqū　　　（副）　　with each passing day, gradually
   一天一天地走向，逐渐地
   日に日に
   날로, 나날이, 더더욱

3. 核心　　　héxīn　　　（名）　　nucleus, core
   中心，有联系的事物整体中的主要部分
   核心　中核
   핵심

4. 主体　　　zhǔtǐ　　　（名）　　main body; principal part
   事物的主要部分
   主体
   주체,（사물의）주요부분

5. 主流　　　zhǔliú　　　（名）　　main stream, essential or main aspect
   同一水系内的河流最后汇入的大河流，比喻事物发展的主要方面
   主流
   주류; 주요 추세, 주된 경향

6. 模式　　　móshì　　　（名）　　mode, form
   某种事物的标准形式或使人可以照做的标准形式
   模式
   모식, 표준 양식, 유형, 패턴, 모델

7	必将	bìjiāng	（副）	inevitably

将来一定要 きっと・・・するであろう
반드시 ..... 할 것이다

8	阶段	jiēduàn	（名）	stage, phase

事物发展过程中划分的段落 段階
계단，단계

9	两口子	liǎngkǒuzi	（名）	husband and wife

指夫妻俩 夫婦
부부

10	聚会	jùhuì	（名）	get-together, party

（有某种关系的人）会合、聚集在一起的事情 会合する 集会をもつ
모이다，회합하다

11	脱离	tuōlí	（动）	to separate oneself from

离开（某种环境或情况） 離れる
（어떠한 환경，상황에서）이탈하다，떠나다，관계를 끊다

12	独立自主	dúlì zìzhǔ		maintain independence and keep the initiative in one's own hands

不受外来力量控制或支配，按自己的主张行事 独立自主
（국가，민족，정당 등이）독립된 주권을 행사하다

13	中断	zhōngduàn	（动）	to suspend, to discontinue

在事情发展过程的中间停止 中断する
중단하다，중단되다，끊다，끊기다

14	独生子女	dúshēng zǐnǚ		to only child

一对夫妇生育的唯一的儿子或女儿 一人っ子
외동，외동 자녀

15	双重	shuāngchóng	（形）	dual, twofold

两层，两方面（多用于抽象事物） 二重
이중（추상적인 것에 대해 많이 씀）

16	指标	zhǐbiāo	（名）	target, quota

计划中规定达到的目标 目標 ノルマ
지표，목표

17	演变	yǎnbiàn	（动）	to develop, to evolve

（事物的）发展变化 変遷する
변화 발전하다，변천하다

18	分布	fēnbù	（动）	to be distributed over an area, to be disbursed

分散在一定地区内 分布する
분포하다

19	比重	bǐzhòng	（名）	proportion, specific gravity
	一种事物在整体中所占的分量			比重
				비중

20	贷款	dài kuǎn		to extend credit, to provide a loan
	银行等机构借钱给用钱的单位或个人			金を貸し付ける
				대부하다

21	成本	chéngběn	（名）	total cost of production
	产品在生产和流通过程中所需的全部费用			コスト
				원가，생산비，자본금，코스트

22	亲情	qīnqíng	（名）	familial sentiments
	亲人之间的感情			肉親の間の情
				혈육간의 정

23	疏离	shūlí	（动）	to alienate (refers to relationships, emotions)
	（关系、感情上）有距离，联系很少			関係、感情の上で距離ができる
				소원해지다

24	淡化	dànhuà	（动）	(matters, sentiments, etc.) to gradually become cold and indifferent
	（问题、情感等）逐渐冷淡，变得不重要			日増しに冷淡になる
				（관념，인식 등이）희미해지다

25	回归	huíguī	（动）	to return to the former place
	回到原来的地方			元の場所へ帰る
				회귀하다

26	势必	shìbì	（副）	certainly will, bound to
	根据形势推测必然会怎么样			必然的に
				꼭，반드시，필연코

27	思潮	sīcháo	（名）	trend of thought, ideological trend
	思想潮流			思想傾向
				사조

28	形形色色	xíngxíngsèsè		of every hue, of all forms and descriptions
	各种各样			いろいろさまざまである
				형형색색의，가지각색의

29	情理	qínglǐ	（名）	reason, sense
	人通常的心情和事情的一般道理			情理　人情と道理
				정리，사리，도리

30	不良	bùliáng	（形）	bad, harmful
	不好			不良である
				좋지 않다，불량하다

31	依赖	yīlài	（动）	to rely on, to be dependent on

依靠某人或事物而不能独立

依頼する

의지하다, 기대다

32	陪同	péitóng	（动）	to accompany

陪伴着一起（进行某一活动）

同伴する

모시고 다니다, 수행하다, 동반하다

33	劝阻	quànzǔ	（动）	to dissuade sb. from, to advise sb. not to

劝人不要做某事或进行某种活动

忠告してやめさせる

충고하여 그만두게 하다

34	包办	bāobàn	（动）	to take care of everything concerning a job

单独负责处理事情

一手に引き受ける

도맡아 하다

35	分割	fēngē	（动）	to cut apart, to break up

把整体或有联系的东西分开

分割する

분할하다

36	落	luò	（动）	to receive

得到

得る

얻다, 획득하다

37	双方	shuāngfāng	（名）	both sides, the two parties

在某事上相对的两个人或集体

双方

쌍방

38	上下	shàngxià	（名）	more or less, about (used with quantities)

用在数量词后面，表示大约是这个数量

数詞・数量詞の後に用いられて、大体の数量を表す

(수량사의 뒤에 쓰여) 안팎, 내외, 쯤, 가량

39	吃亏	chī kuī		to suffer loses, to be at a disadvantage

受损失

損をする

손해를 보다

40	操心	cāo xīn		to trouble about, to take pains

费心考虑和处理事情

気を使う　気を配る

마음을 쓰다, 걱정하다, 애태우다

41	当事人	dāngshìrén	（名）	the person (or party) concerned

跟发生的事情有直接关系的人

当事者

당사자

42	签字	qiān zì		to sign, to affix a signature

写上自己的名字，表示负责

署名する

서명하다

43	争吵	zhēngchǎo	（动）	to quarrel
	因意见不合而争论，互相不让步			大声で言い争う
				말다툼하다
44	保护	bǎohù	（动）	to protect, to safeguard
	尽力照顾，使不受损害			保護する
				보호하다
45	反思	fǎnsī	（动）	to engage in retrospection or self-examination
	思考过去的事情，从中总结经验教训			改めて考える
				(지난 일을) 돌이켜 사색하다

课文

家庭规模(1)日趋(2)小型化

傅迦天

统计数字表明，中国家庭规模日趋小型化，以核心(3)家庭为主体(4)的两代户类型占中国现有家庭总数的比例为59.25%，也就是说，核心家庭确已成为主流(5)的家庭模式(6)。

家庭价值观出现新变化

陈冠华今年21岁，在北京的一所普通大学读书，父亲是干部，母亲是会计。每次周末回家，他都会面临到爷爷奶奶家还是到外公外婆家的选择，因为父亲不知道为什么，不愿意去外公外婆家，而母亲却总要两头跑。在陈冠华看来，这种周末过得太累了。

尽管陈冠华把婚姻看作是人生的一个必将(7)经历的阶段(8)，但是他对于自己未来家庭的设想，却是另一个样子。"两口子(9)自己过，"他说，"就是不跟父母住，然后周末把他们接到一起，开车出去玩儿玩儿，搞个聚会(10)什么的。"陈冠华的意思是，尽可能脱离(11)父母自己独立自主(12)，但是他仍然面临着另一个问题，尽管家庭分开了，但是对父母应尽的责任，却不应中断(13)。

陈冠华只是北京许多普通家庭中的一个孩子。近年来，北京城市家庭结构在独生子女(14)政策和社会经济发展的双重(15)指标(16)下，的确在悄悄地发生着变化。中国社科院研究员唐灿就对这个问题提出了她自己的看法："我觉得家庭的规模在缩小，这和我们的生育制度有关系。计划生育可能限制了家庭的扩大，人口的增长。"

小家比大家更流行

根据唐灿的统计数字，家庭规模的小型化并不简单的是核心家庭替代大家庭，从一种模式演变(17)为另一种模式的过程。事实上，从户规模分布(18)来看，3人户比例最高，占到31.69%，其次是2人户和4人户，分别为23.06%和18.41%。以核心家庭为主体的两代户类型占全国家庭总数的比例为59.25%，应该说，核心家庭确已成为主流的家庭模式。

据统计，在北京、上海这样的大都市，非核心化的小家庭占有更大的比重(19)，1人户和2人户分别占35.91%和35.98%。1代户和1人户、2人户的增长在很大程度上说明，除核心家庭外，其他非核心化的小家庭式样，如空巢家庭（只有老人没有孩子的家庭）、丁克家庭（即夫妻都有收入、但无子女的家庭）、单身家庭、单亲家庭等等，正在构成中国城乡家庭结构的重要内容。

家庭结构变化的理由

之所以会出现这样的情况，除了唐灿之外，很多人都有自己的看法，陈冠华就认为，这是因为现在社会经济的发展，推动了个人在社会中独立性的提高。"只要工作了，一两年之后就可以考虑贷款(20)买房子，这样从形式上，就有了和父母拉开距离的可能。"陈冠华说。

但是分家总不是一个好听的词汇，对于上一代来说至少如此。一位两个孩子都已成家的父亲说，这种分家，不但使得每个人的生活成本(21)增加，而且从亲情(22)上来说，也产生了很大的疏离(23)。他详细解释说，目前中国社会中的人情正在淡化(24)，如果下一代不回归(25)到传统的大家庭中间，势必(26)会产生各种思潮(27)，出现形形色色(28)的违背情理(29)的不良(30)现象。

独生子女小家庭依赖(31)父母

"现在很多小年轻离婚都是父母陪同(32)来的。"在上海各区的婚姻登记处，工作人员如是说。

据介绍，父母陪同子女离婚的现象大致可分为三种类型：劝阻(33)子女不要离婚；包办(34)财产分割(35)；只想看到孩子离婚，落(36)个心安。这些年轻人具有这样的特征：双方(37)都为独生子女或一方为独生子女，年龄30岁上下(38)，婚龄5年左右。

上海黄浦区婚姻管理办公室刘科长说，有些家长是为了劝阻孩子不要离婚，在家里已经劝得没用了，希望到民政局，在最后一刻挽救孩子的婚姻。

有些家长则是担心自己的孩子在财产分割上吃亏(39)，不放心，于是一起跟着过来。这些年轻人对父母都很依赖，而父母特别操心(40)，基本上所有的手续都是由家长去办的，离婚当事人(41)就坐在那里，除了最后签个字(42)。还有家长担心子女在离婚时又争吵(43)，便出来陪同保护(44)。

上海大学社会学系的顾骏教授说，年轻人在成婚后就应该是完全独立的人，父母没有理由再干涉孩子的婚姻和人生。这一代的父母对孩子是尽心尽力的。他们所有的希望、人生都寄托在孩子的身上，没有自己的人生目标，这是一个非常需要反思(45)的问题。

（全文字数：约1660字）

（节选自《人民日报·海外版》，有改动。）

注 释

① 统计数字表明，中国家庭规模**日趋**小型化……

[解释] 日趋：副词，做状语，多用在动词或形容词前，表示事物逐渐发生变化，一天一天地接近某种情况或状态。

[例句] ① 中国加入WTO以后，非英语国家在中国的投资日趋增多，对小语种人才的需求也日趋增多。
② 日趋严重的毒品问题已成为全球性的灾难。
③ 随着周围商品房的建设和商业服务设施的日趋成熟，如今这里迎来了一个热闹的春天。

② 尽管陈冠华把婚姻看作是人生的一个**必将**经历的阶段，但是他对于自己未来家庭的设想，却是另一个样子。
如果下一代不回归到传统的大家庭中间，**势必**会产生各种思潮，出现形形色色的违背情理的不良现象。

[解释] "必将"与"势必"：二者都是副词，多用在动词、动词短语或形容词短语之前。"必将"强调结果，表示将来一定会出现某种情况。"势必"强调原因，表示根据形势推测必然会出现某种情况，因此句中常会有出现这种情况的原因。

[例句] ① 有这个条件，我们必将成功。
② 如果各执己见，互不相让，双方的矛盾势必进一步激化。

③ 双方都为独生子女或一方为独生子女，年龄30岁**上下**，婚龄5年**左右**。

[解释] "上下""左右"：都是方位名词。"上下""左右"都可以用在数量词后面表示大约是这个数量。但"上下"多用来指年龄，不能指时间、距离，而"左右"可以指年龄、时间和距离。

[例句] ① 有一次三个大叔喝白酒，大概喝醉了，都五十上下的人了，却赛起歌来。
② 据初步测算，艾丁湖的面积现在已达75平方公里左右。

④ 离合词：**贷款、吃亏、操心、签字**。

[解释] 离合词大多是指由一个动词成分（或语素）和其所支配的名词成分（或语素）组成的语言形式，它们既可以作为一个词来使用，又可以作为短语，在中间插

入其他成分。

[例句]
① "跑断了腿、磨破了嘴,也难贷到款",提起四年前的贷款情况,这个村的村民老杨直摇头。
② 在实现国家工业化的过程中,如果我们不重视发展自主品牌和自主知识产权,就会走弯路甚至吃大亏。
③ 为了照顾孩子,孔阿姨操碎了心。
④ 也许是由于唐师曾过人的口才,更是由于北京独特的魅力,在南极考察的外国科学家,只要是他访问过的都在他的旗子上签了字。

读报小知识

如何看报刊文章的标题

新闻类的报刊文章其标题常常含有这篇文章里最重要的信息。看一篇中文报刊文章,首先要学会看标题,从标题中读出这篇文章说的是什么话题,主要内容是什么;然后调动自己过去所学到的与这个话题和主要内容有关系的一切背景知识来读这篇文章,并根据这篇文章的具体内容来判断自己对标题的认识是否正确,同时加深对标题的理解。

练习

一 请在课外阅读中文报刊的最新文章,将其中你喜欢的一篇剪贴在你的笔记本上,然后写成摘要,并谈谈自己的看法

二 给下列动词搭配适当的词语

脱离_____　　中断_____

干涉_____　　淡化_____

保护_____　　陪同_____

依赖_____　　回归_____

三 选词填空

> 日趋　　依赖　　演变　　反思　　操心　　独立自主

1. 一些年轻人不愿干活，整天闲散在家，经济上完全_____父母。这类年轻人，时下被称为"啃老族"。
2. 家长过度溺爱孩子，会让孩子从小形成一种依赖心理，从而缺乏_____能力。
3. 原来绿色的旅游胜地今天污染_____严重，不是偶然的，是地方政府不顾环境保护、片面追求发展的恶果。
4. 王斌余走到这一步，法律责任当然要由他个人承担。但是这绝不仅仅是他个人的悲剧，有关地方的政府部门，尤其应该借此深刻_____自己的工作。
5. 有时候，宠物生病，主人跟着_____上火，常常是宠物的病好了，主人却病倒了。
6. 决定飓风猛烈程度的一个关键因素是表面海水温度和热带风暴上方空气温度差。海水温度越高，两者差距越大，热带风暴_____成飓风的可能性就越大。

> 必将　　势必

7. 人类的行为如果违背自然规律，_____遭到自然的惩罚。
8. 道路的拓宽必然会涉及利益的重整，而限制某些车辆的出行_____直接引发社会冲突。

> 上下　　左右

9. 全国铁路日常开行的客车大约提供坐席280万个_____，基本上可以满足旅客需求。
10. 他的年纪大概在50岁_____。

四 根据课文内容判断正误

1. 现在中国主流的家庭模式是核心家庭。（　　）
2. 计划生育政策限制了家庭的扩大，人口的增长。（　　）

3. 家庭规模的小型化实际上是核心家庭替代大家庭。（   ）

4. 顾骏教授认为很多父母过分地干涉孩子的婚姻和人生。（   ）

五 请按正确的语序将下列句子组成完整的一段话

1. A. 势必会产生各种思潮

   B. 目前中国社会中的人情正在淡化

   C. 如果下一代不回归到传统的大家庭中间

   D. 出现形形色色的违背情理的不良现象

   正确的语序是：（   ）（   ）（   ）（   ）

2. A. 不但使得每个人的生活成本增加

   B. 一位两个孩子都已成家的父亲说

   C. 而且从亲情上来说

   D. 也产生了很大的疏离

   E. 这种分家

   正确的语序是：（   ）（   ）（   ）（   ）（   ）

六 根据课文内容选择最合适的答案

1. 以核心家庭为主体的两代户类型占全中国现有家庭总数的比例为_____。

   A. 23.06% 　　　　　　　B. 31.69%

   C. 59.25% 　　　　　　　D. 35.98%

2. 家庭结构变化的原因不包括_____。

   A. 分家使每个人的生活成本增加

   B. 社会经济的发展，推动了个人在社会中的独立性的提高

   C. 中国社会中的人情淡化

   D. 核心家庭替代大家庭

3. 陈冠华认为_____。

   A. 结婚不一定是人生的一个必将经历的阶段

   B. 结婚后应该和父母住在一起

C. 结婚后应该完全脱离父母独立生活

D. 结婚后仍要对父母尽责任

4. 顾骏认为_____。

A. 父母不应该管孩子

B. 年轻人在婚后不应该受父母干涉

C. 这一代父母对孩子尽心尽力

D. 年轻人应该尊重父母的意见

七 完型填空

（一）

| 都 | 因为 | 之所以 | 就 | 除了 |

__1__会出现这样的情况，__2__唐灿之外，很多人__3__有自己的看法，陈冠华__4__认为，这是__5__现在社会经济的发展，推动了个人在社会中独立性的提高。

（二）

节日是文化的一个方面，我们每一次庆祝节日，都有意无意地让这种节日传统在文化中得以__6__，__7__使其发生变化以达到与时俱进。全球化进程的__8__加快，__9__给我国的传统文化造成__10__。作为接受着最先进的科学知识、__11__着民族振兴希望的大学生群体，我们有责任、有义务让我国的传统文化在现代社会里__12__出新的光彩。

6. A. 延伸　　B. 延续　　C. 延长　　D. 继续

7. A. 从而　　B. 以便　　C. 或者　　D. 并且

8. A. 日益　　B. 日趋　　C. 日渐　　D. 渐渐

9. A. 必须　　B. 肯定　　C. 必定　　D. 势必

10. A. 冲撞　　B. 打击　　C. 冲击　　D. 袭击

11. A. 继承　　B. 承接　　C. 承受　　D. 承载

12. A. 散发　　B. 焕发　　C. 闪烁　　D. 闪耀

八 请用自己的话或原文中的关键句子概括下面一段话的主要内容

　　根据唐灿的统计数字，家庭规模的小型化并不简单的是核心家庭替代大家庭，从一种模式演变为另一种模式的过程。事实上，从户规模分布来看，3人户比例最高，占到31.69%，其次是2人户和4人户，分别为23.06%和18.41%。以核心家庭为主体的两代户类型占全国家庭总数的比例为59.25%，应该说，核心家庭确已成为主流的家庭模式。

九 请尽量用以下词语进行话题讨论

| 脱离 | 中断 | 演变 | 淡化 | 干涉 | 上下 | 独立自主 |
| 反思 | 势必 | 日趋 | 操心 | 保护 | 依赖 | 陪同 |

1. 请谈谈你们国家父母和孩子的关系。
2. 结婚后你是否打算跟父母住在一起？为什么？

快速阅读

阅读一（字数：约1170字；阅读与答题的参考时间：6分钟）

全家福的流行

　　元宵节牵手西方情人节，又是一段好时节。节前流行的不是秀恋人合影，而是去照相馆里拍全家福。沪上老字号的人民照相馆重拾春节不打烊的传统，从元旦到正月十五期间持续为市民拍摄全家福，生意是一单又一单。

　　这一股怀旧风其实早有出现，从今年春晚最热的节目《大萌子与爸爸30年合影》，就开始表达同一种诉说，这种诉说关于亲人和家、关于时间与美。前几天又有网友翻出几十年前的外婆、外公靓照，引来点赞一片。那时的外婆，笑容甜美，发型清爽；外公，英俊阳光，造型挺括（tǐngguā）……有的流行转眼消失，有的流行却反复呈现。拍全家福与晒老照片无疑属于后一种。在这一绝非个案的现象背后，实际传递和共享的是某种认同——以家为美。

　　看那张引领风潮之先的外婆玉照，当年这位"上海Lady"并没有什么珠光宝气或者过于华丽的装扮，只是小家碧玉天然去雕饰，就打动了无数网民的心。跨越地域和文化的差别，大家都读懂了这种朴素、澄净和简单的美。不同于任何一种明星照或美女照，照片中的外婆，传递着家的根脉温情，使得老照片别有一种特殊风情。翻检一下，我们都不难发现家中老相册里藏着的这种惊人之美。阅读这些老照片，重温经受住了漫长时光的映像，不只是领略祖父辈年轻时的风采，更是对吾祖吾家的直观感受。在祖辈那些动人姿容中，可以找到自己五官容貌、性格爱好乃至学业事业的渊源与传袭。看过这些照片，面对"贵家家风是什么"这样的问题，也许就不会再是简单的"孝顺父母、诚实守信"等，而是有性格、有细节、有过去、有现代的实实在在。找到了根，才能懂自己是哪一株花、哪一片叶。

在追捧全家福和老照片的背后，是人们对传统价值观的怀念，是对"家风世泽、德传绵长"的寄望。究其原因，与整个社会快速发展、网络空间扩张不无关系。快节奏的工作生活使现代人的漂浮感与不确定感越来越强烈，人们在心理上和情感上都正需要一次对家的回归；网络空间扩张，也造成了"低头族""拇指族"对身边亲人的冷漠。

不过，距离与思念往往成正比。一方面我们无比渴望"回家"，另一方面"常回家看看"又成为需要法律明文约束的义务，这足以说明人们的价值观与日常行为之间仍存在着巨大反差。这种反差不只是关乎家的观念，也徘徊在诸多公德与私德的领域之间。如何弥合这一反差，引导人们最终回到"家"这个基础性的社会细胞，拍全家福还只是一个开始。

在很大程度上，家风和家教奠定了价值观的根基。只有从爱家这一基本点出发，才谈得上个人的家国情怀与爱岗敬业、友善诚信。世易时移，现代家的形式已从"多核"转为"单核"，但是它所承载的核心价值却基本未变。在中国历史悠久的传统家庭观念中，有非常丰富的营养可供汲取，比如在家孝悌友爱、在外积德行善等等。当然，今天还要将民主、平等、公正、法治等现代价值观融入到我们的家庭观念中去，进而构建当代中国人的新型家庭文明，描绘一幅人人向往的"全家福"。

（选自《解放日报》，有改动）

回答问题

1. 文章第二段"这一股怀旧风"指的是什么？
2. 拍全家福与晒老照片为什么能反复流行？
3. 人们为什么要追捧全家福和老照片？
4. 文章最后提到的"人人向往的'全家福'"是指什么？有什么内涵？

阅读二（字数：约1420字；阅读与答题的参考时间：8分钟）

再生一个要不要

随着"单独两孩"政策在北京、上海、广西等地正式"落地"，全国已有8省区市落实该项政策，其他多个省份也给出了具体时间表。

一孩不够老人"抢"

李天乐（辽宁大连媒体广告从业者）

我在大连晚报社从事广告设计工作，3年前结婚，小孩如今两岁，是个男孩。现在国家实行"单独两孩"政策，媳妇决定过两年再生一个孩子，主要是因为一个孩子太孤单，今后两个孩子一起成长是个伴儿。再说，双方父母也都支持，特别是现在只有一个孩子，还不够

4个老人"抢"的。

目前，我和媳妇工作稳定，薪资条件也可以，两个人每月加起来能挣一万多元，就目前大连的生活消费水平，相对还不错。

有人说，现在生男孩养不起，但我们两口子的工资，加上双方父母的"资"持，应该没什么问题。我觉得现在只要条件允许，可能很多年轻人都想要两个孩子。现在我父亲与岳父母都还没退休，只有我母亲退休了，儿子也主要由她带。虽然老人带孩子、尤其是男孩有些累，但对于她来说是累并快乐着。现在我儿子是双方家长仅有的一个宝，他们"抢"得厉害。我岳父母在辽宁省营口市工作，距大连近两个小时车程，我们每月回去一次送宝，岳父母每月也来一次为看宝。

再过两年，我们生二胎时，双方父母都退休了，岳父母准备在大连买房子定居，住得离我们近些，方便照顾我们。关键是4位老人身体都挺好，我们没有负担，反倒我们的生活负担目前都由他们扛。

2016年是农历猴年。媳妇喜欢属猴的，因为她爸妈都属猴，所以我们也想再要一个猴宝宝。至于男孩女孩都无所谓，当然最好是女孩。那我李天乐可是儿女双全啦。

同一屋檐好做伴

吴美悠（上海外企采购）

很多时候我也好奇，虽然已生了一个女儿，为什么我还是那么坚定地希望再生一个孩子？这可能跟个人成长所处环境有关系吧。作为独子的先生觉得，自己小时候没有同伴特别孤独。他希望自己的孩子不要像他一样，所以他一早就希望我能生两个。现在好了，我们能赶上"单独两孩"的政策班车，有希望再生一个宝宝了。

很多人说，与其随随便便养大两个孩子，不如精心养好一个孩子。谁说养两个就一定随便了？养育一个好孩子有千万条道路。我们想生两个孩子，完全是为了在同一个屋檐下有两个小精灵彼此为伴。他们能够在未成年前充分体会分享与陪伴的喜悦，毕竟孩子更喜欢与孩子待在一起。

至于生不生二胎，政策放开后，可能大家最关注的就是经济条件了。自怀孕起我一直在努力学习如何科学育儿，目前也没有碰到哪本书中提到科学育儿是靠钱堆起来的。我相信物质的欲望没有尽头，而母爱父爱也可以做到无穷大。在孩子身上，你永远会觉得自己的钱不够，而爱却可以努力叠加。

我跟先生都比较散漫，安于现状，也没有很强的物质欲望。经济上我们采用一种放任的态度，没有刻意去理财，也没有挤破脑袋求表现、想方设法升职加薪。关于产检挂什么号、生娃住何种病房、去不去月子会所……这些都是可以选择的，符合家庭收入及消费习惯就好。纸尿裤、奶粉、服装、玩具等各种婴儿用品，多一个娃多出来的开销，是你承受不起，还是不愿承受？我相信只要在职业生涯中再努力一点儿，我们完全有能力为家庭创造更多的财富。

先生一直希望的家庭画面是这样的：两个孩子坐在书桌前，大宝、小宝一起陪伴着做作业，妈妈在一旁的椅子上做着手工，当爹的就端着一杯暖暖的咖啡坐在沙发上看着这3个人。

我更知道，再生一个娃意味着自己不能睡懒觉，不能独自跟朋友旅游，不能买我中意很久的衣服……但是一想到家里多一个有着我基因的孩子,对着我微笑,叫着我妈妈,我只想说:我愿意!

(选自《人民日报·海外版》,有改动)

回答问题
1. 李天乐为什么说母亲带孩子是"累并快乐着"?
2. 李天乐认为自己具备了怎样的生二胎的条件?
3. 吴美悠认为生二胎最重要的条件是什么?

阅读三(字数:约1310字;阅读与答题的参考时间:7分钟)

中美孩子家务清单对比的启示
——如何培养自主独立思考的人

在美国,大多数的孩子都有家务清单。令人震撼的中美孩子家务清单,让中国家庭汗颜,也提出了许多问题,让我们不得不反思,家长该如何适当放手,从小培养孩子的独立意识和动手能力呢?

日前,网上一幅关于中美孩子家务清单对比图,引发了许多家长及老师的共鸣,图中的内容也让许多家长感触颇多。据了解,由于学校对做家务活有要求,加上父母的引导教育,许多孩子可谓家务达人,而有部分孩子,因为父母的溺爱,懒于动手,甚至要求家长实行有偿劳动。

在中国,许多家长对孩子保护过度,导致孩子独立生活及动手的能力较差。在中国人传统的观念中,孩子与父母之间并不存在真正意义上的"断乳",孩子不成家便不能"立",学生需靠家长持续的经济投入方能成长和接受教育。于是,尽管已经步入大学,有了足够的自立能力,许多孩子还是习惯于花父母的钱,也不得不"无奈"地接受父母的"陪护"。每年高校开学季的"护送大军",在当下中国蔚为壮观。

"阳光总在风雨后",没有哪个人是能够不经历磨难就可以成功的。"爱之,适足以害之。"古今一理。在西方,孩子自主选择是一种必须呵护的权利。为人父母者当知,有些爱本身即是一种伤害。父母不要总是以为孩子永远"长不大",也应该明白什么样的爱才是"真爱",该放手时就应放手。鲁迅早在80多年前就于《我们现在怎样做家长》一文中,对家长本位的封建家长制予以了不留情面的理性批判,并主张大人要尊重孩子的天性和独立人格,强烈反对凡事由家长做主的育人方法。如今,孩子沦为大人幸福的工具,必须在家长的欲望中上小学、初中、高中直至大学、研究生……但是,学成之后,却变成了一个缺少自主能力的人。这正说明了,深度而没有原则的爱对个性造就的扭曲是无法估量的,因为很难被溺爱的对象反抗,而这恰恰是中国现代家庭的普遍特点。

中国与美国的孩子有何不同:中国孩子抱大,美国孩子爬大。笔者想说的是,家长不仅"要爱孩子",更要"会爱孩子"。如何培养理想的"人"?还记得 1936 年爱因斯坦在纽约州立大学举行的"美国高等教育 300 周年纪念会"上的讲稿,便是以《培养独立工作和独立思考的人》为题,阐释了他所理解的理想的"人"。它包含着两个层面的内涵:第一,具备独立工作与独立思考的能力;第二,把为社会服务看作人生的最高目标。爱因斯坦也是以他一生的所思所行来实践并捍卫着这样的人生信条。尤为难能可贵的是,在社会全面鼓励竞争的形势下,爱因斯坦清醒地提出了学校教育应如何正确引导、培养学生健康的竞争心理的问题,因为这是成长为理想的"人"的根基。当今中国处于个性被高度张扬的独生子女时代,如何培养理想的"人",爱因斯坦在1936年树立的目标,在今天看来,依然是任重而道远。

终有一天,父母会老去,孩子也终有一天会被命运推上自己的路。换言之,父母不能总是陪伴在孩子身边,人总是要学着长大的。更何况,未来的某个时候,孩子将脱离"孩子"的称谓去独自面对更多的变化,更加复杂的环境。就像小鸟迟早要飞离巢穴,孩子们总归要去自己面对风雨。孩子自己力所能及的事情,家长就应当放手让孩子去做,这既是家庭教育的题中应有之义,也是锻炼孩子自理能力的好机会。家长应从长计议,把磨砺的机会还给孩子。

(选自《中华工商时报》,有改动)

判断正误
1. 中国孩子没有家务清单,不喜欢做家务是因为中国孩子比较懒。( )
2. 家长对孩子的过度保护是孩子不能自立的重要原因。( )
3. 很多孩子并不愿意接受家长的过度溺爱和保护。( )
4. 父母认为孩子总是"长不大",是因为他们并不是真正地爱孩子。( )
5. 鲁迅先生提倡家长对孩子的成长进行干预。( )
6. 作者认为中国家长很爱孩子,但是爱孩子的方式不对。( )
7. 当今中国人的个性被高度张扬,所以家庭教育问题不再那么重要。( )
8. 家长应该多给孩子锻炼的机会,同时也要为孩子进行计划。( )

第四课 "不婚族"日趋庞大 单身白领女性多

背景知识

中国青年的婚姻观念正发生着变化，婚姻制度的重要性在下降。受到更注重个体与享乐的价值观和生活方式的挑战，传统的婚姻功能正在被削弱、淡化。从1987年至今，中国人的结婚率呈连续下降之势。除被动不婚外，选择性独身和晚婚是导致结婚率下降的原因。初婚年龄推迟和独身增多影响到初育年龄后移和生育率下降。在大城市，由政策导致的强制性节育在很大程度上已转变为由观念导致的自愿节育，甚至不育。婚姻的人口再生产功能正在被年轻一代忽视。随着城市化和现代化的推进，中国的离婚率还会保持继续增长的势头。此外，近年来家庭、婚姻结构的另一个重要变化是，未婚同居现象迅速发展，并被社会道德观念所默许。婚姻对两性关系的约束力在下降，越来越多的性行为不再借助于婚姻的形式，或者在逃避这种形式的约束。

词语表

1 庞大 pángdà （形）
指形状、组织或数量等很大（常含有过大的意思）
huge, enormous (often used to emphasize an exceedingly large size, organization or amount, etc.)
膨大である
방대하다, 거대하다

2 普查 pǔchá （动）
普遍调查
to perform a general investigation
全数調査
전면 조사하다

3 情报 qíngbào （名）
关于某种情况的秘密消息和报告
intelligence, information (CIA, etc.)
情報
정보

4 侧面 cèmiàn （名）
旁边的一面
side, aspect
側面
측면

52

5	晚婚	wǎnhūn	（动）	to marry at a mature age
	达到结婚年龄以后再推迟一些年结婚			晚婚
				만혼하다

6	强化	qiánghuà	（动）	to strengthen, to solidify
	加强，巩固			強化する
				강화하다

7	测算	cèsuàn	（动）	to measure and calculate
	测量计算			測量し計算する
				측량 추산하다，측량 계산하다

8	择偶	zé'ǒu	（动）	to seek one's marriage partner
	选择结婚的对象			結婚相手を選ぶ
				배필을 고르다

9	计较	jìjiào	（动）	to think over, to fuss about
	心里计划比较			計算して比較する　こだわる
				계산하여 비교하다，따지다，염두에 두다，문제 삼다

10	学历	xuélì	（名）	record of formal schooling
	学习的经历，指曾在哪些学校毕业			学歴
				학력

11	离异	líyì	（动）	to divorce
	离婚			離婚する
				이혼하다

12	留恋	liúliàn	（动）	to be reluctant to give up or leave
	不忍放弃或离开			未練がある
				차마 떠나지 못하다，떠나기 서운해하다

13	潇洒	xiāosǎ	（形）	natural and unrestrained
	（神情、举止等）自然大方			自然でスマートである
				(모습, 행동 등이) 소탈하다，시원스럽다，스마트하다

14	掀起	xiānqǐ	（动）	to set off (a movement), cause to surge
	使（思潮、运动等）大规模地兴起			盛り上げる　巻き起こす
				(사조, 운동 등을) 자극하다，불러일으키다

15	壮大	zhuàngdà	（形）	strong
	强大			強大になる
				강대하다，장대하다

16	出于	chūyú	（动）	to start from, to proceed from, to stem from
	产生于，发生于，出产于			・・・から出る
				… 에서 나오다，…… 에서 발생하다

17	被动	bèidòng	（形）	passive

17 被动　bèidòng　（形）　passive
待外力推动而行动（跟"主动"相对）
受動的な
피동적이다, 수동적이다, 소극적이다（"주동"의 반대）

18 区分　qūfēn　（动）　to distinguish, differentiate
区别
区別する
구분하다

19 一概　yígài　（副）　without exception, one and all
全部，全都，没有特别的
すべて　一切
（예외없이）전부, 모조리, 일률적 으로

20 冠以　guànyǐ　（动）　to crown by, to precede with (a name, title, etc.)
把（某种名号或称谓）加在前面
文字・呼び名などを冠する
（명칭 또는 글자를）앞에 덧붙이다

21 新式　xīnshì　（形）　new type, new style
新的式样或形式
新式である
신식의, 신형의

22 头衔　tóuxián　（名）　title (of ficials, scholars, etc.)
（官员、学者等的）职位称号
肩書き
（관직이나 학위 따위의）직함, 학위, 칭호

23 无疑　wúyí　（动）　doubtlessly
没有疑问
疑いない
의심할 바 없다, 틀림없다

24 滋味　zīwèi　（名）　taste, flavour
味道，比喻某种感受
味わい
맛；기분, 심정, 감정

25 难以言表　nān yǐ yán biǎo　　difficult to describe with words
很难用语言来表达
言葉で気持ちを説明するのは難しい
말로써（마음 속의 느낌을）표현하기 힘들다

26 宁愿　nìngyuàn　（副）　would rather, better
表示比较两方面的利害得失后选取一面
・・・するよりむしろ・・・
차라리（..... 하고자 한다 / ..... 일지언정）

27 承受　chéngshòu　（动）　to bear, to accept
禁受，接受
受ける
접수하다, 감당하다, 이겨내다

28 风言风语　fēng yán fēng yǔ　　groundless talk
没有根据的话，不公开的议论
根も葉もないうわさ
근거 없는 소문, 뜬소문；암암리에 의론하거나 풍문을 퍼뜨리다

29	品尝	pǐncháng	（动）	to taste, to carefully examine
	尝试味道，仔细地分别不同的事物			吟味する 子細に弁別する
				시식하다, 맛보다, 자세히 식별하다
30	非得	fēiděi	（副）	must, have got to
	表示必须（一般跟"不"相呼应）			どうしても・・・しなければならない
				... 하지 않으면 안된다, 반드시 …… 해야 한다 (보통 위에 '不行''不成''不可'가 붙음)
31	恪守	kèshǒu	（动）	scrupulously abide by
	严格遵守			慎んで守る
				수하다, 엄수하다
32	分清	fēnqīng	（动）	to draw a clear distinction between
	分辨清楚			はっきり区別する
				분명하게 가리다 (밝히다), 분명히 하다
33	理智	lǐzhì	（形）	wise and sensible, reasonable
	有辨别是非、利害关系以及控制自己行为的能力			理知である
				이지적이다
34	思考	sīkǎo	（动）	to think deeply
	进行比较深刻、周到的思维活动			思考
				사고하다, 사색하다, 숙고하다
35	获取	huòqǔ	（动）	to obtain, to get
	获得，取得			獲得する
				얻다, 획득하다
36	坚定	jiāndìng	（形）	firm, steadfast
	（立场、主张、意志等）稳定坚强，不动摇			しっかりしている
				(입장, 주장, 의지 따위가) 확고하다, 굳다, 부동하다
37	凑合	còuhe	（动）	to make do (rather unideal circumstances, etc.)
	勉强适应不很满意的事物或环境			間に合わせる 我慢する
				임시 변통하다, 아쉬운 대로 지내다
38	忍耐	rěnnài	（动）	to exercise restraint, to tolerate
	抑制痛苦的感觉或某种情绪，不表现出来			忍耐する
				인내하다
39	容忍	róngrěn	（动）	to talerate, to endure
	让着别人，忍耐			許す 認める
				참고 용서하다, 참고 견디다
40	草率	cǎoshuài	（形）	careless, rash
	（做事）不认真，随便应付			大雑把である
				경솔하다, 아무렇게나 하다

41	恐惧	kǒngjù	（形）	to fear, to dread
	惊慌害怕			恐れる
				겁먹다, 두려워하다
42	念头	niàntou	（名）	thought, intention
	心里的打算			考え　心づもり
				생각, 마음, 의사
43	繁重	fánzhòng	（形）	(of work, task, etc.) heavy, strenuous
	（工作、任务等）多而重			多くて重い
				(일, 임무 따위가) 많고 무겁다
44	担忧	dānyōu	（动）	to worry, to stress
	担心, 发愁			心配する
				걱정하다, 근심하다

课文　"不婚族"日趋庞大 (1) 单身白领女性多

　　一份人口普查 (2) 的数据表明，中国单身人群正日趋庞大：1982年中国的单身户是174万户，到了1990年有800多万人没有婚配；1990年前后，北京的单身男女在20万以上，而现在仅南京市这个数字就达到了40万，北京和上海两地已经冲破百万之众。另有一组上海人口情报 (3) 研究中心关于上海市婚姻的变化数据：1980年结婚人数为18万对，1990年是12万对，1997年是10万对。需要说明的是，这样的数据还是在婚龄人口越来越多的情况下出现的，而其中单身女性的比例有明显的上升趋势。

　　社会学专家指出，这些趋势从某个侧面 (4) 说明，晚婚 (5) 甚至不婚在中国已经成为一个普遍现象，很多女性已经不再把结婚生子看成是人生必经的历程。

　　分析出现这种现象的原因，有人认为是社会进步的结果。激烈的竞争使女性的独立自强意识日益强化 (6)，有相当一部分"白领"女性在物质上已经不用依赖男人，在事业上还获得了超过男性的成功。她们不是不想爱，而是找不到爱。

不婚是一种生活态度

　　据社会学家测算 (7)，一个30岁的女研究生，若按传统标准择偶 (8)，其选择面只有0.2%，而按"三不计较" (9) （年龄、学历 (10)、婚丧离异 (11) 不计较）择偶，选择面也只能扩大到18%。但问题在于，就是女性不计较，男强女弱的习惯也让绝大多数男性难以接受。

　　现实也正是如此。在一个网站的问卷调查中，72%的男性表示自己不愿意与能力高出自己很多的女人结婚。当然，女性不婚的原因还有很多，比如难有机会结识理想中的异性、不想因结婚丧失在事业上的发展机会、留恋 (12) 于潇洒 (13) 自由的独身生活而不愿被婚姻束缚等。

　　都说没有婚姻的人生是不完整的人生，于是，与"不婚族"的出现刚好相反，现在某些城市又掀起 (14) 了低龄女性早婚潮，虽然早婚的队伍并不算壮大 (15)，但无疑又给正处于或已经过了婚龄的单身白领女性造成了不小的冲击。

有人说，不婚是一种生活态度。无论不婚是出于⁽¹⁶⁾都市女性的自愿还是被动⁽¹⁷⁾的选择，也不论背后有多么复杂的现实原因和社会因素，她们都被人们不加区分⁽¹⁸⁾地一概⁽¹⁹⁾冠以⁽²⁰⁾"单身贵族""不婚族"等新式⁽²¹⁾的头衔⁽²²⁾。不婚甚至成为现今社会新人类、新生活方式的一个时髦标志。

婚姻无疑⁽²³⁾是人生中一道重要的大菜。然而如今，这道菜在人们心中的滋味⁽²⁴⁾却是越来越难以言表⁽²⁵⁾。很多女性甚至宁愿⁽²⁶⁾承受⁽²⁷⁾社会的风言风语⁽²⁸⁾，也要放弃品尝⁽²⁹⁾它的味道。这究竟是为了什么？几位不婚族和社会学家给出了各自不同的解释。

社会学家指出，爱情与事业其实并不矛盾，也不一定非得⁽³⁰⁾恪守⁽³¹⁾哪个先哪个后。对于现代都市女性而言，最好是在顺其自然的同时，分清⁽³²⁾不同时段中事业爱情的重要程度，在理智⁽³³⁾的思考⁽³⁴⁾后作出最适合自身的选择，以获取⁽³⁵⁾最大的平衡。

坚定⁽³⁶⁾的理想主义者

与其他的"不婚族"相反，有一个叫娜娜的女青年，其内心深处是非常渴望爱情和家庭的。但是，她既不愿意游戏人生，也不愿意凑合⁽³⁷⁾过日子。社会学家认为，娜娜的婚恋观显示出都市女性在复杂的社会中保持着特有的冷静。就这一点而言，女性比男性更注重感情、更忍耐⁽³⁸⁾得住寂寞。但是，这样的守候要建立在健康、正确的择偶标准上。在无法容忍⁽³⁹⁾半点草率⁽⁴⁰⁾的婚姻态度的同时，还要懂得：婚姻于双方既是利益又是负担。

强烈的恐惧⁽⁴¹⁾让她远离婚姻

小周和男友已经谈了七年恋爱，却没有想结婚的念头⁽⁴²⁾。她说："身为女人，我最重视的是爱情，如果因为结婚而失去爱，我宁愿不结婚。"

都说怕结婚的男人多。事实上，许多女人也有这种心理。不少白领女性不愿结婚，是害怕那些婚姻带来的繁重⁽⁴³⁾家务活、生养孩子的义务、照顾丈夫和老人的责任，有的是怕结婚后感情不能长久，给自己带来伤害，有的是对自身或对方不够完美过分担忧⁽⁴⁴⁾，还有的是害怕感情还不成熟时结婚以后会不幸福。总之，女性对婚姻缺乏信心的现象越来越普遍。

（全文字数：约1580字）

（节选自《北京晚报》，有改动。）

注释

1 虽然早婚的队伍并不算壮大，但**无疑**又给正处于或已经过了婚龄的单身白领女性造成了不小的冲击。

[解释] 无疑：动词，意思是没有疑问，在句中强调做主语的人或事物的重要性或某些事情的影响力。

[例句] ① 去年Google通过这项服务获利10亿美元左右，这条信息无疑立刻吸引了各大网站掌门人的眼球。
② 对于参赛选手来说，能在这条充满历史的路程上比赛，无疑是人生的光荣。
③ 床头一大束红艳艳的玫瑰花无疑是房中最醒目的摆设，一数正好是9枝。

2 无论不婚是**出于**都市女性的自愿还是被动的选择……

[解释] 出于："出"是产生、发生、出产的意思；"于"是介词，后面常跟事情发生的原因、事物的来源或某种行为的目的。

[例句] ① 从昨天开始，北大开始限制游客参观，校方给出的理由是出于安全考虑。
② 清华的校训"自强不息，厚德载物"这两句话都出于《周易》。
③ 有的老师虽毕业于世界一流大学，却出于对科研、对学生的热爱，选择了这个安静简朴的校园。

3 很多女性甚至**宁愿**承受社会的风言风语，也要放弃品尝它的味道。

[解释] 宁愿：副词，表示在比较利害得失之后选取一种做法。常用在表示选择关系的复句中，用"宁愿……也不……"的，选定的内容在前一分句；用"宁愿……也要……"的，句中出现的都是说话者所要选取的，舍弃的方面隐含在句子之外。

[例句] ① 一些男人宁愿把自己的妻子供养在家里，也不想让妻子出去工作。
② 那位自尊而敏感的男演员宁愿丢给众人一个骄傲的背影，也不想得到众人的理解与同情。
③ 我宁愿多花钱，也要买到卧铺票，不想在火车上受苦。

4 爱情与事业其实并不矛盾，也不一定**非得**恪守哪个先哪个后。

[解释] 非得：副词，常用在动词前面，表示必须或一定要这样做。常与"不"搭配，组成"非（得）……不……"句式。

[例句]
① 有的人到外国混了两年，说话就非得用英语来进行辅助表达，显得自己好像很有见识。
② 周先生认为要想演好戏，将古人演得出色，非得多读书、懂历史不可。
③ 我并不要求女儿非得要考上世界著名大学不行，只是希望她能珍惜在国外的学习经历，有所收获即可。

读报小知识

如何利用网络阅读中文报刊

现在中国的大多数著名报刊都有自己的网站。假如读者不知道所要找的报刊的网址，可以通过百度、新浪、搜狐等网站的检索窗口，直接输入所要找的报刊的中文名称，就可找到该报刊的网址，再根据具体日期或关键词，找到所要读的文章。

练习

一 请在课外阅读中文报刊的最新文章，将其中你喜欢的一篇剪贴在你的笔记本上，然后写成摘要，并谈谈自己的看法

二 给下列动词搭配适当的词语

区分_____   承受_____

品尝_____   恪守_____

分清_____   获取_____

容忍_____   掀起_____

三 选词填空

| 冠以　难以言表　无疑　非得　宁愿　凑合　掀起　出于 |

1. 中国完美集团的总裁胡瑞连说："_____在大城市做小企业，也不要选择在小城市做大企业。"

2. 现实生活中爱情往往不可避免地与婚姻联系起来，而在网上可以爱得死去活来，但不

必_____娶或嫁给对方。

3. 银行强行规定学生必须按月或按季度在指定的地方归还贷款,这对于大多数刚刚参加工作的毕业生_____是沉重的负担。

4. 国航_____安全原因或自己的合理判断,对于行为、年龄、精神及身体状况不适合旅行的旅客,可以拒绝运输。

5. 当我终于把父亲久盼的十几本书搬回家时,他高兴得_____。

6. 只有本科从耶鲁毕业的才称得上是耶鲁人,并_____"姓名,Yale 年级"的头衔。

7. 办公用品两三年一淘汰,能买新的决不_____,用旧的,好端端的东西就进了废品站。

8. 高油价是压力,也是动力。在高油价的重压下,世界各国正_____新一轮节能开源的行动。

四 根据课文内容判断正误

1. 晚婚甚至不婚在中国已经成为一个普遍现象。(　　)
2. 单身女性越来越多是因为女性在物质上不用依赖男人。(　　)
3. 一个30岁的女研究生,若按传统标准选择,选择面只有18%。(　　)
4. 小周至今不结婚是因为担心结婚后会失去爱情。(　　)

五 请按正确的语序将下列句子组成完整的一段话

1. A. 激烈的竞争使女性的独立自强意识日益强化

   B. 她们不是不想爱,而是找不到爱

   C. 有相当一部分"白领"女性在物质上已经不用依赖男人

   D. 分析出现女性晚婚或不婚现象的原因,有人认为是社会进步的结果

   E. 在事业上还获得了超过男性的成功

   正确的语序是:(　　)(　　)(　　)(　　)(　　)

2. A. 也不论背后有多么复杂的现实原因和社会因素

   B. 不婚甚至成为现今社会新人类、新生活方式的一个时髦标志

   C. 她们都被人们不加区分地一概冠以"单身贵族""不婚族"等新式的头衔

   D. 无论不婚是出于都市女性的自愿还是被动的选择

   正确的语序是:(　　)(　　)(　　)(　　)

六 根据课文内容选择最合适的答案

1. 现在北京市的单身男女是_____。

   A. 20万人　　　　　　　　　B. 40万人

   C. 100万人　　　　　　　　 D. 100万人以上

2. 女性不婚的原因不包括_____。

   A. 不想因结婚丧失在事业上的发展机会

   B. 难有机会结识理想中的异性

   C. 在事业上获得了超过男性的成功

   D. 留恋于潇洒自由的独身生活而不愿被婚姻束缚

3. 社会学家认为，对于爱情和事业，现代都市女性_____。

   A. 应该顺其自然，分清不同时段中事业爱情的重要程度

   B. 应该先婚姻后事业

   C. 二者是矛盾的，无法选择

   D. 应该先事业后婚姻

4. 娜娜的婚恋观是_____。

   A. 婚姻于双方既是利益又是负担

   B. 不能游戏人生，不能凑合过日子

   C. 不能容忍半点草率

   D. 保持冷静，有一个健康的择偶标准

七 完型填空

（一）

| 然而　　宁愿　　究竟　　无疑　　各自　　却是　　也要 |

婚姻__1__是人生中一道重要的大菜。__2__如今，这道菜在人们心中的滋味__3__越来越难以言表。很多女性甚至__4__承受社会的风言风语，__5__放弃品尝它的味道。这__6__是为了什么？几位不婚族和社会学家给出了__7__不同的解释。

(二)

　　看来，学习负担不减，难以保障少年儿童__8__睡眠。专家认为，睡眠__9____10__少年儿童生长发育的作用，可以帮助孩子__11__身高；睡眠使身体的各个器官都得到休息，可以__12__疲劳，增强体力；睡眠还可以提高人的智力和思维活动。长期睡眠不足，脑供氧就会__13__，脑细胞就会__14__，脑功能就会下降，孩子学习成绩自然难以提高。

8. A. 充足　　B. 充分　　C. 必要　　D. 充要
9. A. 拥有　　B. 具有　　C. 享有　　D. 持有
10. A. 有益　　B. 促进　　C. 促使　　D. 加快
11. A. 提高　　B. 增添　　C. 增长　　D. 增高
12. A. 消失　　B. 除掉　　C. 消灭　　D. 消除
13. A. 稀少　　B. 缺少　　C. 缺乏　　D. 稀有
14. A. 损伤　　B. 损害　　C. 伤害　　D. 受伤

八　用自己的话或原文中的关键句子概括下面一段话的主要内容

　　一份人口普查的数据表明，中国单身人群正日趋庞大：1982年中国的单身户是174万户，到了1990年有800多万人没有婚配；1990年前后，北京的单身男女在20万以上，而现在仅南京市这个数字就达到了40万，北京和上海两地已经冲破百万之众。另有一组上海人口情报研究中心关于上海市婚姻的变化数据：1980年结婚人数为18万对，1990年是12万对，1997年是10万对。需要说明的是，这样的数据还是婚龄人口越来越多的情况下出现的，而其中单身女性的比例有明显的上升趋势。

九　请尽量用以下词语进行话题讨论

| 无疑 | 非得 | 宁愿 | 出于 | 获取 | 承受 | 容忍 |
| 远离 | 难以言表 | 分清 | 品尝 | | | |

1. 你认为结婚好，还是不婚好？为什么？
2. 你是怎么看待事业和婚姻的，你认为应该如何处理两者之间的关系？

快速阅读

阅读一（字数：约940字；阅读与答题的参考时间：5分钟）

情人节，让我们沉思何为爱情

过节使人快乐，情人节尤其风情万种、妙不可言。想想情人节的过法，说说情人节礼物，一个问题不经意间横冲直撞而来，让你失去装作看不见的机会：爱情是什么？

爱情配方的多解，源自人类称之为爱情的东西，本来就包括了三种不同的内容，也可以说是三个不同的高度。

一种爱情叫作迷恋。这是一种浪漫的爱情，最能点燃男男女女的幻想，最受影视文学的宠爱。这种爱说到底是一种欲望，直白地说就是不管你感觉如何，反正我需要你。

一种爱情叫作"合伙"。当下，多少位青年男女在慎重考量了房子、车子、票子甚至户籍这些条件之后，才小心地培育男女之间的情感。这种爱情本质上还是一种合伙人关系，有点像一起开公司。

一种爱情叫作舍己。这是一种神圣的爱情观，人类爱情的最高境界，虽不易却值得终生追求。这种爱情确信，沉迷于婚前性关系和婚外性关系，就像没有合法手续之前，就对于掩蔽很深的富矿进行破坏性开采。而只有那些领到正式执照，安安静静、井然有序开采的人，才能发现信守婚约的爱情居然可以拥有美与善的大海与大地。

舍己的爱，在不断地上演。两年前死于卵巢癌的布兰达·史密斯，生前偷偷向当地一家电台许下了三个圣诞愿望，并拜托朋友先不要张扬，直至丈夫戴夫重新找到伴侣为止。2013年夏天，戴夫向新女友求婚。于是，布兰达的遗愿在这个圣诞节得以揭晓：原来，她祝福丈夫重新找到真爱，并希望送给两人一个水疗假期。

情人节的玫瑰有千枝万枝，有一枝应为情人节的由来而开。近两千年前的古罗马，某位皇帝为了获得更多的兵源，一度对男女结婚设立种种障碍，瓦伦丁不避风险为众多渴望结婚的男女证婚，因此身陷牢狱，直至被处死。因此，情人节又名"瓦伦丁节"。原来，看似平常的婚姻制度，如此宝贵、神圣，以至有人为此不惜舍生。

情人节到了。我们快乐起来，也成熟起来，可以激情四射，也可以高唱理想。当我们向雾霾宣战，追求新鲜空气时，也可以追求一种纯洁的爱情。情人节到来之际，我们这样表白对于爱情的理解：迷恋的爱情可以有，情意之爱可以有，舍己的爱情更不能没有。以新鲜空气的名义向舍己的爱致敬吧，以清澈泉水的名义向神圣的爱歌唱吧，以一生一世的誓言向爱的忠诚迈步吧，以一夫一妻的配合向爱的奇妙进发吧，以适宜孩子成长的温馨向夫妻间的相让行驶吧，以社会和谐的名义向轻易离婚者说 NO 吧。

（选自《新华每日电讯》，有改动）

回答问题
1. 文中提到了几种爱情，分别是怎么样的？
2. 作者认为最值得推崇和追求的是哪种爱？

3. 文中提到情人节的由来是为了说明什么？

阅读二（字数：约1710字；阅读与答题的参考时间：9分钟）

第一代独生子女婚恋观巨变
有"草结草离"的趋势

吃麦当劳长大、现代意识强烈、曾被称为"小皇帝"的中国第一代独生子女开始谈婚论嫁了。据《江南时报》报道，南京市社会科学院的有关专家指出，与他们的父辈相比，首批独生子女主要在婚恋观念和家庭模式上发生了巨大的改变。

昨天，南京市社科院婚姻问题专家陈所长接受采访时说，1979年，中国开始实行计划生育政策，第一批610万孩子领取了独生子女证。现在，他们已经长大成人，步入婚育阶段。而他们这个阶段的，婚姻观念与80年代初期以及90年代相比，已有了明显的改变。80年代初期，是包办婚姻和自主婚姻同时并存的阶段。90年代以后，自主婚姻占绝大多数，婚恋双方还权衡对方经济、社会地位等方面的因素。而现阶段的婚姻观念，属于综合权衡模式，即在自主婚姻的基础上，婚恋双方除了考虑社会、经济方面的原因外，更注重考虑婚姻生活质量、家庭生活稳定等方面的因素。他们认为婚姻是两个人的事，情投意合自然水到渠成，捆绑终成不了夫妻。

对于20多岁的独生子女来说，他们对婚前性行为的宽容度也大大超过了非独生子女的同龄人。"婚前性行为其实是加强双方了解的一个要素，只要不是滥交，没有什么不好的。"在一家出版社工作的黎小姐说。和黎小姐持相同观点的大有人在。今年刚好25岁的陈先生在一家报社做编辑，他身边的同龄人对婚前性行为基本上都不反对，他现在正和交往两年的女朋友同居，双方家长也都知道，"我们都成年了，可以对自己的事负责，最主要的是把握一个度的问题"。

这种看法也得到了专家的认同，南京市社科院陈所长指出，90年代以来，由于出现了"包养小三"等非正常的婚姻关系，给现在的年轻人造成了心理上的恐惧，因此，试婚现象在这个阶段也比较普遍。

自由、晚婚正在成为中国第一代独生子女新的婚恋态度。过去，24岁结婚生子是天经地义的事，也是传宗接代的责任，逾此年龄的未婚者会被认为是"异类"。而现在，"异类"的帽子被送给了过早结婚的人。

对此，陈所长分析说，这一代年轻人更愿意将婚姻看成一种生活方式的选择，他们希望根据自己的经济实力、感情需要等选择自己的婚期与伴侣，婚姻的内容与形式也发生了巨变。"当然，这并不表示中国年轻一代不再看重婚姻的形式，相反他们更强调新鲜、刺激、有纪念意义。"陈所长认为，这一代的年轻人，文化程度和协调能力不断提高，社会活动广泛深入，感情生活也面临着挑战，他们盼望更适合自己的伴侣。

关于独生子女的婚姻，一个不乐观的看法是：由于个性和社会方面的因素，他们的婚姻正遭受着很大的困扰。对此，南京市都市心理咨询室周正猷教授认为，就目前来看，独生子女的婚姻有"草结草离"的趋势，一些年轻人婚龄只有两年、一年或是更短。在相当多的年轻人心中，激情就是爱情，激情没了，婚姻也就到头了。天津市家庭教育研究会日前公布的一项研究成果表明，有32%的独生子女婚后经常争吵，处理家庭关系的能力较差。周教授指出，中国第一代独生子女所受束缚和压力小了，父母对他们婚姻的干预也越来越少，更多的是年轻人自由选择。很多独生子女由于长期在父母的娇生惯养下成长，过惯了衣来伸手、饭来张口的日子，任性、怕吃苦、攀比等心理比较严重，承受能力也不如上一代人。一旦他们把对父母和金钱的依赖带入婚姻家庭生活中，稍有矛盾冲突便出现情感危机。另外，他们婚后处理问题和化解矛盾的能力也不强，往往会把冲突上升到离婚的程度。

周教授说，婚姻是靠责任来维系的，如果进入婚姻家庭中的年轻人不会处理从激情到责任的心理转变，错把婚姻当激情，就很容易草率离婚。新婚夫妇发生冲突，要学会面对和沟通，要建立一个良好的解决冲突的行为模式。

那么，中国首批独生子女的婚姻状况与以往相比，有什么优势呢？

南京市社会科学院陈所长指出，独生子女婚姻也并非一无是处。较以往而言，现在独生子女婚姻具有比较强的互补性。独生子女从小到大无兄弟姐妹，往往会有一种孤独感，正是由于婚姻的缔结，使他们的心理得到了补偿。另外，独生子女婚姻的经济水平较高，也相对稳定，这也保证了独生子女家庭生活方式和生活需要上的稳定。对于下一代的教育上，独生子女婚姻也占有较大的优势，因为他们在文化层次以及社会交往活动等各个方面比以往大有提高，这对孩子的教育是十分有利的。

（选自中新网，略有改动）

回答问题

1. 80年代初期与90年代后的婚姻观念有什么不同？
2. 根据陈所长的分析，现代年轻人更愿意将婚姻看成一种生活方式的选择，那他们是不再看重婚姻的形式了吗？
3. 中国首批独生子女的婚姻状况与以往相比有什么优缺点呢？

阅读三（字数：约1320字；阅读与答题的参考时间：7分钟）

抵制逼婚广告还不够

近日，春节期间在多家电视台不断播放的百合网广告即将退场。百合网向情人节期间赴其总部抗议的女青年发出道歉信，承诺将停播此广告。

这则广告引发了"万人抵制百合网"的行动。该广告以一名女生的外婆"你结婚了吗"的固执逼问，推出女孩"就算为了外婆我今年也要结婚""我不能再慢慢挑了"的结论，被抗议者认为是以亲情绑架女性人生，以婚否错误地评定女性价值。而且，该广告在春节假期播出，更是在助长令年轻人苦不堪言的逼婚现象，制造家庭矛盾。

百合网终于意识到自己冒犯了潜在客户群，女性网民对这则广告的看法高度一致，显示出自由选择意识在这个群体中的觉醒，即使面临从社会到家庭的强大压力，她们中的很多人也不愿再轻易退却。当不满升级为行动，直接抗议这一步更说明她们正在成长为有力量、不容歧视的群体。总的来说，女性的愤怒更多是反映了选择太少的现实。事实上，相亲网站的大部分客户是女性，而且"剩女""恨嫁"现象确实存在。当逼婚、催婚和亲情搅在一起，更是令人纠结。因此，我们需要追问，女性的结婚压力从何而来？

当下正处在婚姻观念新旧交织的年代。传统社会里，基本只有因经济能力低下而无力娶亲的"剩男"，没有"剩女"，因为女性只要有生育能力就够结婚条件。如今，随着"女儿外嫁"思维的改变，女性的父母"抱外孙"的愿望也加入对女性的婚姻压力中。另外，很多父母未必意识到，催婚反映了女性"在家从父、出嫁从夫"的传统观念的存在，即希望丈夫接替父母对女性"负责"。女性，除非结婚，否则就很难摆脱未成年的身份标签，因此要在父母家庭中"听话""孝顺"，而父母始终有权介入她们的人生。

另一方面，女性独立发展机会的狭隘迫使她们寻求进入婚姻共同体。"干得好不如嫁得好"不是不求上进，而是说出了女性在相当程度上要指望通过婚姻分享男性社会和经济地位的事实。另外，女性仍然被教育只接受指向婚姻的感情和性，好女人要想摆脱孤独寂寞就只有恋爱结婚。教育年限的延长让生育年龄也成了压力，注重教育的现代人相信女性生育不能太晚。因此对接受高等教育的女性来说，择偶的任务相当紧迫。

所以，在抵制逼婚之余，年轻女性能怎样自由，是一个"娜拉走后怎样"式的问题。也就是说，没有整个婚姻制度的改变，女性依然会陷入迷茫，而且这种婚姻制度的社会根基是非常深的。虽然有女性喊出"不结婚怎么了"的口号，虽然有人说逼婚导致现代女性自降身价，但"适龄"结婚对女性仍然是显著的自利行为，是顺应婚姻制度的现实选择。从这个角度说，对百合网广告的抵制可能只是昙花一现。

要求个人对抗制度是不现实的，只有从制度的层面，减少职场上显性和隐性的性别歧视，让公共和政治领域允许更多平等竞争，放弃对女性守贞的单方面道德要求，给她们不需要婚姻就能满足经济、情感、性、生育需求的充分机会，不再焦虑于婚配中的男性权利，到那时候，逼婚才能不会成为女性的压力。

在代际之间，不仅是相互理解的问题，还有父母一代再成长、把亲情和个体权利区分开的问题，但更重要的是让年轻女性有底气对父母说不，至少是平等协商，以及让她们有建设多样家庭的权利。

幸福不仅是观念，也是一种生活事实，有具体的权利保障才能去建设，所以要改变以结婚为核心的女性幸福观，有很多事情可以做，需要做。

（选自《东方早报》，有改动）

判断正误
1. 百合网发出道歉信是因为意识到了其广告传播了错误的价值观。（　）
2. 抗议者认为百合网春节期间播出的广告引发了家庭矛盾。（　）
3. 女性对这则广告表示愤怒主要是因为这则广告反映了女性恋爱结婚选择太少的现实。（　）
4. 在传统社会里，女性完全没有结婚的压力。（　）
5. 现代社会单身女性有婚姻压力是因为女性独立发展机会太狭隘。（　）
6. 现行的婚姻制度使得女性对于自身的发展和婚姻的追求显现出矛盾。（　）
7. 要消除逼婚的压力最根本的是要实现男女真正的平等。（　）

第五课　网络婚姻使真夫妻反目

背景知识

　　"网络婚姻"的支持者认为,"网络婚姻"或许就是21世纪这个虚拟时代来临的标志。分隔在各地的网友可以举行婚礼,这是新世纪人的情感空间和交际范围的无穷扩展,个人真正融入人类大家庭中了。"网络婚姻"支持者还说,"网络婚姻"奠基于现实却又超越现实,或许正是这样才适当地平衡了活在物欲年代的人们的空虚和寂寞。

　　"网络婚姻"的反对者却认为,现在婚姻竟然成了网上游戏,网上随便就能成婚,婚姻还有什么神圣性可言?反对者还认为,"网络婚姻"从本质上看,与第三者虽没有肉体关系,但精神很投入,尽管是现实情感生活的一种调节,但如果深入到对方或自己内心世界,就会对现实生活中的感情产生负面影响。"网络婚姻"对现实婚姻家庭的冲击,对家庭美德的破坏是实实在在的。

　　一些专家认为,"网络婚姻"需要法律的制约。"网络婚姻"不符合婚姻法的要求,不受婚姻法保护,因此也无法认定其"重婚"。面对越来越多的因为"网络婚姻"而导致的离婚纠纷,已经迫切地需要出台相关法律来制约了。

词语表

1. 反目　　fǎnmù　　（动）　　to fall out (esp. between husband and wife)
   对人的态度突然变得不好
   仲たがいする
   반목하다

2. 人士　　rénshì　　（名）　　personage, public figure
   有一定社会影响的人
   社会的地位を有する人 人士
   인사, 명망 있는 사람

3. 制约　　zhìyuē　　（动）　　to restrict, to constraint
   限制,约束
   制約する
   제약하다

| 4 | 领取 | lǐngqǔ | （动） | to draw, to receive |

把发给的东西取到手

受け取る

（발급한 것을）받다，수령하다

| 5 | 即便 | jíbiàn | （连） | even, even if |

即使，表示假设的让步

たとえ・・・でも

설사 ..... 하더라도

| 6 | 随心所欲 | suí xīn suǒ yù | | do as one pleases, to have one's own way |

一切都由着自己的心意，想怎么做就怎么做

思いのままにする

자기의 뜻대로 하다，하고 싶은 대로 하다

| 7 | 继……之后 | jì……zhīhòu | | to follow after (an event, a circumstance, etc.) |

在……以后

・・・の後

다음에，... 후에

| 8 | 情感 | qínggǎn | （名） | emotion, feeling |

感情；人们对外界刺激所产生的心理反应，如高兴、生气、悲伤、快乐等

感情　気持ち

정감；감정，느낌

| 9 | 随意 | suíyì | （形） | at will, as one pleases |

任由自己的心意

気の向くままに

뜻대로 하다，마음대로 하다

| 10 | 鲜红 | xiānhóng | （形） | bright red |

红而鲜艳

鮮やかな赤である

선홍색의

| 11 | 自行 | zìxíng | （副） | by oneself, of one's own accord |

自己（做）

自分で

스스로

| 12 | 条款 | tiáokuǎn | （名） | article, clause |

文件或条约上的项目

（文献・契約などの）条項

（문서，계약 따위의）조항，조목

| 13 | 审核 | shěnhé | （动） | to examine and verify |

检查核对

審査決定する

（주로 문서나 숫자로 된 자료를）심사하여 결정하다，심의하다

| 14 | 申请 | shēnqǐng | （动） | to apply for/to |

向上级或有关部门说明理由，提出请求

申請する

신청하다

| 15 | 程序 | chéngxù | （名） | order, procedure |

事情进行的先后顺序

順序

순서，단계，절차

16	像模像样	xiàng mú xiàng yàng		reaching the standard
	够一定的标准			標準に達している
				모양 (격식) 등이 제대로 갖추어진 상태

17	装饰	zhuāngshì	（动）	to decorate, to adorn
	在身体或物体的表面附加一些东西，使美观			装飾を施す
				치장하다, 장식하다

18	宠物	chǒngwù	（名）	house pet
	指被人喂养的受人喜爱的小动物			ペット
				(개나 고양이 따위의) 애완동물

19	跨度	kuàdù	（名）	span, range
	跨越时间或空间的距离			径間
				경간, 스팬

20	伴侣	bànlǚ	（名）	companion, mate
	情侣或夫妻，也指其中的一方			伴侶
				반려, 동반자

21	奉献	fèngxiàn	（动）	to offer as a tribute
	恭敬地交付			献上する
				삼가 바치다

22	从未	cóngwèi	（副）	never have
	从来没有			いまだかつて・・・ない
				지금까지 ..... 하지 않았다 (..... 해본 적이 없다)

23	伤心	shāngxīn	（形）	sad, hurt (emotions)
	由于遭遇不幸或不满意的事而心里难过			傷心
				상심하다

24	法庭	fǎtíng	（名）	court
	法院审理诉讼案件的地方			法廷
				법정

25	案件	ànjiàn	（名）	case (law)
	有关诉讼和违反法律的事件			訴訟事件
				소송이나 위법에 관계되는 사건

26	关注	guānzhù	（动）	to pay close attention to
	关心重视			関心を持つ
				관심을 가지다

27	冷淡	lěngdàn	（形）	cheerless, cold, indifferent
	不热情，不亲热，不关心			冷淡である
				냉담하다, 쌀쌀하다, 무관심하다

28	偶然	ǒurán	（形）	accidental, by chance
	超出一般规律和常情的			たまたま
				우연히, 뜻밖에
29	融洽	róngqià	（形）	harmonious
	彼此感情好，没有矛盾			お互いに打ち解ける
				사이가 좋다
30	状告	zhuànggào	（动）	to go to the law against sb.
	到法院或有关部门申诉			訴える
				（법원 등에서）제소하다
31	重婚	chónghūn	（动）	to engage in bigamy (legal)
	法律上指已有配偶而又同别的人结婚			二重結婚する
				중혼하다
32	证据	zhèngjù	（名）	evidence, proof
	能够证明某事物的真实性的有关事实或材料			証拠
				증거
33	败诉	bàisù	（动）	to lose a lawsuit
	打输官司			敗訴する
				패소하다
34	体验	tǐyàn	（动）	to learn through one's personal experience
	通过实践来认识周围的事物，亲身经历			体験する
				체험하다
35	局限	júxiàn	（动）	to limit, to confine
	限制在某个范围内			限定する
				국한하다, 한정하다
36	亲密	qīnmì	（形）	close, intimate
	感情好，关系密切			親密である
				친밀하다, 사이가 좋다
37	养育	yǎngyù	（动）	to bring up
	抚养和教育			養育する
				양육하다
38	匮乏	kuìfá	（形）	deficient
	（物资）缺乏，不丰富			（物資が）欠乏する
				（물자가）결핍하다, 부족하다
39	沟通	gōutōng	（动）	to connect (relationally), to communicate
	使两方能够相通，互相了解			橋渡しをする
				통하다, 교류하다, 소통하다
40	难度	nándù	（名）	degree of difficulty
	困难的程度			難度
				난이도

41	借口	jièkǒu	（名）	excuse
	不真实的理由			言い訳
				구실, 핑계

42	实质	shízhì	（名）	essence
	本质			本質
				실질, 본질

43	法定	fǎdìng	（形）	legal, statutory
	由法律、法令所规定的			法定の
				법률로 규정된

44	神圣	shénshèng	（形）	sacred, holy
	崇高而庄严			神聖である
				신성하다, 성스럽다

45	名义	míngyì	（名）	name
	做某事时用来作为依据的名称说法			名義
				명의, 명칭

46	约束	yuēshù	（动）	to restrain
	限制使不越出范围			制約する
				제약(제한)하다, 얽매다

47	忠实	zhōngshí	（形）	faithful, true
	忠诚可靠			忠実である
				충실하다, 충직하고 성실하다

48	赔偿	péicháng	（动）	to compensate, to pay for
	因为自己的行为给对方造成损失而给予补偿			弁償する
				배상하다, 변상하다

49	抚养	fǔyǎng	（动）	to foster, to raise
	爱护并培养教育			扶養する
				부양하다, 정성들여 기르다

课文　网络婚姻使真夫妻反目(1)

法律界人士(2)认为，有必要从立法角度加以制约(3)

本报特约记者　杨清

恋爱、领取(4)大红结婚证、生子、育儿，只需一台能上网的电脑就可以宣布确立婚姻关系，一不高兴还能马上离婚，**即便**(5)是"一夫多妻""一妻多夫"，也无不可。在不少提供"网上结婚"服务的网站上，结婚成了随心所欲(6)的事情，"网络婚姻"也成为继网友、网恋**之后**(7)，网络情感(8)的又一大趋势。

到底是否应该把网络夫妻当作"游戏"？它是否已威胁了现实婚姻？婚姻专家们认为，"网婚"显然正成为网络时代公民道德建设面临的一个新课题。

网络夫妻也发"结婚证"

随意[9]进入一个提供网络婚姻服务的网站，首先吸引眼球的是"已婚者"们鲜红[10]的"结婚证"："据网络婚姻法（网站自行[11]创立的婚姻法模式）第一章相关条款[12]，经审核[13]，此申请[14]符合法律程序[15]，双方均具备结婚条件，特发此证，准予某某和某某登记结婚。从即日起，此婚姻将受网络婚姻法保护。某年某月某日，网络婚准字第 TY0958 号。"

现实生活中新婚夫妻要做的事，网络夫妻也要做足：发喜帖、办喜宴、拜天地、闹洞房还不算，"婚后"还要注册一间虚拟房间，挑选居住社区，开始像模像样[16]地生活。他们可以将客厅、卧室装饰[17]一新，还可以在"家"里种花、养宠物[18]，甚至还可以生养"孩子"。除了见不着面，这结婚生子、安置家庭的事，做起来全不费工夫！

记者了解到，目前具备"网络婚姻"相关功能的网站已有几十家，走入"网络婚姻"的人数达到 10 多万。他们的年龄跨度[19]很大，下至十几岁、上至四五十岁的人都有，以大学生居多，知识型已婚人士也不少。

网络婚姻伤害伴侣[20]的心

记者从浙江省社会科学院学者胡涤菲那里了解到这样一个真实的故事：大学生小邓与同学小刘已经谈恋爱两年了。小邓有一天突然发现，女朋友竟然在网上与一位网友领取了"结婚证书"，还过起了夫妻生活。"那些浪漫动听的话，她都没跟我说过，居然奉献[21]给了一个从未[22]见面的陌生人，这让我感到很伤心[23]。我决定跟她分手。"

最近，广西南宁市一个因为"网络婚姻"而闹上法庭[24]的案件[25]也很受关注[26]：感到丈夫态度冷淡[27]的妻子偶然[28]发现，丈夫在网上与一女子情感融洽[29]，确立了"网络夫妻"的关系。她感到异常愤怒，于是状告[30]丈夫犯了重婚[31]罪。虽然由于证据[32]不充分而败诉[33]，但妻子仍然决定与丈夫离婚。

另据媒体报道，如今的中学生也有不少人加入"网络夫妻"的队伍，提前体验[34]起了"夫妻生活"。

期待立法制约

虽然"网络婚姻"客观上被局限[35]在虚拟的网络中，但其伤害力仍然巨大。

专门研究过该问题的胡涤菲认为："这说明人们需要爱情、甜蜜和亲密[36]，却不想负责任的意识越来越严重。"她指出，对于已婚夫妻来说，现实婚姻很大程度上建立在责任的基础上，如经济责任、养育[37]后代、照顾老人等。当众多责任变为压力，夫妻情感越来越匮乏[38]，沟通[39]难度[40]加大，转向网络寻找虚拟情感的寄托就有了借口[41]。"

对于未婚年轻人来说，"网络婚姻"既无实质[42]条件，也无法定[43]程序，根本不是真正的婚姻，所以他们往往抱着游戏的心态，以婚姻的神圣[44]名义[45]，演出了一段段虚拟的故事。而未成年人加入"网络夫妻"的队伍，游戏的成分就更多了，急需正确引导。

"网络婚姻"给现实婚姻、恋爱带来的破坏引起了不少人士的担忧。浙江律师周红飞就认为,有必要从立法角度对"网络婚姻"加以制约。首先,法律应该对"网络婚姻"的交友规则、游戏规则给出一个更明确的规定与约束⁽⁴⁶⁾;其次,新婚姻法关于夫妻双方应该相互忠实⁽⁴⁷⁾的条款中,要完善因"网络婚姻"而离婚的夫妻中,无过错方的赔偿⁽⁴⁸⁾问题、子女抚养⁽⁴⁹⁾权问题等条款。

（全文字数：约1550字）

(节选自《环球时报·生命周刊》，有改动。)

注释

1 一不高兴还能马上离婚，**即便**是"一夫多妻""一妻多夫"，也无不可。

[解释] 即便：连词，表示假设的让步。就是出现不利的情况，结果或结论也不会改变。与"即使"相同，"即便"多用于书面语。常见的搭配有"即便……也（还）……"。

[例句] ① 过去大学生即便要准备考研或者出国，他们也会先找个工作，求一份安定。
② 考生即便知道了自己的考试分数再填报志愿，也很难作出明智的选择。
③ 即便在人生的最后两年里因病住院，他也把日子过得丰富多彩。

2 "网络婚姻"也成为**继**网友、网恋**之后**，网络情感的又一大趋势。

[解释] 继……之后：在（某些人、事物出现或某件事情发生）以后，接着出现另外的情况。

[例句] ① 电影《冷山》的导演准备继《英国病人》之后再拍一部非洲题材的影片。
② 2010年，以GDP计算，中国是继美国之后的世界第二大经济体。
③ 继全国第一家离婚公司在北京开张之后，上海、沈阳、杭州等地也出现了相同性质的公司。

3 那些浪漫动听的话，她都没跟我说过，居然奉献给了一个**从未**见面的陌生人，这让我感到很伤心。

[解释] 从未：副词，一般用在动词、形容词前面，表示从来没有。

[例句] ① 他首次执导电影时从未尝试过与演员进行沟通。
② 中国从未像今天这样真切感受到经济全球化的脚步。

③ 虽然每天的工作都很辛苦，但是她从未向别人诉过苦。

4. 感到丈夫态度冷淡的妻子偶然发现，丈夫在网上与一女子情感融洽，确立"网络夫妻"的关系。

[解释] 偶然：形容词，表示意外，可做定语、谓语、状语。

[例句] ① 全球近年来掀起了一浪高过一浪的汉语学习热潮，并非偶然。
② 通过一个偶然的机会，我认识了现在的妻子，从此相知相守至今。

5. 他们往往抱着游戏的心态，以婚姻的神圣名义，演出了一段段虚拟的故事。

[解释] 以……名义：利用某些人或事物的名称，把它作为做某事的理由。

[例句] ① 她回忆起当年在大运会上以全体运动员的名义宣誓的情景，心情非常激动。
② 根据规定，有关官员无法以个人的名义邀请国外科技界的知名人士参加这次会议。
③ 一些民工的工钱没有全部要到，他们的工钱被人以罚款的名义层层扣减。

读报小知识

读报的方式——精读与泛读

根据读报的目的与要求的不同，读报的方式一般分为精读与泛读两种。精读要求对文章的字词句篇都要尽量读懂，并深入理解；泛读只要求读懂主要的内容，或根据要求读懂文章中的某一部分的内容。从掌握文章内容的比例来看，精读应读懂或掌握文章90%的内容；泛读只要求读懂或掌握文章70%的内容；从阅读的速度来看，精读比泛读慢得多，一般只有泛读速度的一半或不到一半。我们应该根据读报的不同目的与需求，学会运用精读与泛读这两种方式。例如，对报刊教材中的课文用精读方式，对报刊教材练习中的阅读材料或课外的阅读材料可用泛读方式。

练 习

一 请在课外阅读中文报刊的最新文章，将其中你喜欢的一篇剪贴在你的笔记本上，然后写成摘要，并谈谈自己的看法

二 给下列动词搭配适当的词语

领取_____   装饰_____

体验_____   养育_____

约束_____   抚养_____

申请_____   制约_____

三 选词填空

> 体验　　从未　　以……名义　　奉献
>
> 即便　　继……之后　　像模像样

1. 家长不愿意购买二手衣物，虽然能够通过衣物传染的病很少，而且_____是买回来进行了消毒处理，家长心里还总是不放心。

2. 香港迪士尼乐园是_____日本_____亚洲第二个、全球第五个迪士尼乐园。

3. 促进法制和保护人权是联合国的两大主要任务，联合国多年来在这些方面的努力_____间断。

4. 按照国人的老传统，不留下万贯家财，也要留下点_____看得见摸得着的实物。

5. 王某伙同张某等三名同乡_____"《人民日报》为人民服务编辑委员会"的_____向各类机关团体、企事业单位、知名人士邮寄信函，要求对方购买"共和国功臣"丛书。

6. 根据记者的亲身_____，卖快餐的场所还算卫生，管理也比较人性化。

7. 为了培养全面发展的人才，老师辛勤工作，默默地_____着，一年又一年，用自己的心血浇灌着祖国的花朵。

四 根据课文内容判断正误

1. "网络婚姻"符合法律程序并且受到现实婚姻法的保护。（　　）
2. 进入"网络婚姻"的人以大学生居多。（　　）
3. "网络婚姻"使小邓和小刘分手了。（　　）
4. 通过立法可以解决"网络婚姻"问题。（　　）

五 请按正确的语序将下列句子组成完整的一段话

1. A. 甚至还可以生养"孩子"
   B. 这结婚生子、安置家庭的事，做起来全不费工夫
   C. 他们可以将客厅、卧室装饰一新
   D. 除了见不着面
   E. 还可以在"家"里种花、养宠物

   正确的语序是：（　　）（　　）（　　）（　　）（　　）

2. A. 对于未婚年轻人来说
   B. 以婚姻的神圣名义，演出了一段段虚拟的故事
   C. "网络婚姻"既无实质条件，也无法定程序
   D. 根本不是真正的婚姻
   E. 所以他们往往抱着游戏的心态

   正确的语序是：（　　）（　　）（　　）（　　）（　　）

六 根据课文内容选择最合适的答案

1. "网络夫妻"不可以_____。
   A. 在网上挑选居住社区　　B. 在网上种花、养宠物
   C. 领到现实的结婚证　　　D. 在网上拜天地、闹洞房

2. 文中妻子与丈夫离婚的原因是_____。
   A. 丈夫对妻子不好　　　　B. 丈夫犯了重婚罪
   C. 夫妻感情冷淡　　　　　D. 丈夫在网上与别的女人结婚

3. "网络婚姻"_____。
   A. 不会伤害真夫妻的感情　B. 不需要负责任
   C. 不是随心所欲的　　　　D. 也是真正的婚姻

4. "网络婚姻"的出现_____。

　　A. 是年轻人游戏的结果　　　　B. 不想负责任的结果

　　C. 立法失败的结果　　　　　　D. 是已婚夫妻感情破裂的结果

七　完型填空

（一）

偶然　于是　因为　虽然　但　异常

最近，广西南宁市一对__1__"网络婚姻"而闹上法庭的案件也很受关注：感到丈夫态度冷淡的妻子__2__发现，丈夫在网上与一女子情感融洽，确立了"网络夫妻"的关系。她感到__3__愤怒，__4__状告丈夫犯了重婚罪。__5__由于证据不充分而败诉，__6__妻子仍然决定与丈夫离婚。

（二）

目前我国社保缴费水平太高，极不__7__农民工流动性大、就业不__8__的情况。劳动和社会保障部研究员郭悦认为，__9__健全社会保障制度是关键。他的同事华迎放透露，我国农民工参加社会保险的不到10%，许多农民工对保险知之甚少。卢海元博士建议，应当__10__以个人账户为主、交费门槛较低、缴费方式__11__的弹性社会养老保险制度。"首先要把农民工的养老金个人账户建立起来，账户可以随个人转移，__12__在哪儿打工，交的钱都存在这个账户上；还要方便查询，让农民工随时看到账户里属于自己的钱在不断__13__。"

　　7. A. 符合　　　B. 适应　　　C. 适合　　　D. 顺应

　　8. A. 稳定　　　B. 平稳　　　C. 顺利　　　D. 稳当

　　9. A. 构建　　　B. 形成　　　C. 建立　　　D. 建成

　10. A. 结构　　　B. 构成　　　C. 构建　　　D. 培养

　11. A. 方便　　　B. 便利　　　C. 灵便　　　D. 灵活

　12. A. 尽管　　　B. 就算　　　C. 不管　　　D. 万一

　13. A. 增长　　　B. 增进　　　C. 加快　　　D. 减少

八 用自己的话或原文中的关键句子概括下面一段话的主要内容

"网络婚姻"给现实婚姻、恋爱带来的破坏引起了不少人士的担忧。浙江律师周红飞就认为,有必要从立法角度对"网络婚姻"加以制约。首先,法律应该对"网络婚姻"的交友规则、游戏规则给出一个更明确的规定与约束;其次,新婚姻法关于夫妻双方应该相互忠实的条款中,要完善因"网络婚姻"而离婚的夫妻中,无过错方的赔偿问题、子女抚养权问题等条款。

九 请尽量用以下词语进行话题讨论

| 即便 | 继……之后 | 体验 | 偶然 | 抚养 | 像模像样 | 沟通 |
| 随意 | 以……名义 | 融洽 | 忠实 | 约束 | 随心所欲 | |

1. 你经常上网吗?你是怎么看待网络的?
2. 请谈谈对网络婚姻的看法。

快速阅读

阅读一(字数:约1180字;阅读与答题的参考时间:6分钟)

大学生与社交媒体,一场孤独的狂欢

寝室里只响起键盘敲打的声音,四个女孩静悄悄地面对着各自的电脑上网,蓝莹莹的屏幕投射在她们专注的脸庞上。突然,一个女生探身对室友说:"你看到了吗?我在微博上艾特你了。"另一个这才咯咯笑出声来:"看到了呀,我回复你啦,快去看。"而她俩之间的距离,不到两米。

毫不夸张地说,十年前开始流行中国的社交媒体,已经完全改变了当代大学生的生活。穿梭在校园里,你经常会看到低头紧盯手机屏幕的人匆匆走过;课堂上,一张张埋在电脑背后的脸多半是在翻看好友更新的照片和日志;甚至连社团会议、小组研讨都开始被微信群所取代。越来越多的学生开始养成"起床刷微博,躺下发微信"的习惯,社交媒体的魅力似乎显而易见地与日增强。然而,在我看来,大学生过度依赖社交媒体都带来了孤独问题。

去年因微信的大规模瘫痪而造成的慌乱让我们意识到,现代人最恐惧的是与社会群体的联系被切断,哪怕只是一小会儿。那么,到底是孤独催生了社交媒体,还是社交媒体放大了孤独?那些在社交平台上公开发送的"晚安",表明我们对孤独的恐惧并没有减少,反而更

强烈了。

科技带给我们一种"永远不需要独处"的错觉，让我们在排队时、等待公交车时，甚至在卫生间时都可以有事可做。过度频繁的联系让我们产生习惯性的心理饥饿感，让我们每当离开通讯设备、每当没及时收到回复时就不免心慌意乱。更加频繁的交流带来沟通质量无可避免的下降，我们之间的交流方式渐渐流于表面化和片面化。越来越多的大学生表示"比起说话，我更愿意发短信"。我们渐渐习惯逃离真实的交流，自欺欺人地选择更浅层面的沟通。当我们懒于打理自己、再坐一小时地铁去和闺蜜小聚，而是选择躺在床上使用微信对讲时，是否考虑过对社交网络的过度依赖，已经挤占了现实社交的活动空间？这种高效率、低成本的社交，是否也意味着人与人的关系更加廉价浅薄？是否可能导致自我封闭，使现实社会关系如苏打饼干般易碎？

虽然社交媒体让我们孤立自己，但这种孤独已经丧失了独处应有的本质。当科技让我们成为彼此的情感拐杖，过度的交流让我们没有时间安静地独处，以至于在不得不独处时完全无法习惯。而聒噪（guōzào）的网络世界逐渐让我们养成横向查阅而不是纵向思考的习惯，我们的注意力越来越难以集中，也进一步丧失了独立钻研的能力和意识。

有句歌词："狂欢是一群人的孤单，孤单是一个人的狂欢。"人生不能离群，而自修不能无独。只有给自己和自己对话的机会，才有可能安静地观察、冷静地判断、沉静地反思。独思的修行、意志的磨砺（mólì），最应在大学时代开启。这样我们才能在将来无论从事什么行业时，都能在群体的喧嚣中保持相对的清醒。

看到最近很流行的一个联合国儿童基金会的软件，只要放下手机10分钟，就会有捐助者给非洲儿童提供一天所需的饮用水。那么，不妨以"不动手之劳"，为需要的人赠一桶清水，也给自己的内心开一眼清泉。

（选自《中国青年报》，有改动）

回答问题
1. 为什么说社交媒体带给我们的是一场"孤独的狂欢"？
2. 怎样平衡社交媒体与现实生活中的人际交流？
3. 作者对于社交媒体持什么样的态度？

阅读二（字数：约1700字；阅读与答题的参考时间：10分钟）

娱乐化，不只是笑谈

马年开始，著名互联网公司阿里巴巴宣布收购高德地图，当天网上就流传出一个段子，被人们广泛转载甚至口耳相传：秘书误将老总的"My God！"听成了"买高德"，进行了收购的误操作。正月十五元宵节，北京市深陷雾霾，但仍有人燃放烟花爆竹，令空气污染雪上加霜。不少人感叹："这真是破罐子破摔的节奏啊！""'风局长'快上班吧！"（认为好天气靠风刮）。

不知从什么时候开始，媒体语言、普通人的交流乃至社会心态都变得越来越有趣，从前只在喜剧、相声中才能欣赏到的幽默智慧、搞笑段子，现在正向社会文化领域全面蔓延。娱乐化，已经成了当下不容回避的社会倾向。

为什么娱乐化来势汹汹、不可阻挡？面对泛娱乐化，我们究竟是应该"喜大普奔"还是"不明觉厉"？怎样才能适应这一时代语言的巨大变化？

新闻变得娱乐化——翻开报纸、打开新闻网页，"蒜你狠""姜你军"代替了传统表述"菜价上涨"，"秒杀""力挺"等网络语言，也频繁出现在严肃新闻的标题中。

人际交往变得娱乐化——幽默不再是少数人的专利，一声"亲"，能让你亲和力上升，一句"小伙伴们"能让你瞬间洋气，一段半文半白的"甄嬛（Zhēnhuán）体"更能让你"萌（méng）翻"全场。人们引用各种段子来让自己的谈话更风趣，也热衷用调侃（tiáokǎn）、娱乐的语气表达自己的看法。

社会心态也变得娱乐化——许多新词汇被创造出来，如"宅男""剩女""太囧（jiǒng）"；许多传统事物有了新说法，如"打酱油""很黄很暴力""很傻很天真"；某个造型特别的建筑亮相，流传最广的一定是"大裤衩""小蛮腰"等类似的比喻；甚至连政治人物，也有了"大大"等各种各样的网络外号。

与二三十年前的严肃氛围相比，今天的时代语言呈现出空前的宽容和多元。多位社会学专家都认为，时代语言从严肃走向活泼，是经济社会发展的结果。"一方面，人们在物质需求得到一定满足后，精神需求开始多样；另一方面，社会宽松度提高，文化走向多元，社会心态集体释放，语言表达自然从严肃走向活泼。"清华大学社会科学学院院长李强说。

公民参与意识的提高，令娱乐化道路"越走越宽阔"。通过通俗比喻、形象类比，对信息的娱乐化处理令"天边事变成身边事"，便于公众参与讨论，并且不断开拓新领域。

信息技术的进步，也为娱乐化推波助澜，国家行政学院决策咨询部副主任丁元竹认为："太呆板、太平实的信息容易被人忽略，要从海量信息中吸引人，要在快速阅读的大背景下被人关注、接纳，这条信息就必须有足够的吸引力，于是幽默、夸张等娱乐手法开始被采用，这也是许多'标题党'的成因。"有"没心没肺的笑"，也有"含泪的笑"。

有些娱乐，正是来自荒诞的现实。比如，有的地方专门成立"馒头办""西瓜办"等行政机构；有的城市要求"捐献遗体一定要有当地户口"；有的部门出台规定"严禁教师骚扰女生"；有的景区给猴子张贴规定"不许哄抢游客，做彬彬有礼的猴子"。这些事实本身就具有相当的娱乐性。

有些调侃，源自转型期社会公信力降低。对正常的社会管理行动，一些人不相信真的会执行，抱着娱乐的心态旁观。如对东莞扫黄，网上竟一度流传"东莞挺住""防控禽流感"等段子。

更多情况下，人们通过娱乐表达内心的不满。如最近网友对4G网络收费贵吐槽："一觉醒来，房子就没了。"有人对空气污染吐槽："世界上最远的距离，不是我坐在你对面你不知道我爱你，而是我站在你对面却看不到你。"对于一些影响普通民众日常生活的事情，许多人感到自己没有发言权、参与权，于是以调侃的方式反映自己的意见。

娱乐本身不是问题，但娱乐反映的问题应该得到正视。那些直面荒诞现实、表达不满情绪的段子，看似笑谈，却不能一笑了之。"当下社会的娱乐化倾向，很大程度上是社会转型期的阶段性产物。"丁元竹与李强的观点不谋而合。他介绍，这种转型期的娱乐化，在欧美国家也有先例，如美国上世纪六十年代出现的"嬉皮士文化"。除了娱乐化本身需要有一个度外，娱乐过程中反映的问题更应得到重视。一些地方和部门对娱乐化，第一反应往往是反感、抵触。事实上，当前出现泛娱乐化是转型时期公众意见的表达，如果是误解，不妨立刻说明真相；如果的确有不足之处，有关部门应当尽快弥补漏洞、提高社会管理水平。

（选自《人民日报》，有改动）

回答问题

1. 文中列举了社会生活的哪些方面变得娱乐化？
2. 是什么原因使得语言变得娱乐化？
3. 娱乐化反映了什么问题？应该怎样对待这些问题？

阅读三（字数：约1420字；阅读与答题的参考时间：7分钟）

网络热词改头换面成文言，点赞否

"汝何如停疗""吾与友皆愕（è）然""富贾，可为吾友乎"……看到这些文绉绉的句子，你还能认出它们其实是当前的网络热词吗？告诉你，"你为什么放弃治疗""我和我的小伙伴都惊呆了""土豪，我们做朋友吧"，才是它们的本来面貌。最近，"最炫文言风"在网络广泛流传，把热词改成文言，用文言吐槽生活，网友们玩得不亦乐乎。

这股"最炫文言风"的网络热潮发展至今，已在新浪微博累积了将近20万条的讨论。这波"文言新用"的最大特点，是把当下的很多网络热词直接翻译成了文言文，而且形神兼备，惟妙惟肖，迅速引起年轻网民的兴趣。

在这阵"最炫文言风"中，也诞生了一些引得众人点赞的经典之作。一则对英国女歌手阿黛尔歌曲《Someone Like You》的文言翻译，堪称个中翘楚（qiáochǔ）。有网友将其译成颇有古意的《另寻沧海》，歌词使用了工整的句式和精炼的笔法，不仅有"已闻君，诸事安康，遇佳人，不久婚嫁"的叙事句，还有"毋须烦恼，终有弱水替沧海，抛却纠缠，再把相思寄巫山"的抒情句。

针对当前的"最炫文言风"，也有人提出了争议。比如一个吐槽段子："郎骑竹马来，扭头上班去。春风得意马蹄疾，一旦迟到扣工资。"半文半白的风格，多少有些不伦不类。对此，网络作家端木摇就评价说："网络上的这种段子，并不能代表文言文的真正水平，更多是搞笑和无厘头。"

端木摇以自己的小说为例，"赵子隼（sǔn）被处绞刑的那日，数千人围观，民众皆拊（fǔ）掌，大快人心"，其中"那日""皆"都是古典用法，但是阅读起来并没有太多障碍。她提到，电视剧《甄嬛传》的热播，也在一定程度上对文言文的使用有推进作用，"但文言用到写作中，该怎么用，用到什么程度，都还是得和题材相配合，并考虑读者感受"。

有古代汉语方面的专家就指出，网络上对文言的使用，不过是一种求变的猎奇心理使然。从文言文的训练来讲，虚词和句法都有着严格的规范，"最炫文言风"并非规范的文言语言用法，"真正懂文言文写作的人，还是应该按照规范的方式去书写"。

北京语言大学人文学院教授石定果认为，"最炫文言风"的出现，与社会环境相关，"使用文言来写作，看上去显得十分风雅，有涵养，也迎合了小众文化的氛围"。但她也指出，不少影视剧中对文言的滥用，如"你的家父""我的令尊"的出现，往往令人哭笑不得。"广大网友还是不要过分地滥用文言。如果具备一定的基础，还是要善待和爱护这门语言，尽量规范写作。"石定果说。

虽然建议网友对这股"最炫文言风"应保持清醒，石定果也认为，应"顺其自然，不用特别反对"。《咬文嚼字》执行主编黄安靖则表示，对这种现象"要看到积极的一面，做好引导，而非一棍子打死"。

黄安靖认为，如果说此前"人艰不拆""不明觉厉"等网络热词展现的是普通网民低层次的消极性创造思维的话，"最炫文言风"的层次似乎要更高一些，"这是一群具有一定文化层次、有一定语言文字运用能力的网民，在展示语文智慧"。在他看来，虽然网民的目的在于娱乐和游戏，而非语言创造，但"最炫文言风"在娱乐的同时，也展示了古汉语的魅力，可以唤醒人们对母语的重视，对以汉语为载体的中国传统文化的重视。

北京语言大学人文学院教授程娟从语言运用的角度分析，"最炫文言风"的用法能否长久流传，还要看它的使用人群和影响面，"范围足够宽泛后，或许能够'约定俗成'，就成为一种新的形式固定下来"。但她也补充说，如果网民能够从表达生动的文言文出发，沉下心来读读经典的古文著作，则更是一件极好的事情。

（选自《北京日报》，有改动）

判断正误
1. "最炫文言风"在网络上迅速传播，深受网民的欢迎。　　　　　　　　（　）
2. 作者认为在这阵"最炫文言风"中《Someone Like You》的文言翻译是最好的一篇。
　　　　　　　　　　　　　　　　　　　　　　　　　　　　　　　　（　）
3. 网络作家端木摇对于网络上兴起的文言风并不看好。　　　　　　　　（　）
4. 古代汉语方面的专家认为网络上流传的文言风不是规范的语言，不应该提倡。（　）
5. 网络上的文言风是网友们用幽默的方式表达生活的一种方法。　　　　（　）
6. "最炫文言风"具有娱乐效果，同时也唤醒了人们对于母语的重视，因此应该积极提倡。　　　　　　　　　　　　　　　　　　　　　　　　　　　（　）

第一～五课测试题

答题参考时间：100 分钟　　　　　　　　　　　　　　　　分数：_____

一 给下列动词搭配适当的词语（5分）

批发 _____　　　　承受 _____

坑骗 _____　　　　缓解 _____

干涉 _____　　　　体验 _____

脱离 _____　　　　调节 _____

容忍 _____　　　　抚养 _____

二 选词填空（10分）

| 从未　　一旦　　极度　　必将　　冠以　　继……之后 |
| 对……充满好感　　上下　　宁愿　　小看 |

1. 可千万别_____牙病，因为健康的牙齿带给你的不仅仅是自信，还是你健康的身体及高质量生活的保证。

2. 27.9%的学生认为创造新词是一种时尚，这种求新求异的心态和极强的表现欲，使他们_____新词语_____。

3. 禁止以栏目形式播放未获发行许可的境外动画片，_____违规节目停办。

4. 目前未受到保护的_____稀有的哺乳动物包括分布于印度洋科摩罗群岛的科摩罗黑狐蝠。

5. 他的年纪大概50岁_____。

6. 我深信在21世纪_____有人写出水平更高的中国小说史。

7. 水果包装件上必须贴标签，标签上必须标明水果名称和质量等内容，而且不允许_____"优质""极品"等带有不实、夸大性质的词语。

8. 要我跟一个彼此之间没有感觉、没有共同语言的人长期相处，想想都觉得可怕，我_____选择孤独。

9. _____米兰_____，首都罗马3日也举行了反恐演习，这是意大利在各地举行的系列反恐演习的一部分。

10. 中国向来把新加坡当作自己的朋友，我们比任何人都珍惜来之不易的友谊与合作，_____做过伤害新方的事情。

三 判断A、B两句的意思是否相同，相同的画"√"，不同的画"×"（10分）

1. （　　）A. 安德鲁很喜欢亲切的上海阿姨来打扫房间，因为可以和她学两句地道的上海话。

    B. 安德鲁很喜欢亲切的上海阿姨来打扫房间，因为可以和她学上海话。

2. （　　）A. 有些食品能立刻使你处于最佳状态，有助于改善你的情绪。

    B. 有些食品能马上使你达到最好的状态，对改善你的情绪有帮助。

3. （　　）A. 家庭规模的小型化就是以核心家庭替代大家庭，从一种模式演变为另一种模式的过程。

    B. 家庭规模的小型化并不简单的是核心家庭替代大家庭，从一种模式演变为另一种模式的过程。

4. （　　）A. 爱情与事业并不矛盾，但存在着先后的问题。

    B. 爱情与事业其实并不矛盾，也不一定非得恪守哪个先哪个后。

5. （　　）A. "网络婚姻"虽不符合法定程序，但在一定条件下是真正的婚姻。

    B. "网络婚姻"既无实质条件，也无法定程序，根本不是真正的婚姻。

四 请按正确的语序将下列句子组成完整的一段话（7分）

1. A. 饰品店的服务员看这外国人像个内行

    B. 几乎拿出了店里所有的宝贝

    C. 自然是不敢小看他

    正确的语序是：（　　　）（　　　）（　　　）

2. A. 她感到异常愤怒，于是状告丈夫犯了重婚罪

   B. 丈夫在网上与一女子情感融洽

   C. 感到丈夫态度冷淡的妻子偶然发现

   D. 确立了"网络夫妻"的关系

   正确的语序是：（   ）（   ）（   ）（   ）

五 完型填空（12分）

（一）

| 都 | 因为 | 之所以 | 就 | 除了 |

__1__ 会出现这样的情况，__2__ 唐灿之外，许多家庭 __3__ 有自己的看法，陈冠华 __4__ 认为，这是 __5__ 现在社会经济的发展，推动了个人在社会中独立性的提高。

（二）

我国 __6__ 世界卫生组织关于健康定义的人群只占总人口数的15%，这些人"不仅仅是没有疾病，而且身体、心理和社会适应性都很好"。与此同时，有15%的人处在疾病状态中。剩下的70%人口，均处在"亚健康"状态。通俗地说，"亚健康"人员通常没有器官、组织、功能上的 __7__ 病症和缺陷，但是时常自我感觉不适，疲劳乏力、反应迟钝、活力降低、适应力下降、焦虑、烦乱、无聊、无助均是其典型表现。毫无疑问，__8__ 健康的、主动的、适量的体育锻炼，是 __9__ 我国如此之多的"亚健康"人口的重要原因之一。杜小姐的 __10__ 似乎很有道理："我也愿意 __11__ ，但是每周至少要上五天班，休息的时间本来就不多，好不容易休息了，自己还有很多事要做。__12__ 什么事都没有，我也很难找到合适的地方去锻炼。"

6. A. 适合　　B. 符合　　C. 合适　　D. 吻合

7. A. 显然　　B. 显眼　　C. 明显　　D. 显示

8. A. 欠缺　　B. 缺乏　　C. 不乏　　D. 过度

9. A. 造成　　B. 造就　　C. 创造　　D. 构成

10. A. 怨恨　　B. 埋怨　　C. 怨气　　D. 抱怨

11. A. 练习　　　B. 训练　　　C. 锻炼　　　D. 体验

12. A. 就算　　　B. 如果　　　C. 一旦　　　D. 万一

六 用自己的话或原文中的关键句子概括下列各段的主要内容，字数不要超过30个（9分）

1. 如果你大脑反应迟钝，无法集中注意力，那么就吃上几个鸡蛋吧。鸡蛋富含一种维生素B的复合体，有助于提高记忆力，会使注意力更加集中。鸡蛋内还含有人体正常活动所必需的蛋白质，令人轻松度过每一天。

2. 据统计，在北京、上海这样的大都市，非核心化的小家庭占有更大的比重，1人户和2人户分别占35.91%和35.98%。1代户和1人户、2人户的增长在很大程度上说明，除核心家庭外，其他非核心化的小家庭式样，如空巢家庭（只有老人没有孩子的家庭）、丁克家庭（即夫妻都有收入、但无子女的家庭）、单身家庭、单亲家庭等等，正在构成中国城乡家庭结构的重要内容。

3. 都说怕结婚的男人多。事实上，许多女人也有这种心理。不少白领女性不愿结婚，是害怕那些婚姻带来的繁重家务活、生养孩子的义务、照顾丈夫和老人的责任，有的是怕结婚后感情不能长久，给自己带来伤害，有的是对自身或对方不够完美过分担忧，还有的是害怕感情还不成熟时结婚以后会不幸福。总之，女性对婚姻缺乏信心的现象越来越普遍。

七 阅读（47分）

阅读一（17分）

贪吃吃成植物人

薛东

41岁的美国女植物人特丽因15年前的饮食失调走到了生命的尽头。饮食失调在医学上又称贪食症，是心理因素造成的行为障碍。贪食症患者为了满足食欲，先是大吃大喝，然后为了减肥或保持体重，又用各种非生理的方法排除摄入的饮食，包括催吐、泻肚、利尿、超负荷运动，甚至过度节食或禁食。他们简单地认为只要吃、吐结合，就能避免因为贪食引起的体重增加。实际上这是一种很危险的行为，后果相当严重。

呕吐和腹泻带来低钾

钾是人体内重要的离子成分之一，许多细胞的正常工作都极度依赖钾。正常情况下，体内98%的钾都贮藏在细胞内部，只有少量存在于细胞间质和循环血液中。细胞内和细胞外钾浓度的比例非常重要，即使很小的变化，都会给细胞的生理功能带来巨大的影响。

造成低钾血症的原因很多。就特丽而言，钾吸收不足、胃肠道失钾和代谢性碱中毒是引起低钾血症的主要原因。首先，腹泻和呕吐都妨碍钾吸收，造成钾流失。其次，人吃东西后再吐出来，失去的不仅仅是富含营养元素的饭菜、饮料，还包括大量胃液。胃液的主要成分是胃酸，胃酸损失过快、过多，破坏了体内的酸碱平衡，人体就会出现代谢性碱中毒。代谢性碱中毒会进一步增加钾的排泄。原来，钠可帮助人体保持血容量。人体为了维持足够的血容量，抵消随呕吐损失的水分，必须减少尿中钠的排泄。但是，想得到钠，就必须用钾或氢来换。由于代谢性碱中毒时氢总量有限，只能不惜丧失大量钾。这样一来，吸收的少，失去的多，就不可避免地造成了低钾血症。

低钾使心脏和大脑受伤

心肌细胞内外钾的浓度差是心肌纤维收缩－舒张运动的前提条件。低钾血症使心肌细胞外钾浓度下降，低于正常水平。当钾浓度低到一定程度的时候，心脏的有节律运动功能就开始出现异常。严重时，心脏甚至会停止跳动，致使全身血液循环出现瘫痪。如果抢救及时，患者可能恢复心跳和血液循环。但即使暂时的瘫痪，也会使身体不同组织、器官因缺血出现不同程度的损伤。其中有些损伤可以修复，有些损伤则不能逆转，即便恢复血液循环，人体仍然会留下难以治愈的后遗症。体内重要器官中最难修复的就是大脑。因为脑细胞工作量大，本身又没有能量贮存，所以一旦停止血液供应，大部分细胞在几分钟内就会出现无法恢复的损伤。而且，缺血时间越长，死亡的细胞就越多。特丽15年前就因低钾血症使心脏骤然停止跳动，虽然她被救活了，但她因缺血损伤的神经细胞已无法恢复生机。15年后，特丽的大脑皮层大部分已被脑脊液所取代，余下的也已严重萎缩，这使得她对周围发生的一切都无动于衷。

警惕贪食症

在美国，贪食症是一种不受重视的疾病，据估计，有1%～3%的美国青年妇女患有这种病。她们当中，真正了解贪食症恶果、积极采取措施治疗的患者微乎其微。这种病除了在美国青年妇女中比较流行外，有些特定人群也容易发生，如同性恋者、运动员、演员、模特、舞蹈演员等。这些人贪食症的发病率大概是整个人群的4倍。患有贪食症的患者大多过分看重体型，关心减肥偏方。得病后的主要表现为胀肚、便秘等，有时还有心律失常。患者每次暴饮暴食后，都会过上一段吃素，甚至禁食的生活。一旦解除戒备，便一反常态，对吃喝完全不加选择和控制。这种恶性循环的生活状态，除了造成低钾血症外，还可引起许多并发症，如胰岛素偏低、低血糖、内分泌失调等，患者表现为心律失常、体温偏低、低血压、浮肿等症状。

贪食症患者不加引导，很难自我克服贪吃的习惯。他们常常隐瞒真情，不加注意，很难被早期发现。但是，只要医生细心、负责，往往可以通过与患者及其亲友交谈，对患者进行全面检查而发现问题。可惜的是，特丽的医生在她心脏骤停之前没有发现潜在的危机。特丽成为植物人两年后，有关医疗机构曾为这一过失赔偿了100万美元，但这已不能改变她的命运了。

（节选自《健康报》，略有改动）

（一）判断正误，正确的打"√"，错的打"×"（14分）

1. 贪食症是因为心理因素而造成的行为障碍。　　　　　　　　　　　　　　（　　）
2. 贪食者大吃大喝，并不想办法排除摄入的饮食。　　　　　　　　　　　　（　　）
3. 呕吐和腹泻使细胞内钾的含量低于细胞外钾的含量。　　　　　　　　　　（　　）
4. 低钾血症的主要原因是吸收的多而排出的少。　　　　　　　　　　　　　（　　）
5. 体内重要器官中最难修复的就是大脑。　　　　　　　　　　　　　　　　（　　）

6. 在美国很多青年妇女了解贪食症恶果并且积极采取措施治疗。（ ）
7. 在特丽的心脏骤停以前，她的医生没有发现潜在的危机。（ ）

（二）回答问题（3分）
贪食者能自我克服贪吃的习惯吗？有解决的办法吗？

阅读二（17分）

等待被北京挑选

包丽敏

某中央媒体记者小王，在北京已工作了4年。她最不愿让人知晓她没有北京户口，但最近因为要在北京买房，她被要求必须办理暂住证。像是触及了内心深处的某个隐痛，办证时，小王有一种"喘不过气来的被歧视感"，在办证处大哭了一场。

不过，如果政府能将北京市人大代表高静波近日提出的议案付诸实施，在北京实行统一的"北京市居住证"的话，小王或许就不会哭了。

根据高代表的提议，持"居住证"者享受与北京户籍市民同等的资格和权益，只有这样一些人可以得到这张"居住证"：具有硕士或硕士以上的高学历人才、"海归派"、中高级管理人才、专业技术人才、艺术人士和在京购买住房并长期居住的投资者，以及在岗位上做出突出贡献者、获得市级以上荣誉、或因见义勇为致伤残而获得市级以上表彰的外来务工者、劳动者。

拥有硕士学位的小王，获知这一信息后心情好了许多。但菜农陈军的心情怎么也好不起来。他在北京北五环外种了8年菜，尽管"曾经与其他菜农一起为北京的'菜篮子'工程做过贡献"，但按照高代表的提议，这个初中毕业的河北人要想享受与北京市民同等待遇，或许只有"见义勇为致伤残"一把。

高代表的提议被网民形象地比作"筛子"。如陈军这般注定要从"北京市民同等待遇"里被"筛"下去的人口，目前在北京超过300万。据北京统计局对2003年外来人口的动态监测调查显示，全市外来人口为409.5万人，其中，只受过高中及以下教育者高达89.3%。

类似的"筛子"，北京市有关部门曾出台过好几面。

从1999年《北京市引进人才和办理〈北京市工作居住证〉的暂行办法》出台开始，终于有部分外来人口被允许可持"工作居住证"，享受子女教育、购买经济适用房、申领驾照等北京市民待遇。

最先领到这种俗称"绿卡"的是高新技术企业、跨国公司内的专业技术人员和管理人员。接着，2000年，来京创业、工作的留学人员，也享受到了此待遇。

2001年，在北京投资开办私营企业的外来人员，被允许申请北京市常住户口。但在若干限制条件中,有一条为:"企业连续3年每年纳税80万元或者近3年纳税总和达到300万元。"

而到2004年,根据《北京市鼓励和吸引优秀文化体育人才来京创业工作的规定及实施办法》,"优秀文化体育人才"们也加入了"绿卡"行列。大导演张艺谋正是此项政策的直接受益者。

至去年年底,北京"绿卡"军团人数约为4.7万人,也就是大约100位外来人员中被筛出1人。他们的组成是:一,具有两年以上工作经历并取得学士(含)以上学位的人才;二,具有中级(含)以上专业技术职称或相当资格、资质的人才;三,对首都经济和社会发展做出突出贡献及特殊领域、特殊行业的紧缺急需人才。

在刚刚闭幕的北京"两会"上,市政协委员张惟英提出了"建立人口准入制度"。因目前有无数人"盲目"流入北京,而北京市的居住人口"已超过"北京市各种资源的人口承载极限。张委员建议:"摸清北京市实际需要的人才类别,用准入制度进行合理引入,规范人口流动。"换而言之,即剔除"北京发展不太需要的人"。

张委员也承认,目前在北京居住的市民,也不完全是北京发展需要的人。有位网友问她:"把北京人迁走一部分行不行?"

张委员凛然答道:"任何一个政府都不会制定这样的政策,把原来的北京人分成多少多少,没有掌握高科技的人,就把他们迁出去。这不是'以人为本'。"

网友马上质疑,那些渴望在北京发展的外地公民,被"分成多少多少","没有掌握高科技的人",就享受不到与北京市民相同的待遇,这就是"以人为本"吗?

国务院发展研究中心研究员崔传义发表了另一种声音。1月底他发布了历时两年的研究成果,告诉那些担心北京不堪重负的人们:"放松户口限制不会造成城市人口膨胀。市场经济最终会决定城市的人口规模。"他进而说,多数农民不会那么"傻",假如外地人进城找不到工作,他们就不会盲目地大批进城。

而眼下,菜农陈军,依然只能像他从菜地里拉出去的一筐筐蔬菜,年复一年地等着被"北京市民"挑选。

(节选自《中国青年报》,有改动)

(一)判断正误,正确的打"√",错的打"×"(14分)

1. 小王因为没有北京市的户口,所以不能买房子。   (　)
2. 根据高代表的提议,硕士或硕士以上的学历可以拥有北京市的户口。   (　)
3. 来京创业、工作的留学人员是最先享受"绿卡"待遇的人。   (　)
4. 张惟英建议根据北京市的发展需要控制来京人口。   (　)
5. 市场经济最终会决定城市的人口规模。   (　)
6. 即使很多人在北京找不到工作,他们也会进城。   (　)

(二)回答问题(3分)

在北京,哪些人能拿到"绿卡"?

阅读三（13分）

网瘾是对家庭教育应试化的逆反

李新玲

　　16岁的武斌（化名）被送进安定医院已经有一个星期，他的爸爸妈妈一下子就像老了几岁。他们一听别人说起上网就有些过敏，因为武斌就是因为上网导致精神异常的。

　　武斌2004年刚刚考上一所中专学校。自从迷上一个名为"魔力"的网络游戏后，他就像变了一个人，经常逃学上网。140级的游戏，他几个月就打到了100多级，算是高手。他开始对于父母的批评还能听进去，后来变得连学也不上了。在家里，他除了吃饭睡觉就是上网，一天在网上10多个小时。只要父母劝说他不再上网，他就开始大发脾气。

　　有一段时间，家里把上网的宽带断掉了，武斌竟像发了疯一样，不仅急得在屋里来回走，一天早上还动手把父亲的脸抓伤了。母亲气得伤心哭泣，武斌竟然冲进厨房拿出菜刀，威胁母亲："你要是再哭，就杀了你！"

　　这是天津大学网瘾疏导中心刚刚接到的一对夫妇的求救。面对未成年人由网瘾引发的极端行为，疏导中心的老师都觉得非常痛心。

　　"戒网瘾简直像在戒毒瘾！"天津大学学工部部长李一丹认为用这句话来形容戒除网瘾的难度一点不为过。一位初一学生因为父母把家里的宽带上网功能去掉了，急得用手拍打自己，用头撞墙，甚至用火烧自己。很多上网成瘾的孩子，平时精神不振，都懒得与人交谈，可是只要一上网就两眼放光，脸色通红，思维敏捷。

　　疏导中心的老师告诉记者，最易上网成瘾的孩子年龄段集中于十三四岁，也就是一个人的青春期、叛逆期。李一丹认为这部分青少年在受到家庭、学校、社会三方面影响的同时，丰富多彩的网络对其吸引力也非常大。如果前三者的吸引力大于后者，则青少年不会出现上网成瘾；反之，网络成瘾的可能性就很大了。

　　当然还有学生自身的素质和性格特点。为什么在相同的社会和学校环境下，有的孩子能够抵制住网络的诱惑，有的却不行？李一丹分析，家庭教育方式是最主要的影响因素，从家长解决孩子网络成瘾的角度看，只有家庭教育是可以改变控制的。

　　李一丹一直在做家庭教育方面的研究，他总结了网络成瘾学生在家庭教育中存在的问题。

　　——绝大多数家庭由于孩子上学使家庭生活受到严重冲击，比如不看电视、不听广播，平时都处于一种临战状态；

　　——因为对孩子的教育问题，家庭成员意见不统一，彼此关系紧张；

　　——家庭对孩子的满意度低，总是不满意孩子的学习成绩；

　　——孩子的处世和生存能力差，只是学习工具，许多家庭以学习的名义，什么事都不让孩子做。

　　"之所以出现这些问题，完全是家长对孩子的培养以应试教育为主，这也是孩子形成网瘾的根本问题。"这是李一丹对网络成瘾孩子进行救治，并考察其家庭教育环境后得出的结论。

　　为了孩子能够考上好的中学、好的大学，从小孩一上幼儿园就让他（她）只攻几门课，数学、语文、英语，孩子没了其他爱好。有的家庭为了使孩子不受干扰，给孩子准备单独的房间，规定孩子放学后不许看电视、不许看课外书，只能在书房中学习——这种像犯人关禁闭一样的方式，完全忽略了青少年的心理需求，使孩子容易形成孤僻、呆板的性格。

那个叫武斌的学生，他的父母因为做生意，很少与他在一起。周六周日忙，就把他锁在屋子里，很少一起出去。平时父母与武斌谈得最多的也就是学习。

采用填鸭式教育的家长望子成龙心切，急于求成，拔苗助长。孩子不仅要参加各种补习班、提高班，还要学习音乐、绘画、舞蹈、书法，应接不暇。事实上，这样不但没有培养孩子的兴趣，反而让孩子产生逆反心理。

此外，棍棒式、娇宠式、唠叨式已经是家长中常见的教育误区，还有一些物质刺激式的家长。

有一名患有严重网瘾的孩子，父母从他上一年级起就详细规定了每次考试的奖励金额，可是孩子对金钱的概念不是太清晰。慢慢地，孩子对这种奖励方式失去了兴趣，也就失去了学习动力。家长看到小的奖励起不到作用，就进一步加码，甚至以新马泰、欧洲七国游来引诱，但仍然换不来孩子的学习兴趣。

"这些表现都是家长围绕学习，以分数为唯一目标产生的错误教育方式，最后的结果都会使孩子失去对学习的兴趣，甚至厌恶现实世界。此时网络的出现，让孩子在虚拟世界里找到了乐趣。"李一丹说，"可以说孩子形成网瘾的原因不在于网络本身，而是家庭教育偏颇导致的。"

"我在很多家长面前讲要对孩子进行素质教育，很少有人感兴趣。许多人反驳说，素质教育只是提法，不符合我们的国情。可是家里一旦出现有网瘾的孩子，这些家长就非常迫切地想知道如何进行素质教育，因为他们在应试教育进行过程中碰了壁。"李一丹说这种对比非常明显。

他说，对一个孩子的抚养是有层次的：一是要有一个安全的生命，二是有一个健康的体魄，三是要有生存和处世的能力，第四才是要成才。可是现在的家长只注重最后一个，一味地要求孩子考出好成绩，最后成才。跨越了前三个层次，只追求第四个，那么牺牲的就是孩子的身心健康，忽视的是对孩子生存、自我学习、社会交往等方面能力的培养。这甚至让孩子和家长没了生命安全。

像武斌的父母，现在最盼望知道的就是孩子是否真的有病。因为这样下去，不仅孩子的生命，连他们自己的生命都会受到孩子的威胁。

当孩子真的出现了问题，家长才发现，孩子的学习压力小些、户外活动多些、朋友多些、兴趣多点，是多么重要！因为这一切会把孩子的眼球从网络上吸引下来，占据他们的上网时间。这些东西正是素质教育的内涵。

李一丹的态度是，要想戒除孩子的网瘾，就要改变家庭教育的方式：要加强与孩子的沟通，了解孩子的想法，让他们在现实世界中有可以交流的对象；另外，还要真正发现孩子的兴趣，并进行培养，用兴趣活动、户外锻炼占据他们的上网时间。

（节选自《中国青年报》，有改动）

（一）判断正误，正确的打"√"，错的打"×"（12分）
1. 武斌是因为上网上瘾导致精神异常的。（   ）
2. 家长对孩子的培养以应试教育为主是导致孩子上网成瘾的根本原因。（   ）
3. 最易上网成瘾的孩子年龄段集中于十三四岁，也就是一个人的青春期、叛逆期。
（   ）
4. 青少年在受到家庭、学校、社会三方面影响太大的话，就容易上网成瘾。（   ）
5. 所有家长都认为素质教育在中国是行不通的，不能实行。（   ）

（二）回答问题（3分）
李一丹研究总结了网络成瘾的学生在家庭教育中存在着哪些问题？

第六课　再富不能富孩子

背景知识

如何让孩子学会适当、合理地花钱？这是中国当前不少独生子女家庭所面临的一个重要难题。由于很多家庭只有一个孩子，家长容易过于宠爱、顺从孩子，让孩子从小就养成大手大脚花钱、不知道节约的不良习惯。越来越多的家长已经意识到，很有必要让孩子从小就养成合理用钱的良好习惯，从而使孩子终身受益。

词语表

1　初中　chūzhōng　（名）
初级中学的简称
中学校
초급 중학교의 약칭 (중학교에 해당함)
junior high school (grades 6-9)

2　轮流　lúnliú　（动）
按次序一个接替一个，循环往复
代わる代わる
교대로 하다, 순번대로 하다, 돌아가면서 하다
to take turns

3　一贯　yíguàn　（形）
（思想、作风等）一向如此，从未改变
一貫して
(사상, 태도, 정책 등이) 한결같다, 일관하다
consistent, all along

4　有求必应　yǒu qiú bì yìng
只要有人请求就一定答应
頼みさえすれば必ず承諾する
요구하면 반드시 들어준다
respond to every plea

5　名称　míngchēng　（名）
事物的名字（也用于人的集体）
名称
(단체, 사물의) 이름, 명칭
name (of a thing or an organization)

6　舍不得　shěbude　（动）
很珍惜，不忍使用，或不忍放弃、离开
離れがたい　惜しいと
아깝다, 미련이 남다, 섭섭하다
to be reluctant to use or part with

7	中档	zhōngdàng	（形）	middle-grade

质量中等，价格适中的 / 中級の / 중급의, 중등의

8	高档	gāodàng	（形）	top-grade

质量好，价格高的 / 高級の / 고급의, 상등의

9	面子	miànzi	（名）	face, dignity

脸面，表面的虚荣 / メンツ / 면목, 체면

10	玩具	wánjù	（名）	toy, plaything

专供玩儿的东西 / 玩具 / 장난감, 완구

11	时下	shíxià	（名）	at present, right now

当前，目前 / 目下　いま / 지금, 오늘날, 현재

12	水准	shuǐzhǔn	（名）	level, standard

水平 / レベル / 수준

13	上涨	shàngzhǎng	（动）	(water level, price, etc.) to rise

（水位、商品价格等）上升 / 上昇する / (수위, 물가 등이) 오르다

14	文具	wénjù	（名）	writing materials

用于书写、绘画等方面的用品，如笔、墨、纸等 / 文具 / 문구 (붓, 먹, 종이 등)

15	词典	cídiǎn	（名）	dictionary

收集词汇加以解释供人检查参考的工具书 / 辞典 / 사전

16	款式	kuǎnshì	（名）	model, style

格式、样式 / 格式 / 격식, 양식, 스타일, 디자인

17	新颖	xīnyǐng	（形）	new and original, novel

新奇别致 / 斬新である / 참신하다, 새롭고 독특하다

18	狡猾	jiǎohuá	（形）	sly, crafty

指人坏主意很多，不可信任 / 狡猾である / 교활하다, 간사하다

19	昂贵	ángguì	（形）	costly, expensive

价格很高 / 値段が非常に高い / 물건 값이 비싸다

20	照旧	zhàojiù	（副）	as before, as usual
	和原来一样			これまでどおりである
				원래대로, 예전대로
21	退休	tuìxiū	（动）	to retire
	职工因年老或因公致残等而离开工作岗位，按期领取生活费用			退職する
				퇴직하다
22	千方百计	qiān fāng bǎi jì		by all possible means
	形容想尽或用尽种种方法			あらゆる方法を講ずる
				온갖 방법, 계략을 다하다
23	说服	shuōfú	（动）	to persuade, to convince
	用理由充分的话使对方同意或接受			説得する
				설득하다, 납득시키다
24	谋	móu	（动）	to plan, to scheme
	设法求得			求める
				도모하다, 꾀하다, 모색하다
25	吃力	chīlì	（形）	entail strenuous effort
	劳累，费力			苦労する
				힘들다, 힘겹다
26	无可奈何	wúkě nàihé		have no other alternative
	没有办法可想			どうしようもない
				어찌 할 도리가 없다, 방법이없다
27	艰辛	jiānxīn	（形）	hard
	艰苦			苦難に満ちている
				고생스럽다
28	支付	zhīfù	（动）	to pay (money)
	付出（钱款）			支払う
				（돈을）지불하다, 지급하다
29	化妆品	huàzhuāngpǐn	（名）	make-up products
	修饰容貌的物品			化粧品
				화장품
30	此时	cǐshí	（名）	this moment, right now
	这个时候			この時
				이 때, 지금
31	懒惰	lǎnduò	（形）	lazy
	不爱劳动和工作，不勤快			不精である
				나태하다, 게으르다
32	娇气	jiāoqì	（形）	fragile, delicate
	意志不坚强，不能吃苦			我慢や苦労が出来ない
				여리다, 나약하다, 허약하다

33	无穷无尽	wú qióng wú jìn		boundless and endless
	形容很多，没有限度			尽きることがない
				무궁 무진하다

34	挥霍	huīhuò	（动）	to spend freely, to squander
	任意花钱			金銭を湯水のように使う
				돈을 헤프게 쓰다, 돈을 물 쓰듯 하다

35	来之不易	lái zhī bú yì		not easy to come by, hard-earned
	指事情的成功或财富的取得不容易			物事を達成したり手に入れたりするのは簡単なことではない
				성공을 거두거나 손에 넣기가 쉽지 않다

36	财力	cáilì	（名）	financial resources
	经济力量（多指资金）			財力
				재력

37	理智	lǐzhì	（形）	wise and sensible, reasonable
	有辨别是非、利害关系以及控制自己行为的能力			理知である
				이지적이다

38	开支	kāizhī	（名）	expenses
	花费的钱款			支出する
				지출, 비용

39	财务	cáiwù	（名）	financial affairs
	企业、机关等单位中有关财产的管理或经营以及金钱的出纳等事务			財務
				재무, 재정

40	不妨	bùfáng	（副）	there is no harm in, might as well
	表示可以这样做，没有什么阻碍			さしつかえない
				무방하다, 괜찮다

41	开销	kāixiāo	（名）	expenses
	支付的费用			出費
				비용

42	取舍	qǔshě	（动）	to accept or reject
	要或不要			取捨する
				취사 선택하다

课文

再富不能富孩子

翁杨

一个学期结束了，孩子们的考试关过了，他们松了一口气，也该轻松轻松了。可另一方面，家长们的心里却在考虑：如何安排孩子的暑假？给孩子多少钱合适？孩子的消费要占家庭收入的多少算是合理的？

一名初中(1)生，刚考完初中升高中的考试，第二天就向父母要钱，一开口就是："爸爸，给我500元，我请同学吃饭。"问其请客的原因，孩子回答："我们要毕业了，要分开了。大家轮流(2)请。"尽管这个学生的父母每月收入一共只有2000多元，但面对独生子的要求，父母的态度一贯(3)如此——有求必应(4)。

十几岁的孩子已学会了"请客吃饭"，而且请客的名称(5)还不少，过生日、升学、考试结束，似乎都是花钱吃饭的理由。家长舍不得(6)去的中档(7)高档(8)饭店，却让孩子们去。什么原因？父母要面子(9)——"再穷不能穷孩子"！

现在绝大多数家庭只有一个孩子，孩子是家里的"小太阳"，也是家庭消费的中心。父母在孩子身上的投资越来越多。几百元一双的名牌运动鞋，数百元至数千元之间的艺术照，各类高档玩具(10)、名牌服装、精美的儿童食品……时下(11)，学生的消费水准(12)不断上涨(13)，近百元的文具(14)盒、数百元的书包、近千元的电子词典(15)、无线上网的名牌电脑、款式(16)新颖(17)的手机、MP3……虽然狡猾(18)的商家推出的商品价格昂贵(19)，但他们不怕没有消费群。只要孩子喜欢，家长们照旧(20)会买。

不久前，笔者在一家大超市里碰到一个推销商品的营业员，她原是某厂办公室的办事员，如今退休了(21)。本来应该在家安度晚年，但为了女儿，她千方百计(22)说服(23)了超市领导，谋(24)到了这份工作。每月工资不高，她赚得很辛苦。"我有腰伤，以前20多年都是坐办公室的，现在每天要站9个多小时，实在很吃力(25)。"她无可奈何(26)地说。可在上海某大学读书的女儿不知道母亲的艰辛(27)。"我辛辛苦苦多赚的那些钱还不够支付(28)女儿的手机费、上网费和化妆品(29)。她买的名牌化妆品就要花去我一个月的打工钱。"此时(30)，这位母亲开始埋怨了，但已经晚了。"再穷不能穷孩子"的观念，已经造成了好多孩子懒惰(31)、娇气(32)的坏毛病。

满足孩子的消费需求，是一个无穷无尽(33)的过程，你可能满足了今天，却满足不了明天。前印度总理尼赫鲁早就下过结论：不给孩子留下任何财产。因为如果孩子有出息，他会通过自己的努力获得财产；如果孩子没有出息，再多的财产也不够他挥霍(34)。

如今，孩子的高消费问题已引起人们越来越多的关注与思考。对待孩子的消费要求，比较好的做法是采取"部分满足法"或"不充分满足法"，让孩子感觉到，每一件东西或许是可以得到的，但都是来之不易(35)的，要看这种消费是否合理，是否符合家庭财力(36)。父母，是孩子的第一任老师。如何培养孩子正确的金钱观、消费观应该是家长、学校和社会的重要教育内容。

家长可以结合孩子的消费要求让孩子学做理智(37)的消费者，让孩子花钱有计划。比如：告诉孩子父母所承担的经济负担；帮助孩子列出他自己生活、活动所需和学校所需用钱的清单；让孩子对这些支出做好安排。

笔者曾收到金山区某校一位5年级女生的求救信。她说，当父母收到180多元的电话费单子后，就开始批评她，甚至骂她，她想不通。她说，父母把这点小钱看得比女儿还重，她活着还有什么意思？她不想活了，想自杀……后来，笔者了解到的真实情况是：这位女同学的母亲失业在家，全家靠着父亲不高的工资生活。当笔者把这些家庭的困难讲给她听时，她惊讶地说："我怎么一点儿也不知道啊？"所以，父母应该让孩子知道家庭的收入、家庭的开支⁽³⁸⁾情况。在家庭有关金钱、财务⁽³⁹⁾问题的一些讨论中，不妨⁽⁴⁰⁾让孩子适当加入进来，让孩子懂得家庭收入的有限性，懂得有时在开销⁽⁴¹⁾上必须做出取舍⁽⁴²⁾的道理，培养孩子良好的生活习惯和态度。

（全文字数：约1560字）

（节选自《新民晚报》，有改动。）

注 释

① 面对独生子的要求，父母的态度**一贯**如此——有求必应。

[解释] 一贯：形容词，多用于品行爱好、思想作风方面，表示始终如一，很少改变。可以修饰名词、动词短语、形容词或形容词短语，还可以修饰否定形式，较少修饰主谓短语。

[例句] ① 在这部新剧中，车太贤摆脱了以往"受气包"的一贯形象，变成了威风的富家子弟。
② 法国作家伏尔泰性格狂放，一贯喜欢讥讽当时的大人物。
③ 歌迷们冒雨坚守直到演唱会结束，难怪一贯冷淡的王菲最后都要深深鞠一躬感谢观众。

② 只要孩子喜欢，家长们**照旧**会买。

[解释] 照旧：副词，表示情况继续不变，修饰动词短语或形容词短语。

[例句] ① 我们都等得很焦急，可月亮一点也不急，照旧缓慢地逐步上移。
② 与去年的情况一样，刚刚结束的全国人才交流大会照旧很热闹。

③ 父母应该让孩子知道家庭的收入、家庭的**开支**情况。
让孩子懂得家庭收入的有限性，懂得有时在**开销**上必须做出取舍的道理。

[解释] "开支"除付出费用的意义外，还有发工资的意思；多用于财务管理。"开销"词义侧重于花钱，多用于生活消费。

[例词] 节省开支 / 不该用的，决不开支
开销太大 / 开销一千元 / 开销足够了

[例句] ① 节约，最重要的一点，就是减少家庭生活中的浪费性开支。
② 逢年过节，我都用"私房钱"为父母买点礼品表示孝心，这并未增加家庭额外开支。
③ 当时孩子都还小，开销不大，而我俩的工资除去开销还有一定结余。

④ 在家庭有关金钱、财务问题的一些讨论中，**不妨**让孩子适当加入进来……

[解释] 不妨：副词，表示可以如此，没有妨碍。说话人认为这样做会更好些，上下文多有提出建议的原因。

[例句] ① 为了提高就业竞争力，青年人不妨为自己制定长远的职业发展计划。
② 如果你不太熟悉川菜的口味，不妨先去一些休闲的川菜小餐厅，尝试一下。
③ 外出健身时，不妨带一个灵巧方便的随身听，边锻炼，边欣赏音乐。

读报小知识

如何精读报刊文章

首先应完整地读下去，知道这篇文章的主要内容和所属的话题类别。遇到文章中不认识的字词句时不要停顿下来急着查词典，可将不认识的地方用笔画出来，猜一下继续读下去。完整地读完第一遍后，接着回头看那些画线的地方，查词典的解释，进行理解。最后再完整地看一遍，重点理解、记忆不认识的字词。

练习

一 请在课外阅读中文报刊的最新文章，将其中你喜欢的一篇剪贴在你的笔记本上，然后写成摘要，并谈谈自己的看法

二 给下列动词搭配适当的词语

轮流_____   说服_____

谋 _____   挥霍_____

支付_____   符合_____

轮流_____   舍不得_____

三 选词填空

| 说服 | 不妨 | 开支 | 照旧 | 开销 | 挥霍 | 轮流 | 一贯 |

1. 完美公司＿＿＿＿＿坚持"取之社会，用之社会"的经营理念，以支持社会公益事业为己任。

2. 应清醒地认识到，小康生活不等于浪费摆阔，更不等于胡乱花钱，奢侈＿＿＿＿＿。

3. 他们联合居委会主动上门找到老人耐心＿＿＿＿＿，终于使老人答应清除放在屋里的垃圾。

4. 我国每年月饼市场的规模超过200亿元，包装＿＿＿＿＿占月饼生产总成本的1/3以上。

5. 老伴去世后，他便由4个儿子＿＿＿＿＿供养，每月一轮换。

6. 女儿的老师来家访，女儿一点儿也不紧张，＿＿＿＿＿搬出玩具在客厅里玩儿。

7. 我们身上带的钱太少了，根本不够一路上的＿＿＿＿＿。

8. 美国有关专家发现，最佳的锻炼时间是在午后傍晚时分，所以，你＿＿＿＿＿将锻炼时间移至午后或傍晚，也许会收到更佳的效果。

四 根据课文内容判断正误

1. 很多父母认为"再穷不能穷孩子"，所以，他们对孩子的要求是有求必应。（ ）
2. 父母在任何时候都应该满足孩子的消费要求。（ ）
3. 让孩子了解钱的重要性是父母的教育内容。（ ）
4. 本文中的5年级女生开始根本不知道母亲失业。（ ）

五 请按正确的语序将下列句子组成完整的一段话

1. A. 前印度总理尼赫鲁早就下过结论：不给孩子留下任何财产
   B. 你可能满足了今天
   C. 满足孩子的消费需求
   D. 是一个无穷无尽的过程

E. 却满足不了明天

正确的语序是：（　　　）（　　　）（　　　）（　　　）（　　　）

2. A. 让孩子懂得家庭收入的有限性

B. 培养孩子良好的生活习惯和态度

C. 懂得有时在开销上必须做出取舍的道理

D. 在家庭有关金钱、财务的一些讨论中

E. 不妨让孩子适当加入进来

正确的语序是：（　　　）（　　　）（　　　）（　　　）（　　　）

六　根据课文内容选择最合适的答案

1. 文中初中生向父母要 500 元请客，父母同意的原因是＿＿＿＿＿。

    A. 他的父母收入高　　　　　　B. 他要毕业了

    C. 父母一贯有求必应　　　　　D. 他和同学轮流请客

2. 对待孩子的消费要求，比较好的做法是＿＿＿＿＿。

    A. 部分满足法或者不充分满足法　　B. 尽量满足孩子的要求

    C. 培养孩子正确的消费观　　　　　D. 让孩子知道家庭的收入情况

3. 让孩子学做理智的消费者的办法不包括＿＿＿＿＿。

    A. 告诉孩子父母所承担的经济负担

    B. 让孩子感觉到每一件东西或许是可以得到的

    C. 帮助孩子列出他自己生活、活动所需和学校所需用钱的清单

    D. 让孩子在考虑家庭经济状况的前提下对这些支出做好安排

4. 文中 5 年级女生的求救信说明＿＿＿＿＿。

    A. 她的父母把钱看得比女儿重

    B. 她的父母不喜欢她

    C. 她的父母没有满足她的要求

    D. 父母应该让孩子知道家庭的收入和开支情况

七 完型填空

（一）

| 舍不得　　而且　　却　　似乎　　已 |

十几岁的孩子__1__学会了"请客吃饭"，__2__请客的名称还不少，过生日、升学、考试结束，__3__都是花钱吃饭的理由。家长__4__去的中档高档饭店，__5__让孩子们去。

（二）

对于北京而言，__6__以原有的经济增长模式发展，"大""快"__7__成为一种危险的__8__。北京现在的发展__9__严重的资源短缺问题，城市建设缺水、缺天然气。比如去年冬天，是天津牺牲了自己的天然气指标，才保住北京整个冬季的暖气供应。而且，资源紧缺的矛盾因此更加突出。"可持续发展"不能停留于口号，而应该是每个人应有的__10__。如果在建设中只考虑快，考虑可以立刻见到的__11__，__12__忽略了对环境的保护，那么对于一个城市而言，将是一场悲剧。

6. A. 即使　　B. 如果　　C. 即便　　D. 只是
7. A. 已　　　B. 就　　　C. 也　　　D. 会
8. A. 征兆　　B. 预示　　C. 象征　　D. 信号
9. A. 面临　　B. 面对　　C. 面向　　D. 造成
10. A. 知识　　B. 责任　　C. 意识　　D. 认识
11. A. 成效　　B. 成果　　C. 成绩　　D. 效果
12. A. 只　　　B. 而　　　C. 而是　　D. 又

八 用自己的话或原文中的关键句子概括下面一段话的主要内容

现在绝大多数家庭只有一个孩子，孩子是家里的"小太阳"，也是家庭消费的中心。父母在孩子身上的投资越来越多。几百元一双的名牌运动鞋，数百元至数千元之间的艺术照，各类高档玩具、名牌服装、精美的儿童食品……时下，学生的消费水准不断上涨，近百元的文具盒、数百元的书包、近千元的电子词典、无线上网的名牌电脑、款式新颖的手机、MP3……虽然狡猾的商家推出的商品价格昂贵，但他们不怕没有消费群。只要孩子喜欢，家长们照旧会买。

九 请尽量用以下词语进行话题讨论

一贯	照旧	开支	开销	不妨	轮流	开销
挥霍	引起	符合	满足	说服	舍不得	

1. 你的父母会满足你提出的所有要求吗？为什么？请举例说明。
2. 面对孩子的消费要求，你认为父母应该怎么做？

快速阅读

阅读一（字数：约1540字；阅读与答题的参考时间：10分钟）

不一样的教育救助

今年中国社会福利基金会启动的"授渔计划"公益项目，是通过教育救助的形式，使基本的物质资助与升学就业相贯通，为贫困家庭的孩子和学习困难的孩子提供一个工学一体化的成长平台。"授渔计划"突出的特点就是，在教育救助当中加入了帮助学生就业的元素。

"其实有时候我也想过，干脆不上学了，就在家照顾我爸。"当问到晶晶（化名）是否想继续读书时，她有些激动地说。听到这儿，中国社会福利基金会副秘书长李忠勤语重心长地对她说："孩子，你就放心学，'授渔计划'会资助你学下去，只要你好好学，读大学都可以。""授渔计划"的发起人高继辉说："孩子，千万别不读书，我也是农村走出来的，不读书我不会有今天这样的作为。"

家住湖北省襄阳市的晶晶，今年17岁，父亲因患重病不能从事劳动，母亲在晶晶很小的时候就离家出走了，从小她就与父亲相依为命，靠低保金度日。现在晶晶就读于樊城职业技术教育中心学校，她刚刚成为中国社会福利基金会"授渔计划"公益项目的资助对象，在校期间每年她将得到2900元的资助。

晶晶加入的是"授渔计划"公益项目的五年成长助学计划，因为晶晶还处在中专职业教育阶段，需要在现在的学校读完两年，才能去爱心企业实习和继续学习。当记者问到晶晶以后是否想去北京实习时，她兴奋地回答："愿意！"可话音未落，她又迟疑了，"我要是去了北京多久能回来一次呀？那我爸一个人会受苦的。"经过襄阳市樊城职业技术教育中心学校校长李克君的一番介绍，了解到一年之后她就可以正式到企业工作，享受企业员工同等工资待遇，同时还能继续读大专，不仅不用交学费，还可以挣钱，她又来了兴趣。她说："我挣了钱，先给我爸治病，给他买很多好吃的。"

"授渔计划"项目企业人力资源部的马总监告诉记者，去年参加"授渔计划"成人高等教育项目的80多名学生已经开始在企业边工作边学习了。每周他们除了五天正常的工作以外，企业会统一组织他们用一天的时间学习大专阶段的课程。为此还特意为他们在企业内部安排了辅导员，在照顾他们生活的同时，督促他们学习。

"和其他的公益项目相比，'授渔计划'好就好在它不仅仅资助贫困家庭的孩子学习，还帮助他们学到实用的技能，为他们提供一份稳定的工作。"襄阳市樊城区民政局副局长王金兰感慨道，"如果说之前我们按照国家的政策发给贫困家庭补助像是给他们'输血'，那么'授渔计划'就是在帮这些贫困家庭'造血'。今后我们会继续向适龄孤儿、贫困学生、学困生推荐'授渔计划'。"

"我们资助的孩子都要通过民政部门的审核评定，并且由基层的民政部门推荐。"李忠勤说。为了对学生负责，让家长放心，"授渔计划"在资助对象选择和项目学校选择上有着相应的程序和标准。在筛选上，项目学校一定要有条件、能力和水平，校长一定要有公益心。此外，我们更为重视学校的德育质量，"授渔计划"资助的学生走出校园时，不但要掌握专业的技术，更要有健全的人格和优良的品德。项目企业一定是有实力的大企业、名牌企业，企业法人一定要有爱心、讲诚信，企业的风气一定要好，我们的孩子送到那里，既要能挣钱养活自己，还要能真正成长、成才。

有了社会认可的项目学校和实力雄厚的合作企业，下一步，与中国社会福利基金会合作的北京师范大学继续教育与教师培训学院将对"授渔计划"项目学校受助学生的课程进行系统的导入。高继辉说："他们在为'授渔计划'提供大专阶段教育资源的同时，还会帮助我们进行企业课程的研究。我们将采取'工学一体，产教结合'的培养模式，让受助学生在学校学习到企业需要的技能和有针对性的专业知识。"

一个项目的意义，要看它对社会产生了什么样的作用。"授渔计划"公益项目的意义就在于，它给了贫困的孩子一条出路，让他们避免因为贫困而失去受教育的机会，进入贫困——再贫困的怪圈，将社会的贫困基因消除在源头。

(选自《中国社会报》，有改动)

回答问题

1. "授渔计划"是一个什么样的公益项目？
2. "授渔计划"是怎样帮助晶晶的？
3. "授渔计划"是怎样选择项目学校的？
4. "授渔计划"有什么意义？

阅读二（字数：约1100字；阅读与答题的参考时间：6分钟）

慢养，相信孩子自己的力量

上周我的一篇小文《是谁扼杀了孩子的天赋》一石激起千层浪，引来众多父母朋友的关注与热议。我花了整个周末，仔细浏览了所有博友给我的上百条留言和在 Ask Jane 栏目中的提问。虽然，五味杂陈，但细品之下，"无奈、担忧、承受"满溢在许多博友的字里行间。我总结了一下，得出三个较普遍的观点：

观点1：无奈，只有选择适应

"可怜的孩子们，教育跟着国情走，我们也无能为力。""说起来其实大家都明白，可是身在这个国度，有什么办法呢？"其中两位博友这样留言道。他们对现行的教育制度非常不满意，但也无能为力，无奈之下，只有选择适应，和孩子一起去适应。

观点2：担忧，忧其童年不再无忧

"中国的教育啊，从我儿子上幼儿园起，我就感到失望，现在的幼儿园听不到孩子们的笑声，听到是朗朗读书声，都分不清是幼儿园还是小学，教育官员和老师们啊，还给孩子们快乐的童年吧！"这是父母真实心声的写照：忧其童年不再无忧，更忧其还未起步就已遭淘汰。

观点3：承受，巧妙规避大众教育的弊端

"作为家长尽力了，弥补一下学校教育的不足，以后就不会那么后悔。在不能改变大环境的条件下，尽量改善小环境还是可以做到的。"在现时无法解决的前提下，很多家长选择了默默并巧妙地承受，对自己孩子有针对性地进行日常学习以外的培养，尽可能规避大众教育的弊端。

我个人更赞同第三种观点，大环境不是个人可以改变的，但"追随"和"融入"大环境的程度是父母可以掌握的。我昨晚一夜未眠，因为读到了一本育儿好书《慢养——给孩子一个好性格》，其中的一些精辟文字不禁让我联想到留言给我的父母们的拳拳之心和正在经历的育儿煎熬。我在此节选几段，与大家共勉的同时，更鼓励父母朋友保护自己的孩子，让他们在应试高压下，仍然拥有一个温暖的家；让他们的童年和少年不怕犯错，让他们去犯这个年龄应该犯的错。

做妈妈的，回想我们已过的人生，是否还记得起我们曾做过的那些试题吗？学习人生是一辈子的，应试只是一时的。

其实，我们不应该用现在的状况来判断孩子将来的好坏，现在小孩功课可能很好，但不一定保证孩子未来就会功成名就，而现在也许孩子功课很烂、留级甚至还可能交了一些坏朋友，但将来他可能会成为一个很杰出的人，不要现在就为孩子的一生下定论！孩子的教养应该慢慢来，多给他们一些空间，让他们慢慢描绘自己的人生蓝图。

其实，孩子十岁、二十岁甚至成家立业后，会有很大的不同，也许父母可以放轻松点，别急于一定要马上有成果，因为有的孩子成熟得快，有的较慢，孩子是慢慢养大的。

在这个过程中，不求一时的速度与效率，不以当下的表现评断孩子，尊重每个孩子的差异；慢养，可以让父母找到相信孩子的力量，孩子可以发现最好的自己。

（选自新浪育儿，有改动）

回答问题

1. 网友给本文作者的留言是关于什么的？
2. 作者总结了网友的几种观点，这几种观点是怎么样的？
3. 作者更赞同哪种观点？为什么？

阅读三（字数：约1500字；阅读与答题的参考时间：8分钟）

帮助自闭症儿童　勿拔苗助长

有这样一群特殊的孩子：他们目光澄亮，却不愿意跟别人对视；会说话却很难跟人交流；听力灵敏，却对父母的呼唤充耳不闻。他们得了自闭症，也叫孤独症，被称为"星星的孩子"，孤独地生活在自己的世界里。

10岁半的悦悦长得白白胖胖，招人喜欢，可家人叫他，他却一点没有反应。到他跟前想引起他的注意，他却目光飘移，根本不看你。即便扳着他的头跟他说话，他也只是偶尔无意识地发出一些无人能听懂的声音。

在我们的身边，生活着不少像小悦悦一样的自闭症患儿。浙江省宁波市康复医院智力行为康复科主任金亚芬称，自闭症是近几年才被人们正视的一个病种，目前病因尚无定论。自闭症患儿在感知、情感、思维、动作、学习等方面存在困难和障碍，生活在自己的世界里。自闭症是一种终生疾病，目前还没有有效的药物来治疗，但是经过早期教育干预和矫正行为，许多自闭症患者都能够融入社会。

从事10余年自闭症儿童教育和治疗工作、现任中国教育学会家庭教育专业委员会自闭症研究指导中心主任的孙梦麟认为，0岁到6岁是自闭症儿童的最佳干预期。通过早期干预和康复训练，大部分孩子几个月内都能有较大改善。一些家长看见孩子情况有好转，就中断康复训练，急切地将孩子送到普通幼儿园去。实际上，自闭症儿童的情况稳定下来，至少需要3年左右的康复训练。过早加重孩子教育负担，并不利于康复，甚至反而会退化到以前的状态。

目前，我国很多城市都没有关于自闭症儿童的相关统计数据。但根据国际上认可的每100个儿童中有1人患自闭症来算，我国自闭症儿童的人数绝非少数。更让人担忧的是，被发现、确诊为自闭症，并接受康复治疗的患儿仅是少数，多数患儿没有被发现、诊断，更说不上治疗。

对于有自闭症症状的儿童，家长应及时带孩子去医疗机构就诊，经确诊后可以申请相关救助补偿，帮助孩子及时获得专业的早期干预和康复训练。

不过，自闭症目前仍属于终身性疾病，对于那些6岁以上的儿童，受教育情况则并不乐观。在普通学校上学的孤独症患儿，因为大部分学校尚未配备特教老师，也不允许家长陪读，处于"随班混读"状态，没有接受到专业的心理辅导和教育。在普通学校随班就读的大部分孤独症儿童，随着年龄增大，受智力因素制约，越来越不适应学业要求，面临退学回家的困境，只有极少数患儿能完成9年义务教育。

当自闭症儿童长大成人后，面临的困境则愈发突出。2013年发布的《中国自闭症人士及其服务现状调查（华南地区）》数据显示，超过94%的家长非常忧虑孩子将来的生活、就业及安置问题。由于缺乏职业培训，没有单位愿意接收，大龄自闭症患者社会劳动就业也基本空白。大多数患者只能被"圈养"在家中，甚至被铁链锁在家里。

其实，并非自闭症患者不适合参加工作。在国外，经过专业干预后10%至30%的自闭症患者可以参加适合的工作，而这一数字在我国屈指可数。日本专家提出，可结合自闭症症状提供相应职业，如固执走同一路线的患者，可以训练他们从事送报、发广告等工作。国际经验证明，只要提供完善的支持系统，自闭症患者就可以从事相应工作。

近年来，在我国针对大龄患者的技能培训也开始探路，如：山东省惠和自闭症疗育中心开展钢琴、画画、刺绣等技能培训；山东博山自闭症疗育中心则探索对大龄自闭症患者提供农疗、工疗，让他们在农场内学习种菜、养鸡等；2011年创建的北京康纳洲孤独症家庭支援中心，已开设烘焙、计算机、陶艺、音乐等课程，目前有近40名大龄患者在学习，不久前还义卖过一次烘焙产品，收入数千元。安安特殊儿童康复中心教学督导张瑜说，由于我国发现首例病例较晚，前几年救助精力主要集中在患儿身上，但孩子会长大，我们要有前瞻意识，对自闭症患者应该有全生涯规划，这需要政府、社会共同努力。

（选自《法制日报》，有改动）

判断正误

1. 自闭症的孩子很难与别人交流，除了自己的父母。（　）
2. 自闭症以前没有得到人们的重视。（　）
3. 通过干预和治疗，自闭症可以被完全治愈。（　）
4. 对于自闭症儿童，越早进行干预越好，并且要坚持进行康复训练。（　）
5. 据目前情况来看，我国自闭症儿童数目很多，但是大部分都没有进行治疗。（　）
6. 通过干预和治疗，大部分自闭症儿童可以进入普通学校学习并且顺利完成学业。（　）
7. 自闭症儿童长大后就业情况普遍不容乐观。（　）
8. 目前国内对于大龄自闭症患者开始了越来越多的关注。（　）

第七课　透视城市青年生活形态

背景知识　随着时代社会的发展变化，中国城市青年人的思想也在发生着很大的变化，如"重男轻女""早婚早育"等传统观念在中国当代青年人身上渐渐淡化，取而代之的是更普遍的"生男生女无所谓""晚婚晚育"等思想观念。

词语表

1	透视	tòushì	（动）	to see from the true perspective
	比喻清楚地看到事物的本质			透視する
				（사물의 본질을）환히 꿰뚫어 보다, 투시하다
2	形态	xíngtài	（名）	form, shape
	事物的形状或表现			形態
				형태
3	展望	zhǎnwàng	（动）	to forecast sth.'s future
	对事物发展前途进行观察或预测			遠くを見る
				（먼 곳이나 미래를）전망하다, 두루 바라보다
4	话题	huàtí	（名）	topic of conversation
	谈话的中心			話題
				화제
5	颇	pō	（副）	very, rather
	很，相当地			すこぶる
				꽤, 매우, 몹시, 대단히
6	耐人寻味	nàirén xúnwèi		thought-provoking, profound meaning that deserves much contemplation
	意味深长，值得仔细体会思考			意味深長である
				（말이）의미심장하여 자세히 음미할 가치가 있다

7	扮演	bànyǎn	（动）	to play the part of, act
	化装成某种人物出场表演			劇中の人物に扮する
				…의 역을 맡아 하다
8	角色	juésè	（名）	role, "real life" character types
	演员扮演的剧中人物；比喻生活中某种类型的人物			役柄
				배역；인물, 명사
9	无所谓	wúsuǒwèi	（动）	it does not matter, be indifferent
	没有关系			どうでもよい
				상관없다
10	增添	zēngtiān	（动）	to increase
	添加，加多			増やす
				더하다, 늘리다, 보태다
11	结晶	jiéjīng	（名）	crystal, valuable results
	比喻珍贵的成果			結晶
				결정, 진귀한 성과
12	赞同	zàntóng	（动）	to approve of
	同意			賛同する
				찬동하다（찬성하여 동의하다）
13	给予	jǐyǔ	（动）	to give, to render (used for abstract things)
	给（多用于抽象的事物）			与える
				주다（추상적인 사물에 쓰임）
14	低下	dīxià	（形）	(of ability, status, living standards, etc.) lowly
	（能力、水平、地位等）在一般标准之下			一般よりも低い
				（능력, 수준, 지위 등）낮다, 떨어지다
15	门当户对	mén dāng hù duì		(of marriage) be well-matched in social and economic status
	指讨论婚姻问题时，男女双方家庭的社会地位和经济状况相当			縁組みをする男女双方の家柄・身分がつり合っていること
				（혼인 관계에 있어서）남녀 두 집안의 사회적 지위, 경제적 형편 따위가 걸맞다
16	人品	rénpǐn	（名）	moral quality, character
	人的品质			人品
				인품
17	投缘	tóuyuán	（形）	(of the first meeting) congenial
	情意相合（多指初次见面）			馬が合う（多くは初対面で）
				의기투합하다, 마음이 맞다（주로 첫 번째 사귐에 쓰임）

18	因素 决定事物成败的原因或条件	yīnsù	（名）	factor, element 要素 구성 요소
19	身材 身体的高矮和胖瘦	shēncái	（名）	figure, stature 体つき 체격，몸집，몸매
20	长相 模样	zhǎngxiàng	（名）	looks, appearance 容貌 용모
21	享乐 享受安乐（多用于贬义）	xiǎnglè	（动）	to lead a life of pleasure (often carries bad connotation) 楽しむ 향락하다 (주로 부정적 의미로 쓰임)
22	范畴 类型，范围	fànchóu	（名）	category カテゴリー 유형；범위
23	社交 指社会上人与人的交际往来	shèjiāo	（名）	social intercourse 社交 사교
24	主导 起主要作用的事物	zhǔdǎo	（名）	dominant or leading factor 全体を導くもの 주도적인 것
25	微不足道 微小到不值得一提	wēi bù zú dào		not worth mentioning, insignificant 小さくて取るに足りない 하찮아서 말할 가치도 없다
26	娱乐 快乐有趣的活动	yúlè	（名）	amusement, entertainment 娯楽 오락
27	书籍 书（总称）	shūjí	（名）	books, works 書籍 서적，책
28	时尚 适合当时流行的风气习惯	shíshàng	（形）	fashionable 時代の流行 당시의 풍조，시대적 풍모
29	别具一格 另有一种独特的风格	bié jù yì gé		having a unique (or distinctive) style 独特の風格がある 독특한 풍격을 지니다

30	风格	fēnggé	（名）	style, feature

30 风格 fēnggé （名） style, feature
一个时代、一个民族、一个流派或一个人的文艺作品所表现的主要的思想特点和艺术特点
風格
어느 시대, 민족, 유파 또는 개인의 문예 작품에 표현된 주요한 사상적, 예술적 특징

31 冲动 chōngdòng （形） impulsive; excited
情感特别的强烈，不能理智地控制自己
衝動に駆られる
충동하다, 흥분하다, 격해지다

32 储蓄 chǔxù （名） savings, deposit
指积累存下来的钱或物
貯金する
저축

33 收支 shōuzhī （名） income and expenses
收入和支出
収入と支出
수지 (수입과 지출)

34 学业 xuéyè （名） school work
学习的功课或作业
学業
학업

35 看重 kànzhòng （动） to regard as important, to value
看得很重要
重視する
중시하다

36 针对 zhēnduì （动） to be aimed at
对准（某个对象）
・・・に対して
겨누다, 견주다, 맞추다, 대하다, 조준하다

37 依次 yīcì （副） in proper order
按照次序
順を追って
순서에 따라

38 率 lǜ （名） ratio, proportion
两个相关的数在一定条件下的比值
率
율, 비율

39 倒数 dàoshǔ （动） to count backwards
从后向前数
後ろから数える
거꾸로 세다, 밑에서부터 세다, 뒤에서부터 세다

40 总的来说 zǒngde láishuō generally speaking, in summary
表示下文是总结性的话
まとめると
총괄적으로 말해서, 요컨대, 한 마디로 말하면

> 课 文

透视⁽¹⁾城市青年生活形态⁽²⁾

赵明宇

近日，北京某媒体就中国城市青年生活形态做了一项调查，上千名符合条件的年轻人，就消费观念、生育观念、家庭婚姻和对未来的展望⁽³⁾等话题⁽⁴⁾进行了认真的回答，结果颇⁽⁵⁾耐人寻味⁽⁶⁾。

对生男生女不再关心

在家庭生活中，孩子仍扮演⁽⁷⁾着重要的角色⁽⁸⁾。但随着时代的发展，大家对生男还是生女不再关心，调查显示，年轻人对女儿的喜爱超过儿子，13.6%的人选择喜欢女孩，11.9%的人选择喜欢男孩，74.5%的人认为男女无所谓⁽⁹⁾。他们认为生育孩子的主要目的是增添⁽¹⁰⁾家庭的生活情趣、拥有爱情的结晶⁽¹¹⁾、使自己成熟。赞同⁽¹²⁾"养儿防老"观点的只有不到20%。

青年中有60%的人愿意自己抚养孩子。他们对子女的养育问题十分关注，认为教育孩子不再是女人的事（62.4%）。与父辈相比，他们给予⁽¹³⁾孩子更多的理解，86%的人认为"父母和孩子是平等的，父母应该尊重孩子的意见和感受"。

"重男轻女"的观念是和一定时期的经济发展水平相关的。在生产力低下⁽¹⁴⁾、劳动方式落后的年代，人们主要通过高强度的劳动获取生活资料。因此，男孩就是家的希望。现在，社会已进入了信息时代，这一代父母的物质生活水平以及他们的生活方式和工作方式都发生了巨大变化。他们可能更注重后代本身的受教育程度、职业选择、生活方式，更关注他们是否快乐，将来能否实现个人价值，等等。

晚婚晚育成为普遍现象

当今城市青年的婚恋观念仍保留中国人传统的特点，但对网恋、婚外情、婚前性行为等非传统的婚姻观念，不少青年也能接受。

认为网恋可获得真正爱情的达到25.2%；赞同婚前性行为的有34.8%，明确反对婚前性行为的仅为25.9%；33%的被调查者认为婚外情是可以理解的。

择偶观念已打破传统的"门当户对"⁽¹⁵⁾。如今的青年在择偶时，比较关注对方的人品⁽¹⁶⁾以及两人是否相爱和投缘⁽¹⁷⁾等因素⁽¹⁸⁾。除此之外，男性对女性的身材⁽¹⁹⁾长相⁽²⁰⁾更加关注，而女性在选择婚姻对象时仍会考虑对方的经济实力和社会地位。

晚婚已成为当今青年中的普遍现象。调查显示，男性打算结婚的平均年龄在28岁左右，女性打算结婚的平均年龄则为27岁左右。晚婚的结果必然是晚育，被调查者中打算要孩子的平均年龄为29.7岁。

消费观念追求享乐⁽²¹⁾

当代城市青年具有独立的消费能力，每月平均的总支出为1274元。其中有30%的人每月支出在1000－1499元这一范畴⁽²²⁾，每个月消费在1500－1999元之间的占16.8%，每月消费在 2000 — 2499 元之间的占 11.6%。

由于多数人刚开始工作和社交[23]，所以，在消费上以吃喝玩乐为主导[24]，而在自我发展方面的开支几乎微不足道[25]。在消费支出中，饮食消费所占比例最高，达到 31.3%；用在化妆品和服装上的消费排名第二，所占比例为 12.1%；用在娱乐[26]、交际和影视方面的支出为 10.9%；而学习和书籍[27]报纸杂志的消费则比较低，所占比例分别为 4.3% 和 3.4%。

城市青年的消费观念具有时尚[28]和理性的特点，一方面他们追求流行，喜欢名牌，重视产品质量，喜欢别具一格[29]的产品。如喜欢购买具有独特风格[30]的产品的比例达 52.9%，喜欢追求流行和时髦的占 35.7%。同时，重视品牌和产品质量也是这批青年共同的消费特征，61.6% 的人愿意多花钱购买高质量的物品。

另一方面，他们对自己的开销有所控制和把握，不会随意购买自己喜欢的东西，不愿冲动[31]性消费。40.2% 的被调查者每月都有储蓄[32]，47.2% 的人能达到收支[33]平衡。

八成人对未来充满希望

在谈到将来时，预期"非常乐观"或"比较乐观"的达到八成，占到 81.5%。其中，乐观程度最高的是健康状况，达 88.1%；其次是人际关系，达 76.6%；即使是排在最后的学业[34]和工作前景，也被 72.9% 的人看好。

对于眼下的生活，55.2% 的人表示非常满意和比较满意。今天的年轻人仍然非常看重[35]别人对自己的看法。有 62.4% 的人同意这一观点，持比较反对和完全反对意见的则占 12.53%。

针对[36]自身最关心的问题，前三名**依次**[37]是人际关系、未来发展和经济收入。其中选择人际关系的达 53.2%。但对"知识"积累的关注率[38]相对较低，排名仅居第七，比例为 16.4%。"思想／精神品质"则更不被大家关注，它的排名仅为倒数[39]第三名，关注率只有 11.3%。

总的来说[40]，当代城市青年对目前各方面的评价总体是良好的，同时，他们对于未来的预期均高于对当前的评价，可见，当代城市青年是非常积极、乐观的一代，这种乐观和积极也与我国现处的发展阶段和发展水平有一定关系。

（全文字数：约 1750 字）

（节选自《人民日报·海外版》，有改动。）

注释

1. 上千名符合条件的年轻人，就消费观念、生育观念、家庭婚姻和对未来的展望等话题进行了认真的回答，结果**颇**耐人寻味。

[解释] 颇：副词，表示达到相当高的程度。用于书面。后面多加单音节动词、形容词

成分或否定形式。

[例句] ① 有的歌迷甚至在他深情的音乐中泪流满面,颇有些体育场大型演唱会的味道。
② 该交易所自1990年开张以来,门庭若市,获利颇丰。
③ 今年房价直线上升,看到这种结果,老百姓颇不明白。

② 针对自身最关心的问题,前三名**依次**是人际关系、未来发展和经济收入。

[解释] 依次:副词,常用在动词前面,表示按照一定次序做某件事或者对某些人、事物的重要性进行排序。

[例句] ① 村长代表村民先饮了第一碗酒,然后依次给客人敬酒。
② 大学生关注的网络信息类型,以新闻为主,其余依次是MP3和影视、求职等方面的信息。
③ 在这个古老、宁静的博物馆里,依次陈列着70余架古钢琴。

③ **总的来说**,当代城市青年对目前各方面的评价总体是良好的……

[解释] 总的来说:可以连接分句、句子或段落,表示下文是对上文所说情况的总结。

[例句] ① 每个时代有每个时代的问题,《便衣警察》总的来说是正面宣传中国的传统观念。
② 总的来说,现在不是大学毕业生就业岗位少了,而是就业岗位与学生期望值之间有距离。
③ 总的来说,研究生就业并不悲观,市场需求还很大,没有出现结构性过剩。

读报小知识

如何泛读报刊文章

首先要明确读一篇文章的目的是什么,然后根据需要以最快的速度实现阅读目的。对与阅读目的无关的部分,即使看不懂,也不要停下来查词典;与阅读目的有关的部分,假如有不理解的地方,先做好标记,等阅读完全文后还不能理解,再查词典,加以理解。

练习

一 请在课外阅读中文报刊的最新文章，将其中你喜欢的一篇剪贴在你的笔记本上，然后写成摘要，并谈谈自己的看法

二 给下列动词搭配适当的词语

展望_____   增添_____

扮演_____   赞同_____

看重_____   给予_____

针对_____   透视_____

三 选词填空

> 颇　　透视　　别具一格　　依次　　总的来说
>
> 给予　　增添　　微不足道

1. 秋分以后，气候渐凉，此时要特别注意胃部的保暖，适时_____衣服，夜晚睡觉盖好被子。

2. 演员们顾不上休息，为科学家们连续演出好几场，他们说："与科学家们相比，我们受的这点苦实在_____。"

3. 上海这几年的就业_____比较平稳，全市登记失业率4.5%，人数在27万左右。

4. 说起史迪威公路对中国和盟军的抗日战争到底有多大影响，美国驻华大使馆武官米方林上校的一番评价_____有代表性。

5. 万元灶具产品的出现_____出中国消费者多元化、高档化的消费需求。

6. 蔬菜的颜色越深，营养价值就越高。其中，按着绿色、黄色、红色、紫色、白色这一顺序，其营养价值_____降低。

7. 有关专家对我国专利事业15年来取得的成就_____充分肯定，并对专利工作的进一步发展提出了更高的要求。

8. 《人民日报·海外版》以_____的言论风格，清新的文字，活泼的版面，很快赢得了读者的青睐，成为一份颇受读者喜爱的报纸。

四 **根据课文内容判断正误**

1. "重男轻女"观念的产生与生产力低下有关。（   ）

2. 当代城市青年的婚恋观完全保留了中国人的传统特点。（   ）

3. 当代城市青年注重自我发展，因此在这方面开支很大。（   ）

4. 多数当代城市青年对未来充满希望。（   ）

五 **请按正确的语序将下列句子组成完整的一段话**

1. A. 86%的人认为父母和孩子是平等的

   B. 与父辈相比，他们给予孩子更多的理解

   C. 父母应该尊重孩子的意见和感受

   D. 青年人对子女的养育问题十分关注

   E. 认为教育孩子不再是女人的事

   正确的语序是：（   ）（   ）（   ）（   ）（   ）

2. A. 可见，当代城市青年是非常积极、乐观的一代

   B. 同时，他们对于未来的预期均高于对当前的评价

   C. 这种乐观和积极也与我国现处的发展阶段和发展水平有一定关系

   D. 总的来说，当代城市青年对目前各方面的评价总体是良好的

   正确的语序是：（   ）（   ）（   ）（   ）

六 **根据课文内容选择最合适的答案**

1. 当代城市青年认为生育孩子的主要目的是_____。

   A. 增添家庭生活情趣，拥有爱情的结晶   B. 为了养老

   C. 为了获取生活资料   D. 为了增加夫妻之间的感情

2. 当代城市青年人在择偶时_____。

   A. 保留中国人的传统观念，讲究门当户对

   B. 关注对方的人品及是否相爱

   C. 讲究年龄是否合适

   D. 看对方的学历

3. 年轻人的消费特点不包括_____。

　　A. 重视品牌和产品质量　　　B. 时尚和理性

　　C. 冲动性消费　　　　　　　D. 以吃喝玩乐为主导

4. 年轻人在谈到将来时，乐观程度最高的是_____。

　　A. 学业　　　　　　　　　　B. 工作前景

　　C. 人际关系　　　　　　　　D. 健康状况

七　完型填空

（一）

如今　　除此之外　　已　　而　　更加　　以及

　　择偶观念__1__打破传统的"门当户对"，__2__的青年在择偶时，比较关注对方的人品__3__两人是否相爱和投缘等因素。__4__，男性对女性的身材长相__5__关注，__6__女性在选择婚姻对象时仍会考虑对方的经济实力和社会地位。

（二）

　　极客世界以技术水平的高低、知识的多少以及运用知识的能力大小来__7__自己的等级。谢建军说，他不在意吃饭的早晚，不在意吃盒饭__8__牛肉面，__9__为技术水平__10__压力。他在自己的部门里就有"偶像"，"当你问什么问题，他都能很__11__地给你答案，这样的高手，你不把他当偶像都难！" 当今知识经济时代，知识和技术在生产中非常重要。时代需要的是一大批__12__知识、文化和技术的高素质人才，而极客作为科技人才，他们的产生和发展正__13__着时代的潮流。

　　7. A. 建立　　　B. 建设　　　C. 设立　　　D. 健全

　　8. A. 以及　　　B. 还有　　　C. 还是　　　D. 或者

　　9. A. 因此　　　B. 仅仅　　　C. 就　　　　D. 却

　　10. A. 感受　　　B. 备感　　　C. 感到　　　D. 好感

　　11. A. 流利　　　B. 流畅　　　C. 畅通　　　D. 畅快

12. A. 有着		B. 享有		C. 拥有		D. 持有
13. A. 顺应		B. 适应		C. 适合		D. 顺从

八 用自己的话或原文中的关键句子概括下面一段话的主要内容

由于多数人刚开始工作和社交，所以，在消费上以吃喝玩乐为主导，而在自我发展方面的开支几乎微不足道。在消费支出中，饮食消费所占比例最高，达到31.3%；用在化妆品和服装上的消费排名第二，所占比例为12.1%；用在娱乐、交际和影视方面的支出为10.9%；而学习和书籍报纸杂志的消费则比较低，所占比例分别为4.3%和3.4%。

九 请尽量用以下词语进行话题讨论

增添	颇	充满	赞同	看重	给予
总的来说	扮演	针对	展望	依次	

1. 你认为早婚好还是晚婚好？为什么？
2. 你认为生男孩好还是生女孩好？为什么？

快速阅读

阅读一（字数：约1380字；阅读与答题的参考时间：7分钟）

告别打口时代：中国摇滚乐与城市青年文化

夏日炎热的夜晚，几个朋克男孩无所事事地坐在北京"无名高地"酒吧门口，喝着几瓶从旁边小卖部买来的啤酒。此时，酒吧里演出正high：几支内地独立乐队，一群年轻的中国观众，其中还有不少老外。

如今，对于爱看演出的文艺青年来说，这个画面一定不陌生。然而，10年前，当荷兰学者Jeroen de Kloet来到北京做田野调查时，只觉得"这世界变化快"。

Jeroen de Kloet现任阿姆斯特丹大学教授，自20世纪90年代初就开始关注中国摇滚音乐与青年文化。他曾用文化研究的方法分析了中国90年代初期摇滚音乐从"流氓文化"向中后期的"打口文化"的转变。他认为，这一转变并不意味着早期中国摇滚的消亡，而是凸显了流行音乐在中国青年文化中的重要性，标志着全球化时代中国对西方文化的吸收以及文化市场化转型。

崔健、魔岩三杰、唐朝、黑豹……说起90年代初的中国摇滚乐，必然会提及这些响当当的名字。他们引领的中国摇滚乐带有最鲜明的特征：本真性（Authenticity）。北京在摇滚音乐版图中占据着核心位置。"八九年之后，摇滚进入了大众视野，成为一种风尚，一种流行的宣泄愤怒的方式，一种反抗，也是某种补偿。"

同一时期，"流氓"作家王朔出现了。在他的作品中，"流氓"生活在城市边缘，成天玩儿，性关系开放，常常喝醉，还爱听摇滚乐。有学者将摇滚音乐与流氓文化解读为90年代初对80年代批判精神与叛逆气质的继承，认为它代表了彼时城市青年的疏离状态与边缘亚文化。

然而，邓小平南巡讲话之后，摇滚乐与流氓文化逐渐在市场经济大潮的影响下走向衰落。在商品化取代政治化的过程中，那种最纯粹的、最原始的摇滚音乐早已成为过去式，"人们不再需要嘶吼与尖叫，而是开始寻求个性。无论是摇滚所代表的音乐、精神还是理想，它的历史使命已经在80年代完成了"。

就在人们感叹90年代"摇滚已死"的时候，Jeroen de Kloet却认为，90年代中后期"打口一代"的出现不仅掀开了摇滚乐历史的新篇章，甚至带动了摇滚音乐图谱的多元化发展。

作者认为，"打口一代"一方面以更坦率的姿态面对西方音乐文化，承认西方流行音乐的重要性，另一方面也将"打口"默许为中国内地青年亚文化的特色。这种全球化与本土化的双重身份认知是对"流氓一代"亚文化身份的继承，更是超越。因而具有超越性的"打口文化"更加多元和模糊化——这在三种音乐图谱中得以体现：时髦乐队拥抱都市文化，地下乐队回归政治隐喻，城市民谣歌手抒发怀旧情怀。

中国的城市青年位于文化市场化转型的最前线，流行音乐为其寻求自我定位创造了可能性。他们运用摇滚乐表达着自身生命体验：都市化的，政治化的，怀旧的。如果说前打口时代的摇滚音乐人与"流氓一代"选择了摇滚乐这种西方音乐类型去应对改革开放、与整个世界对话，那么打口时代多元的摇滚乐类型就是在订制摇滚乐，从而在全球化、市场化进程中表达中国自身的渴求与归属。

然而，随着21世纪信息时代的来临，中国乐迷想要听到一首歌、一张专辑不再是难事，只需要在互联网上查找并轻点鼠标，再也不用费劲儿去淘换非法的打口带了。正如最早提出了"打口一代"这一说法的摇滚乐评论家颜骏所言，"打口的一代正在消失，中国在变化。青年在老去，市场在蔓延，狂想、誓言、诗歌甚至自杀的冲动都被积攒起来的财产压到了箱底。记忆，像初恋一样在资讯的浪花里融化，塑料和废塑料旋转着，完成了我们的青春。现在，我们带着残缺的歌声，踩过方便面纸箱、穿破的Alchemy牌T-shirt，再次上路了"。

（选自何必在线博客，有改动）

回答问题
1. 20世纪90年代中后期的中国摇滚乐与90年代初期中国摇滚乐相比，发生了怎样的变化？为什么会有这样的变化？
2. Jeroen de Kloet教授怎样看待20世纪90年代中国摇滚乐的变化？
3. 评论家对颜骏"打口的一代正在消失"的现象怎么看？

阅读二（字数：约 1400 字；阅读与答题的参考时间：7 分钟）

北京青年研究"沙发人类学" 挖掘胡同里的老故事

"有名的胡同三千六，没名的胡同赛牛毛。"走在北京的胡同里，稍加留心也许就能发现，胡同里总是会有那么些废弃的沙发安静地待在角落里。有时候，沙发还会有"主人"，甚至有人会以胡同里的沙发为生。

杨雁清和 David 是在胡同里上下班的两个年轻人，工作是人类学研究员，从事青年文化研究。他们工作的地方在东城区安定门附近的胡同里，每天在胡同里来来往往。时间久了，他们很好奇，沙发都属于谁？坐在沙发上的人又有什么样的故事？这样的疑问挥之不去，他们便开始了一个研究项目，叫作"胡同里的沙发人类学"。

胡同成了他们调查的"田野"，沙发上坐着的人也成了人类学研究的对象。他们带着一只名叫"小黑"的小狗，在胡同里寻找沙发，和沙发上的人聊天，了解沙发的来源和沙发上胡同居民的生活。

擅长摄影的 David，会负责为"沙发客"拍照，并用录音笔记录下他们当时聊天的内容，杨雁清则将听到的故事写成文章，他们为每个"沙发客"建立档案。

杨雁清发现，打破与陌生人之间的坚冰并没有想象的那么难，"这些坐在沙发上的人，以开放的姿态欢迎你跟他聊天、向他提问。"他们把拍好的照片打印出来，送给"沙发客"们，也因此意外地收获到了更多的热情。

"花园胡同的朱叔叔爱喝酒，养了一只叫'小黄'的狗。""郎家胡同的'董事长'，总是端着茶杯坐在棋牌室门口。""浴池里打工的许阿姨，会做彩色的手工垫铺在沙发上。"沿着胡同一路走，杨雁清对沿途的沙发和"沙发客"们如数家珍。"胡同里的退休老人杨爷爷，邀请我们走进他的屋里，把一个人独居的生活开放给我们看。"经过废品站旁边的一排平房时，她指着其中的一间屋子说道。

鼓楼附近的胡同，他们大概走了 20 多条，做过完整记录的"胡同沙发客"的故事，也有 15 个了。"以前在胡同里上下班，却从来没有跟这里的居民产生过关系。"杨雁清发现，通过沙发人类学的项目，胡同里认识的这些"沙发客"，从陌生人变成了熟人，胡同也变得更有人情味儿。"我们建立起了与胡同居民的关系，他们把我们从公共空间里的沙发带进他们的家，分享更多生活的故事。他们对于我们来说，不再是没有名字的熟悉的陌生人，而是每天经过会热情地打招呼，天气冷了会提醒添衣，有什么好吃的会想着留给我们的亲人与朋友。"杨雁清说。

做青年研究的他们想到，为什么不把自己的经验推广一下，让更多的年轻人开始关注自己身边的生活，了解自己所居住的社区呢？就在不久前，他们组织了一场 90 分钟的胡同之旅，邀请年轻人来参加，给他们分组，发放附近胡同的地图，并且给他们安排"任务"。这些任务都需要年轻人走进居民的生活，和他们交流，比如，"到小卖部买一包 QQ 糖，问问他最近最好卖的是什么。和迎面而来的遛狗的居民打声招呼，问问他最近最开心的事情。"

不少人拿到任务时会怀疑，这任务能完成吗？这些完全不认识的陌生人会理我吗？不过，当实验小分队真的走进胡同，努力尝试与人聊天，关心别人的生活，竟意外地发现"陌生人远没有想象的那么冷漠"。

"有时候，胡同里的沙发就像一个公共的空间，通过这个入口，我们打开了与身边人交流的通道。"杨雁清希望，能有更多感兴趣的人，换一个视角看待自己所生活的环境，"关心自己的社区，从日常生活里建立人与人之间的关系。"她把写好的故事整理成集，变成了上传在豆瓣网的一本电子书《胡同里的沙发人类学》，供人下载阅读。"'沙发客'们的生活还在继续，沙发人类学的研究也不会就此停止。"杨雁清说。

（选自《北京日报》，有改动）

回答问题
1. 文中两位主人公为什么要研究"胡同里的沙发人类学"？
2. 他们是怎样研究"胡同里的沙发人类学"的？
3. 杨雁清和 David 组织"胡同之旅"的目的是什么？
4. "胡同之旅"活动的结果如何？

阅读三（字数：约 1290 字；阅读与答题的参考时间：6 分钟）

户外音乐节：迷笛打造城市节日

短暂假期中，一个城市或一个景区的旅行，已经激发不起人们的热情，反而在城市中一块宽敞的户外空间，与朋友享受生活的另一面，成为许多都市青年放松的另一种方式。城市音乐节，迎合了很多厌倦疲惫旅途的都市人的休闲选择，它早已脱离小众文化的范畴，俨然成为动辄数十万人的大众娱乐需求。

据不完全统计，2013 年，中国户外音乐节进入了爆发式的增长期，在国内各地举办的大大小小的音乐节数量超过 100 场。在延续去年快速增长的趋势中，今年的音乐节在各个长假短假轮番上阵、陆续登场。与之前业内还在争论是否同质化、单一性不同，今年的音乐节主题，将时尚与音乐结合，地域分布更广泛，乐迷的可选择性也更强。在青山绿水和阳光草地之间，乐迷能够尽享音乐的盛宴，户外音乐节也渐渐成为大众娱乐的新方式。

音乐节文化，可谓是全球青年文化的一朵"奇葩"。当以乐会友、接触自然逐渐成为都市人群的娱乐追求时，曾经"跳上绿皮火车，选择泥土，选择板鞋"的小众时尚，逐渐变成大众的消费需求，一些新鲜的感官刺激逐渐变得家常。

2013 年 12 月 31 日至 2014 年 1 月 2 日，"2014 深圳迷笛音乐节"将在此间开演。作为跨年户外音乐节，迷笛再次打破常规，对于经常在 4 月至 10 月举办的音乐节市场而言，迷笛开启了冬季市场"破冰"之旅。

北京迷笛演出公司副总经理单蔚解释："对于户外音乐节来说，气温条件非常重要。10 月过后，北方城市比较寒冷，但是南方温暖。深圳是移民城市，这里的人来自全国各地，对于各地文化尤其是以北方力量为主导的摇滚乐队接受度高，同时深圳当地的消费能力也很强。"

深圳作为移民城市，因为建市时间短，有人称其为"文化沙漠"。然而现实情况并非如此，深圳文化多元而包容，其本身的移民文化组成就具备着最大限度的包容度。这里从来不乏摇滚，也经常吸引各种音乐节的到来，但摇滚的、跨年的、户外的城市音乐节却是第一次。

今年5月，迷笛在大运中心的首次亮相，3天时间吸引了近10万观众，被深圳市常务副市长吕锐锋赞为"深圳历史上空前"。深圳市福田区音协副主席王俊也表示，在迷笛音乐节上看到了一种郁郁葱葱、向上生长的年轻态。阳光、音乐、啤酒、美食、创意市集，朋友间的聚合，陌生人之间的关爱，以及那尽情绽放的笑容，都为人们展现出这个世界美好的一面。"对深圳这座聚集了千万人口的年轻都市来说，一个音乐节还不够，还需要形态更多元、场地更开放、更接近城市核心位置的音乐节。"

"3天的时间，乐迷的快乐表情，现场的热情互动和自律、环保的精神，都让主办方感到意外，同时也坚定了继续举办的信心。"卜钧雷说，"深圳冬季气候宜人，可以吸引全国年轻人来此过一个有意义的跨年，在这种环境中享受音乐节带给他们的欢乐，同时可以展望新一年的生活。"

尽管在5月深圳迷笛音乐节现场的露营体验区，深圳观众参与得并不太多，但是现场的其他活动吸引了众多人前去体验，比如孩子的迷笛和环保公益项目等。单蔚表示："目前深圳的音乐节还处在教大家怎么玩的阶段。很多来这里的观众从来没有接触过摇滚乐，第一次在现场直接感受热情、有张力的音乐氛围。除了音乐感受之外，我们希望能够倡导一种年轻人的生活方式，引导他们去体验，走到户外玩音乐。"

（选自《中国文化报》，有改动）

判断正误

1. 在短暂的假期中人们更愿意与朋友一起放松而不是去旅行。（ ）
2. 户外音乐节虽然发展很快但仍属于小众娱乐方式。（ ）
3. "2014深圳迷笛音乐节"是第一次在冬天举办户外音乐节。（ ）
4. 迷笛演出公司选择深圳举办音乐节的主要原因是深圳冬季气候温暖，当地消费水平高。（ ）
5. 深圳建市时间短，因而文化十分缺乏。（ ）
6. 迷笛音乐节传达的是一种健康向上，阳光乐观的态度。（ ）
7. 迷笛音乐节在深圳十分受欢迎。（ ）
8. 主办方将不会在深圳继续举办音乐节。（ ）

第八课　短信文学大赛引争议　手机短信：文学零食？正餐？

背景知识

"短信文学"能不能算文学？这种新出现的现象，引起了较大的争议，不同的文化人有不同的看法。赞同者认为，只要短信具有文学的特点，就可以是文学。反对者认为，短信具有很大的随意性和消遣性，不可以称为文学。随着这种新现象越来越常见，影响越来越大，"短信文学"这一说法自然不难被更多的人所理解和接受。

词语表

1. 短信　duǎnxìn　（名）
   指通过手机发送的文字简短的信息
   short text message
   携帯メール
   문자 메시지

2. 零食　língshí　（名）
   正常饭食以外的零星食品
   snacks
   間食
   군음식，간식

3. 正餐　zhèngcān　（名）
   指正常的饭食，如午餐、晚餐等
   regular meal (as opposed to snacks, etc.)
   食事
   정찬 (정식으로 먹는 점심과 저녁 두끼의 식사를 말함)

4. 征集　zhēngjí　（动）
   征求收集
   to collect
   求め集める
   모집하다，거두어 모으다

5. 应邀　yìngyāo　（动）
   接受邀请
   to accept an invitation
   招待に応じる
   초대 또는 초청에 응하다

6. 评委　píngwěi　（名）
   评审委员或评选委员的简称
   name of judge or evaluation committee member
   審議委員
   평가위원 또는 선정위원의 약칭

7	蓬勃	péngbó	（形）	flourishing, full of vitality
	繁荣，旺盛			盛んである
				왕성한 모양, 활기 있는 모양

8	主办	zhǔbàn	（动）	to direct, to sponsor
	主持办理，主持举办			主催する
				주최하다

9	主编	zhǔbiān	（名）	chief editor, superviser
	编辑工作的主要负责人			編集主幹
				편집장

10	文坛	wéntán	（名）	the literary world
	指文学界			文学界を指す
				문단, 문학계

11	随即	suíjí	（副）	immediately
	随后就，立刻			すぐさま
				즉시, 곧

12	针锋相对	zhēnfēng xiāngduì		a needle point against a needle point, be in sharp opposition
	针尖对针尖，比喻双方的想法、言论或行动等尖锐对立			真っ向から対決する
				바늘끝과 바늘끝이 마주 대하다; 날카롭게 맞서다, 첨예하게 대립하다

13	偏见	piānjiàn	（名）	prejudice, bias
	偏于一方面的看法			偏見
				편견

14	定义	dìngyì	（名）	definition
	对于一种事物的本质特征做的简要说明			定義
				정의

15	调侃	tiáokǎn	（动）	to joke, to tease
	用言语开玩笑，嘲笑			冗談を言う
				희롱하다, 비웃다, 조소하다

16	幽默	yōumò	（形）	humorous
	有趣可笑而意味深长			ユーモラスな
				익살맞다, 유머러스하다

17	滑稽	huájī	（形）	funny, amusing
	形容言语、动作引人发笑			滑稽である
				(말, 동작이) 웃음을 자아내다, 익살맞다

18	探讨	tàntǎo	（动）	to inquire into
	研究讨论			詳細に研究する
				연구 토론하다

19	心态	xīntài	（名）	mentalify 心理状態 심리 상태
	心理状态			

20	看待	kàndài	（动）	to look upon, to regard as 待遇する 대(우)하다, 다루다, 취급하다
	以某种态度对待人或事物			

21	扛	káng	（动）	to carry on the shoulder 担ぐ 어깨에 메다
	用肩膀承担物体			

22	梯子	tīzi	（名）	ladder はしご 사(닥)다리
	便于上下或登高的用具或设备			

23	登	dēng	（动）	to ascend, to mount (usually by foot) 登る (사람이) 오르다, 올라가다 (주로 보행을 가리킴)
	由低处到高处（多指行走）			

24	评论	pínglùn	（动）	to comment on 評論する 평론하다, 비평하다
	批评或议论			

25	寓言	yùyán	（名）	allegory, parable 寓言 우언, 우화
	用假想的故事来说明某种道理，从而达到教育或讽刺目的的文学样式			

26	格言	géyán	（名）	maxim, motto 格言 격언
	含有教育意义的固定语句			

27	精巧	jīngqiǎo	（形）	ingenious, exquisite 精巧である (기술, 용구 등이) 정교하다
	（技术、用具等）精细巧妙			

28	激励	jīlì	（动）	to encourage, to inspire 激励する 격려하다
	激发鼓励			

29	称道	chēngdào	（动）	commendation, praise 賞賛する 칭찬, 찬양
	称赞，赞扬			

30	情节	qíngjié	（名）	plot いきさつ 사건의 내용과 경위, 사정, 상황
	事情的变化和经过			

31	惦记	diànjì	（动）	to remember with concern, to keep thinking about

		心里老想着，放不下心		気にかける
				늘 생각하다，염려하다
32	喜新厌旧	xǐ xīn yàn jiù		to love the new and loathe the old (esp. with regards to love)
		喜欢新的，讨厌抛弃旧的（多指爱情不专一）		新しいものを喜び、古いものを嫌う
				새로운 것을 좋아하고，옛 것을 싫어하다；애정이 한결같지 않다
33	采访	cǎifǎng	（动）	to interview, to gather material
		调查访问		取材する
				탐방하다，취재하다，인터뷰하다
34	指望	zhǐwàng	（动）	to count on, to hope
		一心一意地期待、盼望		一心に期待する
				（한마음으로）기대하다，꼭 믿다
35	面世	miànshì	（动）	(of products works) to face the world, to appear on the market
		指产品、作品与世人见面		製品、作品が世に出る
				（작품，제품이）세상에 나타나다
36	俨然	yǎnrán	（副）	just like
		形容很像		まるで・・・そっくりである
				흡사 ..... 과 같다
37	焦点	jiāodiǎn	（名）	focal point, central issue
		比喻事情或道理引人注意的集中点		焦点
				（관심，사건 따위의）초점
38	评书	píngshū	（名）	story-telling (folk art form)
		曲艺的一种，多讲说长篇故事		大衆演芸の一種、日本の講談にあたる
				민간 문예의 한 가지로，장편의 이야기를 강설하는 것
39	牵挂	qiānguà	（动）	to worry, to care
		惦记，想念		心配する
				걱정하다；그리워하다
40	充实	chōngshí	（形）	abundant, filled
		丰富，充足		充実している
				충실하다，풍부하다
41	卓越	zhuóyuè	（形）	outstanding, remarkable
		非常优秀，超出一般		卓越している
				탁월하다
42	技巧	jìqiǎo	（名）	skill, technique
		表现在艺术、工艺、体育等方面的巧妙的技能		テクニック
				（예술，공예，체육 등의）기교，테크닉

43 从中　　cóngzhōng　　（副）　out of, from among
在某事或某些人之间　　　　　　　　中間に立って
（어떠한 일 또는 사람）중간에서, 가운데에서

课文

短信⑴文学大赛引争议　手机短信：文学零食⑵？正餐⑶？

陈熙涵、刘小军

"首届全球通短信文学大赛"刚结束不久，第二届短信文学大赛就已经开始征集⑷作品了，方方、李锐、迟子建、陈村、周国平、韩少功、蒋子丹等7位著名作家和哲学家应邀⑸担任评委⑹。面对蓬勃⑺兴起的"短信文学"，"全球通短信文学大赛"主办⑻方《天涯》杂志社主编⑼李少君甚至称：继"网络文学"之后，中国文坛⑽又诞生了新型文学样式——"短信文学"，而这种说法随即⑾引起了两种针锋相对⑿的声音：有人形容短信文学为"文学的零食"，就像随时吃一块糖，它是没有营养的，绝不可能取代正餐的地位；也有人提出如果依照纯文学标准来评价短信文学，自然包含着偏见⒀。

只是"文学的零食"

大赛评委之一、哲学家周国平说："我觉得社会上很多媒体给'短信文学'这个定义⒁，仅仅是从它的发表和传播方式来定义的，我认为就文学而言，它并不是一种新的文学样式。"他认为，如果说要作为文学，它必须符合文学的基本要求，而目前手机短信带有很大程度的快餐性质，几乎就是看完就扔。作品往往带有刺激、调侃⒂、幽默⒃、滑稽⒄、娱乐性的色彩，很多东西是文学之外的东西。大赛的另一评委、作家蒋子丹告诉记者，他也曾与作家韩少功探讨⒅过短信文学的性质，韩少功认为短信文学只能称为"文学的零食"，就像随时吃一块糖，它是没有营养的，绝不可能取代正餐的地位。

短未必就不是文学

相对于对"短信文学"的怀疑，也有人提出要以更宽容的心态⒆去**看待**⒇它，如首届大赛中的一个作品《扛(21)梯子(22)的人》：一个扛梯子的人，在大街上走来走去，他在寻找从哪里可以登(23)上青天。短信大赛的评委评论(24)说："寓言(25)式的生动，格言(26)式的精巧(27)，是超短文体可能的品质和优势之一。扛着梯子登天的图式虽然朴素无奇，但是其中含有深意，不失为有益的人生激励(28)。"作家莫言说："这些短小的优秀作品，短短的几十字就可以构成一部小说，很值得称道(29)，而有的则构成一首诗歌，很有意思。"事实上，一些人提出，我们今天的文学概念也不是从来就有的，而是一种历史演变。如果依照纯文学标准来评价所有的文学现象，自然包含着偏见。

一位读者在网上提出的观点颇具代表性："我以为'短信小说'是可以成立的，因为它具备了小说的一些基本因素，比如情节(30)、人物、场景、对话、细节等。然而，我不认为'短信文学'会有多大的出息。读者的新鲜劲也很快就会过去，花两个多月的时间惦记⁽³¹⁾着一篇4000多字的小说似乎太不经济，也不符合这个喜新厌旧⁽³²⁾已成为时尚的时代人们的兴趣特点。"

只是一种快餐文化

在采访⁽³³⁾中，也有读者表示，"短信文学"只能是一种快餐文化，在一定程度上丰富人们的精神生活，很难**指望**⁽³⁴⁾它带来小说艺术上多大的创新。但"短信文学"的出现，可以看作是文学平民化与日常化的一种推进。作家李锐说："文学不管是写在纸上，还是写在网上或手机上，这中间并无本质的差别。"作家陈村则表示，"目前而言，手机短信还不构成文学，毕竟空间太小。真正要创作，很多人还是喜欢在网络上，BBS上。因为要考虑到读者的问题，创作的人更多地希望作品能够面世⁽³⁵⁾，如果说仅仅局限于手机，空间实在太小了。"

记者点评：一个争议的话题

不管怎样，短信文学的出现俨然⁽³⁶⁾已经成为一个争议话题。短信文学是否能被称为文学则是争议的焦点⁽³⁷⁾。小时候听评书⁽³⁸⁾，每到情节紧张之处便突然中断，这种牵挂⁽³⁹⁾在娱乐活动很少的青春年代是一种乐趣。但现在忙忙碌碌的都市生活，让我们逐渐失去了牵挂的充实⁽⁴⁰⁾和幸福。如果说短信文学还能具有某种思想性意义的话，更多的人可能会希望作者能够将卓越⁽⁴¹⁾的写作技巧⁽⁴²⁾运用进来，给读者一种在匆忙的生活中依然能够**从中**体会到的有牵挂的幸福。

（全文字数：约1570字）

（节选自《文汇报》，有改动。）

注 释

① 相对于对"短信文学"的怀疑，也有人提出要以更宽容的心态去**看待**它……

[解释] 看待：动词"看待"的对象多是人的行为方式、人际关系或社会现象等抽象的事物，表达出某种态度。

[例句] ① 只要你善意地去看待父母的所作所为，你就可以享受快乐。
② 近年来，中国人开始用一种全新的眼光，看待自身、看待社会，也看待奥运会。

② 很难**指望**它带来小说艺术上多大的创新。

[解释] 指望：动词，表示一心一意地期待、盼望。多用在口语中，常做谓语，可以带宾语，

宾语可以是名词、动词短语或小句。

[例句] ① 在国外的时候，新书贵得要命，要买书只能指望旧书店了。
② 孩子上学了，我要他发奋读书，别指望靠父母的财产去过好日子。

③ 更多的人可能会希望作者能够将卓越的写作技巧运用进来，给读者一种在匆忙的生活中依然能够从中体会到的有牵挂的幸福。

[解释] 从中：副词，表示"从其中"的意思，常用于复句中的后一分句，说明后一分句中的动作以前一分句中的（或前面所提到的）动作或情况为条件，"中"指代前边所说的情况，"从中"在句中做状语。

[例句] ① 当时社会上一些无事可干、又略懂英语的人，便充当翻译和导游，从中索取报酬。
② 记者与一些曾见证当年历史的老人聊天，从中获取了许多有用的资料。
③ 这位中奖者获得了巨额奖金，使广大彩民从中看到了希望。

读报小知识

阅读报刊遇到生词怎么办

由于报刊文章的词汇量大、书面语较多，所以遇到生词是很正常的。当遇到生词时，要注意克服两种不好的阅读习惯：一是遇到生词就马上停下来查词典，二是对所有的生词都查词典。遇到生词，先可以用铅笔画出来，猜一下，继续读下去。等读完全文后，看是否已经知道一些生词的意思了，看这些生词是否有查的必要，重点查那些读完全文还不知道意思、并影响对文章内容理解的词语，且结合文章内容进行记忆。

练习

一 请在课外阅读中文报刊的最新文章，将其中你喜欢的一篇剪贴在你的笔记本上，然后写成摘要，并谈谈自己的看法

二 给下列动词搭配适当的词语

征集_____　　探讨_____

激励＿＿＿＿＿＿＿＿＿＿　　采访＿＿＿＿＿＿＿＿＿＿

牵挂＿＿＿＿＿＿＿＿＿＿　　指望＿＿＿＿＿＿＿＿＿＿

惦记＿＿＿＿＿＿＿＿＿＿　　主办＿＿＿＿＿＿＿＿＿＿

三 选词填空

| 激励 指望 征集 从中 喜新厌旧 针锋相对 面世 |

1. 如果你是一个＿＿＿＿＿的人，对于一个保守的传统企业而言，可能是经常批评公司及主管的叛逆分子，会令大家头痛不已。

2. 第一部展现中国第一代相声艺人人生经历的长篇小说《欢喜虫儿》近日＿＿＿＿＿。

3. 一个不把嘉宾和观众放在眼里的名嘴，你还＿＿＿＿＿他有什么人品和职业道德？

4. 赞美可以＿＿＿＿＿他人，发挥他们的潜能，实现他们的理想，可以建立他们的信心，并使他们成长。

5. 修建杨柳湖大坝有两种截然不同的观点，赞成的不仅坚持可以修，而且还建议立即上马；而反对的则＿＿＿＿＿，提出激烈的反对意见。

6. 这些候选人还将参加一场预备会，当场陈述自己的观点，评委＿＿＿＿＿选出正式陈述人，未入选者则作为旁听人参会。

7. 上海世博局有关人士介绍说，上海世博局已经做了大量前期基础性工作，包括开展世博会会徽＿＿＿＿＿、世博会标志保护等。

四 根据课文内容判断正误

1. 对"短信文学"的说法，有两种截然不同的看法。（　　）

2. 短信文学是从它的发表和传播方式定义的。（　　）

3. 短信小说虽然具备了小说的一些基本因素，但是因为字数太少，所以仍然不是文学。（　　）

4. 写在纸上和写在网上或手机上的文学，并没有差别。（　　）

五 请按正确的语序将下列句子组成完整的一段话

1. A. 很多东西是文学之外的东西

   B. 几乎就是看完就扔

   C. 如果说要作为文学，它必须符合文学的基本要求

   D. 作品往往带有刺激、调侃、幽默、滑稽、娱乐性的色彩

   E. 而目前手机短信带有很大程度的快餐性质

   正确的语序是：（　　）（　　）（　　）（　　）（　　）

2. A. 因为要考虑到读者的问题

   B. 如果说仅仅局限于手机，空间实在太小了

   C. 创作的人更多地希望作品能够面世

   D. 目前而言，手机短信还构不成文学，毕竟空间太小

   E. 真正要创作，很多人还是喜欢在网络上，BBS上

   正确的语序是：（　　）（　　）（　　）（　　）（　　）

六 根据课文内容选择最合适的答案

1. 对于"短信文学"，周国平认为_____。

   A. 不是一种文学　　　　　　　　B. 不是一种新的文学样式

   C. 是从它表达和传播方式来定义的　　D. 依照纯文学标准评价它的话，包含偏见

2. 韩少功认为短信文学_____。

   A. 只能算"文学的零食"　　　　B. 是有发展前途的

   C. 很有意义　　　　　　　　　　D. 很受欢迎

3. 短信文学的出现_____。

   A. 是平民化和日常化的一种推进　　B. 会给小说艺术带来创新

   C. 很经济　　　　　　　　　　　　D. 符合人们喜新厌旧的兴趣特点

4. 手机文学的出现已经成为一个争议的话题，争议的焦点是_____。

   A. 手机短信文学能否面世　　　　B. 手机文学是否能被称为文学

   C. 手机文学是否吸引读者　　　　D. 手机文学是否有思想性

七 完型填空

（一）

| 因为　　然而　　似乎　　颇　　比如　　也 |

一位读者在网上提出的观点__1__具代表性："我以为'短信小说'是可以成立的，__2__它具备了小说的一些基本因素，__3__情节、人物、场景、对话、细节等。__4__，我不认为'短信文学'会有多大的出息。读者的新鲜劲儿也很快就会过去，花两个多月的时间惦记着一篇4000多字的小说__5__太不经济，__6__不符合这个喜新厌旧已成为时尚的时代人们的兴趣特点。"

（二）

调查显示，__7__信息服务__8__，网络能够提供的功能性服务还需要__9__和加强，互动、个性化服务和产品不足是一个__10__的问题。伴随着互联网网民__11__增长，用户对互联网的使用程度和应用方式将会越来越深入和多样，互联网作为通讯、商务和娱乐工具的应用，将有更__12__的发展空间，而提供__13__互动、个性化的服务和产品，将是互联网产业未来发展的重中之重。

7. A. 以　　　　B. 继　　　　C. 除了　　　D. 将
8. A. 之外　　　B. 为主导　　C. 之后　　　D. 以后
9. A. 完备　　　B. 完善　　　C. 具备　　　D. 完全
10. A. 全面　　　B. 特别　　　C. 深刻　　　D. 显而易见
11. A. 继续　　　B. 渐渐　　　C. 持续　　　D. 开始
12. A. 广泛　　　B. 辽阔　　　C. 宽广　　　D. 广阔
13. A. 足够　　　B. 进一步　　C. 更加　　　D. 日益

八 用自己的话或原文中的关键句子概括下面一段话的主要内容

在采访中，也有读者表示，"短信文学"只能是一种快餐文化，在一定程度上丰富人们的精神生活，很难指望它带来小说艺术上多大的创新。但"短信文学"的出现，可以看作是文学平民化与日常化的一种推进。作家李锐说："文学不管是写在纸上，还是写在网上或手机上,这中间并无本质的差别。"作家陈村则表示,"目前而言,手机短信还不构成文学,毕竟空间太小。真正要创作,很多人还是喜欢在网络上,BBS上。因为要考虑到读者的问题,创作的人更多地希望作品能够面世,如果说仅仅局限于手机,空间实在太小了。"

九 请尽量用以下词语进行话题讨论

评论	喜新厌旧	看待	从中	探讨	惦记
面世	针锋相对	技巧	牵挂	激励	充实

1. 你是怎么看待短信文学的?你喜欢在手机上看文章吗?
2. 你喜欢发手机短信吗?你认为手机短信有哪些作用?

快速阅读

阅读一(字数:约1540字;阅读与答题的参考时间:10分钟)

手机,刷新我们的生活方式

以前,手机只是打电话、发短信的一种通信工具。如今,手机几乎无所不能:沟通、购物、理财、支付……它正在改变人们的消费习惯。以智能手机为基础的移动互联消费为我们提供了怎样的便利?有哪些功能有待改进?又有哪些风险需要防范?四位年轻人分别从出行、就餐、购物、理财等方面讲述了自己的新感受。

行——软件打车,不用站在风中苦等

肖建住在北京市朝阳区东五环,在国贸上班,平时上下班一般都坐地铁。实在太累,才偶尔"奢侈"一下坐出租:"打车进城得四五十元,太贵。"

可是,这些天肖建"爱"上了打车。原来肖建在手机里安上了"嘀嘀打车""快的打车"两款软件,在上周末同学聚会后派上了用场:在朝阳大悦城门口,肖建拿起手机,打开了打车软件的界面。定位后,他选择目的地——常营。刚点击确认,就有司机师傅打来电话询问他的确切位置,1分钟后车就到了。从朝阳大悦城到家,计价器显示35元,肖建通过手机微信支付,只花了20元,"真是又方便又划算"。

食——智能订餐，走到哪儿吃到哪儿

周六，陕西西安的李婧和姐姐一起在雁塔区的繁华商业区逛街。该吃晚饭了，李婧掏出手机，开启定位功能，轻划屏幕打开早已装好的美团网客户端，选择美食，附近的餐厅就都显示出来了：餐厅位置、客人评价、人均消费价格，顾客希望得到的信息，全都有。"特别是人均消费价格这个太好了！"李婧说，"以前进了餐厅发现价格太贵，在那儿吃很心疼，出去又很尴尬。现在就不用担心了！"

购——移动购物，想到啥就随手买啥

前天，湖北武汉一家 IT 公司的职员孙小丽下班时突然想到，家里宠物的粮食快吃完了。趁着等电梯的时间，孙小丽拿起手机，打开手机淘宝，选择常光顾的一款宠物商店，挑选了两袋猫粮，随后用手机支付宝完成付款。第二天傍晚，货就送到了。

孙小丽说，她平时非常容易忘事，以前用电脑网购常常在买东西的时候忘记要买什么，事后想起来又要开电脑，实在很麻烦。用手机购物，什么时候想起来，就打开手机，两三分钟搞定。现在网店的服务越来越周到，下单之后，可以随时查询物流信息，心里很踏实。

手机支付也更加安全、简单。以前，完成支付有很多限制，比如必须开通网银、只能使用 IE 浏览器、操作步骤过多等。如今，支付宝推出的快捷支付、工行推出的 e 支付，只要有银行卡信息、身份信息以及手机就行。当然，孙小丽觉得手机购物不如意的地方也不少，"最主要的是公共 Wi-Fi 的覆盖面不够，手机流量不够、网速慢"。有了 4G 网络，小孙认为收费太高，不经济，"如果公共 Wi-Fi 的覆盖面再广一些、网速再快一些、上网费再低一些，就更好了"。

财——网络理财，让你轻松以钱生钱

"我把父母给我的生活费存进余额宝，到目前为止已经有了 200 多元的收益啦！"去年上班的陈莉和父母一起住在广州，平时花销不大，半年多下来，手里已经有了两三万元的余钱。但小陈说，这些钱以前就在银行卡里闲置着，"一是对理财不太懂，银行理财产品看得我眼花缭乱，没有经验不敢买；二是觉得钱也不算多，说不定哪天就得花，存卡里灵活性强"。前不久，朋友向小陈推荐了余额宝：余额宝可以生钱，而且存取都方便，在支付宝上绑定银行卡就行。"我试着绑定了一个，把卡里的 2 万多元全转到了余额宝中。"

陈莉说，这段时间余额宝每万元一天的收益是 1.5 元左右，一两元钱不算多，但几个月积累起来就是个"大数目"。用余额宝理财，不仅"收入看得见"，而且还可以随时转账，不需要手续费，"以钱生钱"就这么简单。

现在，互联网理财产品越来越多，除了余额宝之外，微信的理财通也在陈莉的考虑中。打开微信，点击"我"，轻点"我的银行卡"，就能找到"理财通"，然后绑定银行卡，就能往"理财通"里转账了。她发现，余额宝和理财通产品收益率差不多，但有各自鲜明的特点：比如，余额宝可以直接用来支付，而理财通不能，但理财通是实名卡对接，安全性相对比较强。

（选自《人民日报》，有改动）

回答问题

1. 肖建最近为什么"爱"上了打车？
2. 李婧是怎样用手机选择餐厅的？
3. 手机购物有什么有特点？
4. 用余额宝理财有什么样的优势？
5. 根据文章，手机从哪些方面改变着人们的生活？

阅读二（字数：约 1560 字；阅读与答题的参考时间：10 分钟）

被手机"绑架"的"低头族"

这个每天陪伴我们 16 个小时的手机，正成为人们一个新的"感官"，不管主动使用还是被动被其召唤，越来越多的人通过这个小玩意儿来感知世界和被世界感知。

十年前，一部名叫《手机》的电影红遍大江南北。那时，手机逐步取代固定电话，改变了人与人之间的沟通方式，也引发了当时人们所忧虑的一系列社会问题。十年之后，智能手机逐渐普及，在掀起新一轮技术革新的同时，手机的功能也不再局限于沟通，而是在一定程度上取代了台式电脑，成为人们的首选上网工具，还能兼具各种娱乐功能。拿起手机，随时随地都可以浸泡在网络之中，"低头族"兴起的背后，是人们对于互联网的过度依赖。

技术的进步本无可厚非，但很多人把用来拉近人与人之间的距离的技术，变成了彼此隔离的封闭工具。"低头族"正在成为一种日渐严峻的社会病，加剧人与人的沟通障碍，导致人情淡漠、亲情疏离、思考退化、认知浅薄。我们生存的这个世界，不是虚拟的。我们身边每一个默默关注你的人，也不只是通讯录里的一个简单的号码，夸张的头像。

随着"低头族"规模迅速壮大，手机如同"第三者"，与人们争夺着友情、亲情与爱情。据媒体报道，青岛某家庭聚餐，儿孙全在玩手机，受到冷落的老人一怒之下摔盘离席；一男子新婚夜忙刷微博，妻子愤而闹离婚；而据广州海珠区法院的统计，"90 后"的离婚理由中，"爱玩手机"竟然位列第二位……

"原本难得一聚，结果人人埋头摆弄手机，看微博，发微信，与其说是朋友聚会，不如说是'手机开会'"。这两天，在参加过一次朋友聚会后，赵小姐极为不爽："大家到底是在玩手机，还是'被手机玩'？"这成了一个问题。

公交车上打游戏，等电梯时刷微博，闲暇时间看视频……如今，很多人不知不觉间就成了"低头族"。然而，移动互联网在随时随地带给人们快乐与便利的同时，也带来了不小的隐忧，如不加重视与防范，这些问题还可能愈演愈烈。"上网、游戏、聊天、购物……除了洗澡，我手机从不离身，连吃饭的时候都得看上几眼，它就像一个人造器官，已经长在我身上，无法割舍。"26 岁的蒋小姐笑称，她对手机的依赖，胜过闺蜜与男友。

"低头族"源自英文单词"Phubbing"，这个新生单词，由 phone（手机）与 snub（冷落）组合而成，大意是因玩手机而冷落了周围人的行为。如今，这种行为，正给国人的现实生活带来普遍的痛——"世上最遥远的距离，莫过于我们坐一起，你在玩手机"——这句流行于网络的话，形象地揭示出手机给人们相聚时带来的无语和隔膜。从某种角度说，由于习惯了低头与手机交流，一些人已变得不善于面对面与他人相处。

许多"低头族"机不离手的理由之一,是手机可以节省时间成本:"现在生活节奏快、工作压力大,人们可以自由支配的整块时间越来越少,但等车、赶路等'碎片化'时间却越来越多,手机可以随时随地让这些零散时间得以最大化利用。"

不过,正如作家刘震云在剧本《手机》中所说,"手机好像有生命,它对使用手机的人产生一种控制"。一旦染上"指尖上的毒瘾",手机常常反客为主,不仅霸占生活的边角缝隙,还开始切割人们相对整块的时间,甚至让沉迷者迷失人生方向。

资深"低头族"吴先生向记者坦承,目前他的生活已彻底被手机绑架:"无论平日上班还是周末在家,每隔一会儿,就必须看看手机有没有新信息,否则便隐隐不安;无论上电影院看场电影,还是难得外出旅游一趟,都得一会儿一发微博,及时与朋友们分享。""上班看电脑,闲暇玩手机",一些"低头族"戏称,自己"整个人生就是从一块屏幕切换到另一块屏幕"。

值得庆幸的是,在我国,越来越多的人开始意识到不当使用手机所带来的危害。2013年7月,武昌理工学院的51名大学生开展了7天"无网无手机"的生活体验活动。发起人说:"我们无法完全拒绝网络,但是可以改变依赖网络的坏习惯。"还有网友建议:"每月都设立一个无机日,这一天,我们专心陪家人,做自己喜欢的事,坚决不碰手机。"

(选自《工人日报》,有改动)

回答问题

1. "低头族"的兴起带来了怎样的社会问题?
2. 为什么越来越多的人对手机产生了依赖?
3. 刘震云为什么称手机为"指尖上的毒瘾"?
4. 对于手机带来的问题和危害,文中提到了怎样的解决办法?

阅读三(字数:约1510字;阅读与答题的参考时间:8分钟)

指尖上的购物革命:无网购不生活

"互联网、电子商务已经改变了我们的生活习惯和消费习惯,这是一个大势。"商务部电子商务和信息化司副司长聂林海的这个表述,概括了已有近20年历史的电子商务发展的现状和趋势。在网购大潮的影响下,在电商企业的引导与刺激下,人们的消费习惯已发生巨变。而这些新的、分众化的消费习惯,也在促使电商不断探索,在大数据等技术支持之下,分析、预测人们的习惯,并以此为据谋划未来。

山东潍坊的林学,最近装修了他的新房子。在整个过程中,他从淘宝上找人设计,从淘宝上买材料,唯一要在线下完成的就是请人前来施工,他觉得自己在"享受装修家的过程"。据统计,和他一样借助淘宝来装修的人,仅2003年至2013年间,就有2065万。

而在20年前,北京知名媒体人高严在装修家里时,一次次地开车到建材市场,有时因为材料尺寸不对,还需要来回跑。他记得那时候自己"累得够呛",直到现在,一想起装修房子就觉得累。

这20年，正是中国电子商务从起步到逐渐成熟的20年。自1995年起步至今，中国电子商务占据了经济生活中越来越重要位置，同时，在业内人士看来，电子商务，尤其是网购也大幅度改变了人们的消费习惯。

人们的消费习惯从挑东西开始就变了。除了是在网上挑东西外，许多人早已养成了买东西前看评价、看卖家信用的习惯，而这也让卖家把信用值看得格外重要。

在山东青岛经营一家网店的鲁盛告诉记者，他的店如今有着"双皇冠"信誉，这是大家愿意来买东西的重要原因，而高于同行平均打分的商品描述、服务态度和发货速度，也让许多人愿意在他的店里下单。"以前卖东西靠卖家一张嘴，现在人家直接看你信誉就行了。"

"以前买东西，信息是不对称的，价格也经常虚高，但是互联网解决了这个问题"，互联网实验室创始人方兴东出生于浙江义乌，他告诉记者，从义乌批发到全国各地市场的日用品，到消费者手里基本就涨价5到10倍，而电商则既方便又物美价廉，自然吸引了消费者。

随着电商的发展，人们对于物流的要求也越来越挑剔。在聂林海看来，"物流智慧化"正成为大势所趋，买家、卖家都可以监控物流处在什么状态，并考虑降低物流成本。

在中关村工作的李川，在微信里关注了顺丰快递等公共账号，只需输入单号，就可以随时获知快递在何时到了何地，甚至会显示快递员的姓名和电话。李川对记者承认，几年网购下来，"希望能精准控制拿货的时间与流程"。

最重要的习惯改变是，人们的购物选择从线下逐渐转向了网上。据商务部电子商务司副司长张佩东介绍，2013年中国电子商务总交易额已经超过10万亿元，其中网络销售交易额约1.85万亿元。据分析，目前我国已成为世界上最大的网络零售市场。商务部在《促进电子商务应用的实施意见》中表示，到2015年，要使电子商务交易额超过18万亿元，使得网络零售交易额相当于社会消费品零售总额的10%以上。人们还在逐渐地习惯在移动设备上购物。据艾瑞咨询发布的报告显示，2013年中国移动网络购物交易额达1696.3亿元，增长168.6%，这一速度远超过网购的整体增速。

尽管电商经常被网络调侃为"万能的"，小到一根针，大到一个房子都有购买途径，但面对线下消费仍占大头的现状，电商们早已跃跃欲试。对于O2O（线上到线下）模式的追求，正是电商们试图改变消费者习惯的又一步棋。

3月17日，京东宣布与国内10家连锁便利店展开O2O合作，在北上广等10个城市的11000家店，打通双方的仓储、供应链和配送能力。按照计划，未来人们在这些便利店购物，京东的配送队伍最快将15分钟送达，这意味着，就连到身边的便利店购物也变得多余，人们也许很快会习惯于"足不出户"。

"了解消费者的习惯、偏好和行为特征后，可以更有针对性，为他们提供更好的服务。"方兴东表示，"电商企业应该明白，互联网最大的优势是最终改变了信息不对称的现状。"

（选自《人民日报·海外版》，有改动）

判断正误

1. 电子商务的发展影响着人们的生活，而人们的生活方式也在影响电子商务的发展。（　）
2. 近20年，越来越多的人选择借助淘宝装修房子。（　）
3. 人们消费习惯的改变是从挑选商品开始的。（　）

4. 很多人愿意在鲁盛的网店购物，最重要的原因是他的网店信誉很高。（　）
5. 网店的卖家和买家对于即时掌握物流的情况非常重视。（　）
6. 近年来网购发展非常迅速，并且已经发展成为人们购物最重要的渠道。（　）
7. 京东与便利店的合作将很快取代实体便利店的地位和作用。（　）
8. 信息不对称是互联网最大的优势，但这也是最需要改变的。（　）

第九课　一个高中女生眼里的中美教育差异

背景知识

在中美教育差异中，最明显的还是教育观、知识观的差异。中美两国的教育有着极为不同的传统，中国的教育注重对知识的积累和灌输，注重培养学生对知识和权威的尊重，注重对知识的掌握和继承，以及知识体系的构建。相比较，美国则更注重培养学生运用知识的实际能力，注重培养学生对知识和权威的质疑、批判精神，注重对知识的拓展和创造。美国的教育注重广而博，中国的教育注重窄而深；美国的教育注意培养学生的自信、自主、自立精神，中国的教育注意培养学生的严格、严密、严谨精神。从发展创新能力的角度来看，中国的学生容易偏于自我约束、自我控制，以及因害怕出错而习惯于固守规范。

词语表

1. 差异　　chāyì　　（名）　　difference
   差别，不相同的地方
   相違
   차이

2. 少女　　shàonǚ　　（名）　　young unmarried girl
   未婚的少年女子
   少女
   소녀

3. 盼　　pàn　　（动）　　to hope, to expect
   期望
   待ち望む
   바라다，희망하다

4. 元旦　　yuándàn　　（名）　　New Year's Day
   新年的第一天
   元旦
   원단，(양력) 설날

5. 心头　　xīntóu　　（名）　　mind, heart
   心上，心里
   心の中
   마음속，마음

| 6 | 截然 | jiérán | （副） | sharply, completely |

表示界限非常分明

区別がはっきりとしている様

경계가 분명한, 절연하게, 뚜렷이

| 7 | 天文 | tiānwén | （名） | astronomy |

日月星辰等天体在宇宙间分布、运行等现象

天文

천문

| 8 | 高考 | gāokǎo | （名） | college entrance examination |

高等学校招收新生的考试

大学入試

대학 입학 시험

| 9 | 封闭 | fēngbì | （动） | to seal off, to close |

盖住或关闭，使处于隔绝状态

密封する

밀봉하다, 봉하다；봉쇄하다, 폐쇄하다

| 10 | 挤 | jǐ | （动） | to squeeze |

用压力使从孔隙中出来。本文指想方设法拿出（时间）

絞り出す

짜(내)다

| 11 | 唯一 | wéiyī | （形） | only, sole |

只有一个，独一无二

唯一の

유일한, 하나밖에 없는

| 12 | 固定 | gùdìng | （形） | fixed, regular |

不变动或不移动的（跟"流动"相对）

固定の

고정된, 일정한

| 13 | 解题 | jiě tí | | to answer a problem, to complete an exercise |

演算或解答练习题、试题

回答する

해제하다, 문제를 풀다

| 14 | 互动 | hùdòng | （动） | interactive |

互相作用，互相影响

お互いに影響し合う

상호 작용하다；서로 영향을 주다

| 15 | 单元 | dānyuán | （名） | unit |

整体中一个相对独立的部分

単元

단원 (전체에서 상대적으로 독립된 부분)

| 16 | 演讲 | yǎnjiǎng | （动） | to make a speech, to give a talk |

演说，讲演

演説する

연설하다, 강연하다

| 17 | 幻灯片 | huàndēngpiàn | （名） | slides (of slide projector) |

印有图像或文字，供幻灯机放映时使用的透明胶片

スライドフィルム

슬라이드 필름

18	头头是道	tóutóu shì dào		clear and logical
	形容说话或做事很有条理			一つ一つに筋道が通っている
				말이나 행동이 하나하나 사리에 들어맞다

19	发怵	fāchù	（动）	to feel timid, to be afraid
	害怕，胆怯			気後れする
				겁을 내다, 두려워하다

20	交谈	jiāotán	（动）	to converse
	互相接触谈话			言葉を交わす
				이야기하다, 이야기를 나누다

21	成形	chéng xíng		to take shape, to form
	自然生长或加工后具有某种形状			成形する
				형체를 이루다

22	思路	sīlù	（名）	train of thought
	思考的线索			考えの筋道
				생각의 갈피, 사고의 맥락

23	恰当	qiàdàng	（形）	proper, fitting
	合适，妥当			適当である
				알맞다, 적절하다, 적당하다

24	快速	kuàisù	（形）	fast, high-speed
	速度快的			快速である
				쾌속의, 속도가 빠른

25	投入	tóurù	（动）	to throw (oneself) into, join in
	进入某种环境，参加进去			投入する
				뛰어들다, 참가하다; 투입하다, 넣다

26	自在	zìzài	（形）	free and unrestrained
	自由，不受拘束			自由自在である
				자유롭다

27	毕竟	bìjìng	（副）	after all, all in all
	表示追根究底所得的结论，强调事实或原因			結局　つまり
				드디어, 필경, 결국（사실 또는 원인을 강조함）

28	分量	fènliàng	（名）	weight
	重量。本文指比例			重さ
				분량, 무게

29	等级	děngjí	（名）	grade, rank
	按质量、程度、地位等的差异而作出的区别			等級
				등급

30	排队	pái duì		to line up
	一个接一个顺次排列成行			列を作る
				정렬하다

31	领略	lǐnglüè	（动）	to understand, to comprehend
	领会；感受			分かる
				이해하다, 깨닫다, 감지하다, 음미하다

32	残酷	cánkù	（形）	intense and brutal
	激烈而艰苦			残酷である
				참혹하다, 비참하다

33	悬念	xuánniàn	（名）	suspense
	想要知道却又无法知道的期待和紧张的心情			懸念
				걱정, 염려

34	两极	liǎngjí	（名）	two extremes or oppositions
	比喻两个极端或两个对立面			両極
				양 극단, 상반되는 두 단체 또는 경향

35	分化	fēnhuà	（动）	to split up; become divided
	原为一体的事物分裂后向不同的方向发展			分裂する
				분화하다, 갈라지다

36	严	yán	（形）	strict; stern
	严厉；严格			厳しい
				엄하다, 엄격하다

37	烦恼	fánnǎo	（形）	worried, upset
	烦闷苦恼			悩み煩うこと
				번뇌하다, 마음을 졸이다, 걱정하다

38	附属	fùshǔ	（形）	affiliated, attached
	某个机构所附设或管辖的（学校、医院等）			・・・に属する
				부속하다, 예속되다, 종속되다

39	扎实	zhāshi	（形）	strong, solid
	（工作，学问等）实在，踏实			着実である
				（일, 학문 따위의 기초가）견고하다, 견실하다

课文　一个高中女生眼里的中美教育差异 (1)

樊未晨

　　张弛是一个15岁的北京少女 (2)，今年上高一。与其他同龄人不同，张弛先在北京读完了小学，初一时，由于爸爸工作的关系到了美国，在美国完成了初中3年的学习后又随爸爸回到北京读高中。

终于盼⁽³⁾到元旦⁽⁴⁾放假，紧张了4个月的张弛终于松了一口气。

在美国每天下午2:45上完课　在中国3个星期才休息一次

在张弛的心头⁽⁵⁾，中国和美国的教育截然⁽⁶⁾不同，这种差异可以从两国学生一天的时间表上看出来。

在美国，张弛每天早上7:45开始上课，下午2:45放学。放学后，大部分学生还会留在学校里，参加各种小组：天文⁽⁷⁾、篮球……大概4:30，校车会准时把学生拉回家。"回家后，当然也要花1个多小时完成家庭作业"，但是作业很好完成。

在中国，张弛可没有这么轻松了。

由于要回国参加高考⁽⁸⁾，张弛被送到了一所北京附近河北境内的"高考能校"（封闭⁽⁹⁾学习，高考升学率非常高的学校）。学校为了保证学生能在高考中考出好成绩，规定3个星期回家一次。

平时，张弛每天要6:00起床，6:45就要上早自习，一天上12节课，所有课结束的时候已经是晚上10:30了。一天下来，一点儿玩儿的时间都没有，在美国每天都在坚持的画画现在也挤⁽¹⁰⁾不出时间了。这样的生活，张弛唯一⁽¹¹⁾的感觉就是：累。

在美国每个同学都像个"人物"
在中国每个同学都被训练出了固定⁽¹²⁾的解题⁽¹³⁾模式

张弛介绍，在美国，老师最重视的是学生在课堂上的实际参与，每节课由学生来参与的时间通常都要超过一半。除了课堂互动⁽¹⁴⁾外，每门课程经过一个小单元⁽¹⁵⁾后，都会要求同学进行演讲⁽¹⁶⁾。每个同学都要自己动手准备一份电子幻灯片⁽¹⁷⁾，用3～5分钟在所有同学面前讲出自己的观点。

"我现在也不知道美国的这种教育到底能教会我们什么，但是我觉得，我身边的同学个个都是'人物'，对什么事情都能头头是道⁽¹⁸⁾地说上两句，而且很自信，对什么事情都不发怵⁽¹⁹⁾。"

虽然这是张弛对她的美国同学的评价，但是在与她的交谈⁽²⁰⁾中，记者也能感觉到她身上的自信。

在张弛眼中，中国的课堂不太有意思，学生参与的机会少了很多。"中国学生的头脑中似乎已经形成了一套成形⁽²¹⁾的解题思路⁽²²⁾。"这是最让张弛羡慕的，每当老师布置了题目，几乎所有同学都能在很短的时间想到"最恰当⁽²³⁾"的解题思路，并快速⁽²⁴⁾地投入⁽²⁵⁾计算，而自己脑中却还"一片空白"。

在美国考试后很轻松　在中国考试后不自在⁽²⁶⁾

"考试前大家也复习，但没那么紧张，毕竟⁽²⁷⁾考试成绩只占20%的分量⁽²⁸⁾。"张弛说。考试成绩出来后，大家的成绩分为A、B、C、D、E 5个等级⁽²⁹⁾，大家重视的是自己成绩的等级，而不会关心自己比别人是多了1分还是少了1分，当然也不会有按成绩排队⁽³⁰⁾这样的事情。每个人考完试后都觉得很轻松。

回国以后，学习对于张弛来说不再快乐。身边的同学们是在为每1分奋斗。她已经**领略**(31)到了考试的残酷(32)，虽然张弛的英语毫无悬念(33)地考了第一名，但是"数学和化学考得挺糟糕的，在70个人的班里排在40多名"。考试成绩和排名让张弛明显感到了自己的不足和差距，也让充满自信的她感到了不自在。

美国教育"很素质"但容易出现两极(34)分化(35)
中国教育"太严(36)了"但掌握了很多知识

美国这种"很素质"的教育，确实让张弛感到了学习的快乐，但是也让她感到了烦恼(36)。张弛的小学是在北京一所著名高校的附属(38)小学上的，当时她的学习成绩非常好，刚到美国时她的学习成绩也不错，尤其是数学，但是时间长了，成绩慢慢下来了。

"美国的教育太开放了，管得太松了。"张弛介绍，大部分学生在这种"没压力"的情况下，学习不努力，很多人放学后根本不写作业，这使得"美国教育的两极分化非常明显"。

在张弛眼中，中国的教育"太严了"，学生只有努力学习才能考出好成绩、考上好学校，有时甚至觉得学生是"在为考试而学习"，但是，与美国相比，中国的学校确实教会了学生很多知识，而且这些知识掌握得相当扎实(39)。

这次从美国回来，张弛特别要求父母给自己选择一所"严"的学校，"我在美国落下的功课太多了，在这种'严'的学校才能多学点儿。"张弛说。

（全文字数：约1620字）

（节选自《中国青年报》，有改动。）

注 释

1. 在张弛的心头，中国和美国的教育截然不同，这种**差异**可以从两国学生一天的时间表上看出来。

    [解释] 差异：名词，表示事物之间互有差距和区别，并不整齐一致，强调具有相同属性事物之间的不同点。

    [例词] 性别差异 / 人口密度差异 / 气候差异

    [例句] ① 经济差异是导致城乡老年人精神状况有所区别的重要原因。
    ② 在很多家庭，婆媳矛盾或两代人的性格差异使老人被迫和子女分别居住，这在客观上影响了老人的精神愉悦。

② 考试前大家也复习，但没那么紧张，**毕竟**考试成绩只占20%的分量。

[解释] 毕竟：副词，只用于非疑问句，起加强语气的作用。

[例句] ① 综合能力强的同学还是可以早日进入社会，增加社会经验，因为考研毕竟不是成功的唯一出路。
② 人的精力毕竟有限，兼职者必然要在主业和兼职中选择一个重点发展。

③ 她已经**领略**到了考试的残酷……

[解释] 领略：着重在体验、经历、尝试。使用范围较宽，对象可以是较具体的事物（如"风景、滋味"等），也可以是较抽象的事物（如"感情"等）。

[例词] 领略风光／领略优美风景／领略乐趣／领略人生价值／领略滋味

[例句] ① 他的眼睛看着前方，透过薄薄的暮气看着河对岸整齐的田地，领略夜晚的宁静。
② 没有创造性的劳动，就难以领略人生的真正价值。

读报小知识

如何扩大报刊阅读的词汇量

报刊文章具有话题集中的特点，即报刊文章往往围绕某一个话题来传达相关信息，且话题的范围与种类常在标题上得到明确体现，具体文章中的词汇也具有表达相应话题的特点。我们可以根据某一个话题来记忆报刊生词，将不断出现的一些生词分类到不同的话题词汇库中，并在一定的时间内多看一些同一话题或相关话题的报刊文章，这样能够多次看到表达同一话题而出现在不同文章中的报刊词汇。

练习

一 请在课外阅读中文报刊的最新文章，将其中你喜欢的一篇剪贴在你的笔记本上，然后写成摘要，并谈谈自己的看法

二 给下列动词搭配适当的词语

盼_____　　　　投入_____

挤_____　　　　领略_____

封闭_____　　　　附属_____

进行_____　　　　掌握_____

三 选词填空

| 互动　　领略　　挤　　分化　　投入 |

1. 就在几年前，高考曾被形象地比作"千军万马_____独木桥"，有幸通过这座桥的人被称为"天之骄子"，举行高考的月份叫作"黑色七月"。

2. 世博会运用高科技手段令观众与虚拟情节_____，展现环保主题的展馆最有人气。

3. 从1998年至今，国家累计安排国债资金约240亿元，支持教育事业加快发展，中国教育经费_____持续增长。

4. 人们利用仪式、服装来区分人的高下尊贵。正是由于这样的发展，人类社会才开始_____，有了彼此之分。

5. 你一踏进吉林就会有深刻感受，在吉林西部草原上豪爽朴实的蒙古族人能骑善射，会让你_____到马背民族的风情。

四 根据课文内容判断正误

1. 初一的时候张弛的爸爸把她一个人送到美国学习。（　　）

2. 美国的学生对什么事情都能头头是道地说上两句，很自信。（　　）

3. 张弛回国后感觉很累，学习对于她来说已经不再是快乐的事情。（　　）

4. 美国的教育让张弛感到很快乐，所以她更喜欢美国的教育方式。（　　）

五 请按正确的语序将下列句子组成完整的一段话

1. A. 几乎所有的同学都能在很短的时间想到"最恰当"的解题思路

   B. 而自己脑中却还"一片空白"

   C. 并快速地投入计算

D. 每当老师布置了题目

正确的语序是：（　　　）（　　　）（　　　）（　　　）

2. A. 考试成绩出来以后

B. 当然也不会有按成绩排队这样的事情

C. 大家的成绩分为 A、B、C、D、E 5 个等级

D. 而不会关心自己比别人是多了 1 分还是少了 1 分

E. 大家重视的是自己成绩的等级

正确的语序是：（　　　）（　　　）（　　　）（　　　）（　　　）

六 根据课文内容选择最合适的答案

1. 张弛选择"高考能校"是因为_____。

    A. 要参加中国的高考

    B. 在美国没有很多的时间学习

    C. 她不适应美国的教育

    D. 这所学校重视素质教育

2. 在美国，老师重视的是_____。

    A. 学生的学习成绩　　　　B. 学生自己的观点

    C. 学生在课堂上的实际参与　　D. 学生的演讲才能

3. 关于中美两国学生的差异，说法正确的是_____。

    A. 两国的学生对事物都有一套自己的看法

    B. 中国学生往往很自信

    C. 在美国，学生不重视考试成绩

    D. 美国的学校不按考试成绩排序

4. 有关美国教育的叙述，说法错误的是_____。

    A. 它是开放的，管得很松

    B. 学生太自由了，不爱学习

    C. 考试成绩只占 20%

    D. 容易产生两极分化

七 完型填空

（一）

与……相比　　甚至　　确实　　但是　　只有……才能　　在……眼中　　而且

___1___张弛___1___中国的教育"太严了"，学生___2___努力学习___2___考出好成绩、考上好学校，有时___3___觉得学生是"在为考试而学习"，___4___，___5___美国___5___，中国的学校___6___教会了学生很多知识，___7___这些知识掌握得相当扎实。

（二）

童童是一个很典型的隔代教养下长大的孩子，她出生不到两个月就被送到了爷爷奶奶家，___8___该上幼儿园了，才被爸爸妈妈接回家住。"在家里，这孩子特别___9___，喜欢和大人对着做一些事情。比如大人越批评她，她___10___会越得意，___11___甚至很夸张地继续她的坏习惯；如果___12___她，她___13___很安静，但也没有什么高兴的表情。"童童妈妈___14___爷爷奶奶对童童娇生惯养，使孩子养成了不少坏习气，懒惰、任性、耍小聪明……

8. A. 直到　　　B. 只有　　　C. 一旦　　　D. 如果
9. A. 背叛　　　B. 叛逆　　　C. 截然不同　D. 与众不同
10. A. 更　　　　B. 相反　　　C. 反倒　　　D. 出人意料
11. A. 特别　　　B. 特意　　　C. 故意　　　D. 精心
12. A. 吓唬　　　B. 欣赏　　　C. 安慰　　　D. 表扬
13. A. 但　　　　B. 便　　　　C. 因此　　　D. 而且
14. A. 怨恨　　　B. 埋怨　　　C. 哭诉　　　D. 憎恨

八 用自己的话或原文中的关键句子概括下面一段话的主要内容

回国以后，学习对于张弛来说不再快乐。身边的同学们是在为每1分奋斗。她已经领略到了考试的残酷，虽然张弛的英语毫无悬念地考了第一名，但是"数学和化学考得挺糟糕的，在70个人的班里排在40多名"。考试成绩和排名让张弛明显感到了自己的不足和差距，也让充满自信的她感到了不自在。

九 请尽量用以下词语进行话题讨论

差异	分化	毕竟	挤	领略	互动
投入	进行	封闭	盼	掌握	差别

1. 文中讲到的中美两国教育方式，你更喜欢哪一种？为什么？
2. 你认为什么是良好的教育方式？

快速阅读

阅读一（字数：约880字；阅读与答题的参考时间：5分钟）

吃泡面入名校，中美教育不是"统一牌"

近日，微博上一张录取通知书截图这样写着"在得知你对拉面的狂热以后，辅导员推荐了你，委员会和我都确信你会坚持到底，并且能作为罗切斯特的一员成长得更加强大"。太不可思议了！爱吃泡面能被美国名校录取，福州一中一名高三男生真的做到了。(4月2日《东南快报》)

大千世界，无奇不有。吃泡面都能被美国名校录取，或许让很多人觉得惊奇，但是一细想，中外教育向来都不是统一的，录取的决定取向也不同。中美两国具有不同的文化背景、不同的价值取向和国情，这就决定着中美两国的教育观念、教育模式和方法必然存在着较大的差异。

在入学申请书的特长、爱好一栏填写"爱吃泡面，吃遍各国泡面"，让审核者看到了这名中国学生并不是"小皇帝"，有想象力和动手能力，敢于尝试，而且具有美国式的幽默，我想这或许是他被录取的根本原因吧。而在中国，"高考分、是命根"，不管你想象力有多好，动手能力有多强大，你的高考分数不够是根本进不了名校的。

当然并不是说美国大学录取不看分数，"由于我们更强调自主独立的精神，所以我们不同于其他的大学院校，委员会和我审核你的申请不仅仅是因为你的成绩和分数。"从通知书中不难看出，美国录取学生也是以成绩和分数作为基础的，但是他们更侧重于学生的综合能力。

没有想象力，缺乏主见和创造，这就是应试教育的最大弊端之一。中国的基础教育在国际上可称得上是最棒的，这一点从国际中小学奥赛上就能得知。但是为什么中国本土至今没有一个诺贝尔奖得主呢？为什么杨振宁、李政道是在国外的环境中取得如此成就的呢？原因之一就在于我们的教育体制。

纵观中西方教育的种种差异，我们应该对中国的教育有一个更清醒的认识，我们的教育确实存在着诸多不如意的地方。当然美国教育也不是十全十美，他们的也同样存在许多弊端。

如何把中美教育的优点结合起来，创造出一种更能适应当今世界发展需要的教育体制，这或许是留给教育主管部门的一个思考吧。

"爱吃泡面"被美国名校录取，仅是个例，不能为了上美国名校都去效仿。笔者认为，对于那些渴望上美国名校的孩子来说，在注重基础教育学习的同时，也要充分锻炼自己的综合能力。

（节选自荆楚网，略有改动）

选择题

1. 中美两国的教育观念、教育模式和方法存在着较大的差异是由（ ）决定的。
   A. 中美两国不同的教育体制
   B. 中美两国不同的基础教育
   C. 中美两国不同的文化背景、不同的价值取向和国情
   D. 中美两国不同的考试制度

2. 在中国进名校的关键是要看（ ）。
   A. 高考分数
   B. 想象力和创造力
   C. 独立生活的能力
   D. 生活态度

3. 他"爱吃泡面，吃遍各国泡面"，最终被美国大学录取，可能是审核者看到了（ ）。
   A. 他爱好特别
   B. 他有想象力和动手能力，敢于尝试，而且具有美国式的幽默
   C. 他个性鲜明
   D. 他有自己独特的想法

阅读二（字数：约1070字；阅读与答题的参考时间：9分钟）

小贝家王子餐厅打零工
——看中外教育之差异

虽然生下来就已经拥有用不尽的财富，贝克汉姆的儿子也得出去打零工！15岁的大儿子布鲁克林在伦敦的一家咖啡店找到了一份周末临时工作，干端咖啡端盘子各种杂活。这类工作的最低薪水大约是每小时2.68英镑（约合人民币20多元）。不过，贝克汉姆和辣妹都鼓励布鲁克林去坚持打这份工，他们希望教给儿子"钱的价值"，并让儿子体验什么叫"辛勤工作"。

新华儿女移民（微博）专家表示，中国的孩子在上大学之前，几乎将全部精力都放在学习和各种培训班、补习班上，基本没有打工的想法。大学之后，大部分孩子也会视家庭经济能力选择打不打工。中外对于"孩子打工"的观点以及做法，可窥得中外家庭教育之不同。

那么，中外家庭教育有哪些不同呢？

1. 孩子谁来带

欧洲父母一般都自己带孩子，不要老人或保姆带孩子。他们觉得教育子女是自己的责任，即使吃点苦受点累应该自己来做，而老人一般也不愿给子女带孩子。中国孩子主要是老人或保姆带。当然这也跟中国国情有关，年轻一代的父母因为工作繁忙无法兼顾，有时间家长也愿意自己带孩子。

2. 尊重孩子的程度

欧洲父母一般很尊重孩子，把孩子当成与自己平等的人，凡事尽量尊重孩子的意见和选择，让孩子参与；中国父母更多的是当孩子只是孩子，孩子的事常由父母决定。

3. 教育孩子的方式

欧洲父母遇事更多的是让孩子自己思考、决定怎么做，用启发式教育；而中国父母的普遍做法则是自己告诉孩子该怎么做，直接给出答案。

4. 家务事

欧洲孩子从小不仅自己的事自己做，帮着做份内的家务活，而且从小就要学着"打工"，如代别人看孩子、打扫卫生、卖报纸等；中国孩子不仅很少参与社会劳动，分内的家务活也做得很少，很多孩子年龄很大了，洗内衣之类的事仍然要父母包办。

5. 零花钱

欧洲孩子主要是自己打零工或者做家务赚取零花钱；中国孩子的零花钱主要是家长给。

6. 财富观

欧洲的父母不认为钱都必须留给孩子，所以欧洲小孩从小就自己努力，等继承了父辈祖业，也会如此传承，几代过去，就成就百年企业；而中国富人小孩，从小就被娇惯坏了。

7. 学习成绩的关注程度

欧洲父母之间谈孩子的学业不多，而体育、课外活动，学科中遇到的趣闻却是孩子妈妈之间言谈的主题；中国父母之间总以子女的学习成绩为荣耀。

8. 对孩子的期望值

欧洲父母对孩子的期望一般比较实际，尊重个性；中国父母普遍对孩子期望值很高，甚至过高，缺乏对个性的关注和培养。

总而言之，欧洲家庭更注重孩子全方面的发展，而不仅仅只是学术成就。而欧洲孩子也会在快乐中学习，没有那么大的压力，更懂得学习方法更自信。希望我们的家长多思考，发现自己教育方法中的不足，努力用最科学的方法教育孩子。

（节选自凤凰网新闻，略有改动）

回答问题
1. 中外对于孩子打工的观点和看法有什么不同？
2. 中外家庭教育有哪些不同？
3. 你们国家是如何教育孩子的？你有什么看法？

阅读三（字数：约1690字；阅读与答题的参考时间：9分钟）

现场观摩德国爸爸如何教育女儿

相信好多去过德国新天鹅堡的中国游客，一定不会对古堡不远处的玛利亚铁桥感到陌生。这座窄窄的铁桥，因为是观看新天鹅堡的一个最佳位置，所以每天游人如织。

前不久的一天，就在我们游完铁桥，准备离开的时候，我突然注意到一对德国父女。爸爸年纪不是很大，小女孩也只有三四岁的样子。

就在爸爸不注意的时候，这个小女孩突然爬上路边的石墙。石墙也不过1米多高，但对这个不足1米的小女孩来说，这显然是个危险的举动。没想到的是，小女孩的爸爸不但没有制止，反而做出特别反应，甚至一直保持笑脸不变。

不过，爸爸到底是爸爸，虽然没有异常表现，但一直这样关注着孩子的一举一动。

小女孩爬到墙顶部后，愣愣地望着爸爸，显然有点害怕，背靠在那里，几乎一动也不敢动。她一定在想，爸爸一定会来抱我下来吧？戏剧性的一幕出现了，只见爸爸若无其事地弯下腰，从自己的背包中取矿泉水。小女孩有点适应了自己的处境，但还是盯着爸爸的眼神，等着爸爸来抱自己。

这时候，已经有好多人在围观。小女孩的眼神里，显然有一丝失落飘过。爸爸仍然没有伸出援手，而是打开瓶子，若无其事地喝起水来。小女孩一边努力尝试自己从墙上下来，一边试探地盯着爸爸，努力寻找爸爸伸出援手的可能。爸爸伸手示意她转过身来，从旁边慢慢下来。不过，这一动作的难度显然不小。小女孩把自己卡在那里，实在不敢再动一下了。

最后，小女孩的胆子显然越来越大。她突然挥起左手，准备从墙上跳下来！大家屏住了呼吸，只见爸爸迅速作出反应，抓住女儿的左手顺势一拉，她的女儿就这样稳稳地着地了！

现场发出一阵热烈的掌声！

这半年来，每当我遇到关注家教的同胞，我都会把这个经历讲一下，然后问他们，如果你是那个爸爸，你会怎么做。

尽管大家都知道了全过程，但这些爸爸们还是直言不讳地讲自己的处理方式。

第一种，二话没说，没等孩子爬到墙上，就立即把孩子抱下来，绝不会让孩子面对可能发生的任何危险。第二种，在孩子爬到墙上后，立即把孩子抱下来。第三种，在孩子爬到墙上后，立即把孩子抱下来，并批评孩子说，怎么不小心点儿？不要命了？第四种，在孩子需要的时候帮孩子一把，然后再提示孩子，以后要小心，否则会出危险的。至于第五种，从始至终不说孩子，甚至不批评的，人很少。

我和几个德国人聊起此事时，他们都没觉得有什么特别。欧洲大多数家长，都会这样做的。没什么啊？家长第一责任是监护。这个监护，可以理解为监督和保护。也就是说，孩子的安全问题，是家长最关心的。孩子的一举一动，首先要在自己的监督和保护之下。但是，监督和保护并不是干预，不能过度，只要没有出现危险的可能，应该给孩子更多的自由空间。

一个孩子，来到这个世界，就是通过碰碰这个摸摸那个来感知和认知这个世界的。你不让孩子动动手动动脚，孩子岂不成了笼中鸟？从某种意义上说，孩子的多动症，基本属于家长的责任，因为你管教太严了，只能通过叛逆，来下意识、被动地抗议你！

再一个，也是关键的，是父母和孩子之间的角色定位。欧洲的爸爸妈妈，更倾向于把孩子当成自己的小朋友，自己不过是一个大朋友。大朋友怎样对待小朋友？当然是指导和帮助了。

基于这一点，欧洲的家长跟孩子讲话特别注意态度和语气，命令和批评的口吻基本被杜绝，除非在孩子做出了严重错误，拒不改正，迫不得已，才会偶尔出现。即使不得已批评了孩子，事后家长也会向孩子道歉。

基督新教国家的孩子，基本都在自由自在、活泼率真的环境中长大。因为较少被约束，他们长大后不会批评人，甚至不会骂人。更可贵的是，他们的棱角被保护得很好，创新能力就相对好多了。

恰恰是这两点，我们中国的家长要么忽视了，要多过度了。比如，该监督的，没监督到位。中国屡见不鲜的儿童被拐卖，除了拐卖罪犯必须严惩，家长的监护责任也不容忽视。

而在属于孩子的自由空间，家长们却以关心和爱护的名义，竭力予以干预。比如，孩子摔倒了，外国家长很可能站在那里，等着孩子爬起来。我们的家长，一定是立即跑过去，一把抱起来，嘴里还不停地喊，别怕别怕，不吓不吓！结果，孩子本来没害怕，反而被家长的举动给吓哭了！

从某种意义上说，中国的孩子不是吓大的，就是被训斥大的！这个差距，可真不小啊！

（节选自新浪博客，略有改动）

判断正误

1. 小女孩爬上路边的石墙，爸爸生气地制止了。　　　　　　　　　　　　　　（　　）
2. 小女孩爬到墙顶部后，显然有点害怕，背靠在那里，几乎一动也不敢动。她一定在想，爸爸一定会来抱我下来吧？但是爸爸却好像若无其事。　　　　　　　　　　（　　）
3. 欧洲家长认为，孩子的一举一动，首先要在自己的监督和保护之下。但是，监督和保护并不是干预，不能过度，只要没有出现危险的可能，应该给孩子更多的自由空间。

（　　）
4. 欧洲的爸爸妈妈，更倾向于把孩子当成自己的小朋友，自己不过是一个大朋友。（　　）
5. 中国的孩子基本都在自由自在、活泼率真的环境中长大。因为较少被约束，他们长大后不会批评人，甚至不会骂人。　　　　　　　　　　　　　　　　　　（　　）
6. 假如孩子摔倒了，中国家长很可能站在那里，等着孩子爬起来。　　　　　（　　）

第十课　高校毕业生碰到了 EQ 难题

背景知识

　　EQ，即 Emotional Intelligence Quotient(情感智商)的简称，也被称为社会智商或心理智商，它包括自制力、忍耐力、积极性、责任心、同情心、协调力等内容，是人的素质、性格、涵养的综合反映。它常被用作预测一个人能否取得职业成功及生活成功的有效指数，能较好地反映一个人的社会适应性。著名成功学家卡耐基就研究说，在一个成功的人身上，IQ 因素占了 15%，而 EQ 则占到了 85%。现今的用人方对新一代毕业生为人处事等 EQ 能力的注重达到了前所未有的程度，考察中 EQ 所占的比例愈有重于 IQ 之势。

词语表

1. **智商**　zhìshāng　（名）　IQ (Intelligence Quotient)
   智力商数，个人智力水平的数量化指标
   知能指数
   지능 지수

2. **协调**　xiétiáo　（动）　to coordinate
   使配合得适当
   調和する
   협조하다, (의견을) 조정하다, 조화하다

3. **涵养**　hányǎng　（名）　ability to control oneself, self-restraint
   待人处世方面的修养，特指控制个人情绪的能力
   修養
   수양, 교양

4. **正值**　zhèngzhí　（动）　just when
   正当……的时候；正赶上……
   時まさに
   마침 …… 인 때를 맞다

5. **应届**　yīngjiè　（形）　this year's (graduates)
   这一届的（只用于毕业生）
   その年の卒業生
   본기의 (졸업생에게만 사용함)

6	流传	liúchuán	（动）	to spread, circulate
	传下来或传播开			広く伝わる
				유전하다, 세상에 널리 퍼지다
7	临场	línchǎng	（动）	to be personally on the scene
	身临现场			会場に臨む
				시험이나 경기에 임하다
8	出色	chūsè	（形）	outstanding, remarkable
	特别好，超出一般			際立って優れている
				특별히 훌륭하다, 보통을 뛰어넘다
9	凑巧	còuqiǎo	（形）	luckily, fortunately
	表示正是时候或正遇着所希望的或所不希望的事情			都合よく
				공교롭다
10	人事	rénshì	（名）	human affairs
	关于工作人员的录用、培养、调配、奖惩等工作			人事
				인사 관계
11	搀扶	chānfú	（动）	to support sb. with one's hand
	用手轻轻架住对方的手或胳膊			手を貸す
				부축하다, 붙잡아 주다
12	简历	jiǎnlì	（名）	resume
	个人简要的履历			略歴
				약력
13	优异	yōuyì	（形）	(of results, achievemeats, etc.) excellent; outstanding
	（成绩、表现等）特别好			特に優れている
				（성적, 품행 등이）특히 우수하다
14	栽	zāi	（动）	to tumble, to fall down
	摔倒，跌倒			ひっくり返る
				넘어지다, 쓰러지다
15	跟头	gēntou	（名）	(of people, things, etc. after losing balance) fall
	（人、物等）失去平衡而摔倒的动作			もんどりうつ
				곤두박질
16	待人处世	dài rén chǔ shì		the way one conducts oneself and treats others in society
	指与人交往相处			人付き合い
				사람들과 왕래하고, 함께 지내다
17	行情	hángqíng	（名）	quotations (on the market), prices
	市面上商品的一般价格			相場模様
				시세, 시장 가격

18	测定	cèdìng	（动）	to determine

经测量后确定 / 測定する / 측정하다

19	说法	shuōfǎ	（名）	opinion, understanding of sth.

意见，见解 / 意見　見解 / 의견, 견해

20	豪言	háoyán	（名）	heroic words

豪迈的话语 / 豪胆な言葉 / 호탕한 언사 또는 문구

21	敬业	jìngyè	（动）	to be professional (attitude)

对事业专心致志 / 事業に対して一心不乱である / 학업이나 일에 전심전력하다

22	施展	shīzhǎn	（动）	to give free play to (abilities, etc.)

充分发挥（能力等）/ 発揮する / (재능, 수완 따위를) 발휘하다, 나타내다, 펼치다

23	才华	cáihuá	（名）	literary or artistic talent

显露出来的才能 / 優れた才能 / 빛나는 재주, 뛰어난 재능

24	实习	shíxí	（动）	to practice, to have an internship

把学到理论知识拿到实际工作中去应用和检验，以锻炼工作能力 / 実習する / 실습하다, 견습하다

25	感慨	gǎnkǎi	（动）	to sigh with emotion

有所感触而慨叹 / 感慨を覚える / 감개하다

26	打交道	dǎ jiāodào		to come into contact with, to have dealings with

交往联系，接触 / 相手につするっきあう / 왕래하다, 접촉하다, 교제하다

27	盲从	mángcóng	（动）	to follow blindly

不问是非就盲目附和、听从 / 言われるままに付き従う / 맹종하다, 무턱대고 따르다

28	选定	xuǎndìng	（动）	to choose; to designate and fix

挑选确定 / 選定する / 선정하다

29	筛选	shāixuǎn	（动）	to screen, to eliminate through selection or competition

泛指通过淘汰的方法挑选 / ふるいにかけて選別する / 선별하다

30	级别	jíbié	（名）	rank, level, grade
	等级的区别，等级的高低次序			ランク
				등급，순위，등급의 구별

31	贵宾	guìbīn	（名）	honoured guest
	尊贵的客人			尊敬すべき客人
				귀빈

32	播音	bō yīn		to broadcast (program)
	广播电台播送节目			放送局が番組を放送する
				방송하다

33	荧屏	yíngpíng	（名）	flourescent screen (refers to television program)
	电视机的荧光屏，借指电视节目			テレビ画面
				텔레비전 스크린

34	情景	qíngjǐng	（名）	scene, sight
	（具体场合的）情形，景象			様子　状況
				광경，정경，장면

35	以往	yǐwǎng	（名）	before, in the past
	从前，以前			以前
				이전，과거

36	区域	qūyù	（名）	region, area
	地区范围			地域
				구역

37	运转	yùnzhuǎn	（动）	(of organizations, institutions etc.) to be in operation, to run
	运行，转动，比喻组织、机构等进行工作			運行する
				（조직，단체 등이）작업을 진행하다

38	互补	hùbǔ	（动）	to be mutually complementary; supplementary
	互相补充			お互いに補充し合う
				서로 보충하다

39	换位	huànwèi	（动）	to exchange places/points of view
	交换位置，更换角度			位置を交換する
				지위나 직을 바꾸다；입장을 바꾸다

40	指南	zhǐnán	（名）	guide, guidebook
	比喻辨别方向、指导行动的依据或准则			手引き
				지침，지침서

41	误事	wù shì		to cause delay in work or business
	耽误事情			事をしくじる
				일을 그르치다

42	汇集	huìjí	（动）	to gather, to assemble
	聚集			集まる
				모으다, 모이다
43	策略	cèlüè	（名）	tactics
	根据形势发展而制定的行动方针和斗争方式			策略
				책략, 전술

课文

高校毕业生碰到了 EQ 难题

陆梓华　谈鸣

EQ 是什么

EQ（Emotional Intelligence Quotient，情感智商[1]）也被称为社会智商或心理智商，包括自制力、忍耐力、热情、积极性、责任心、同情心、协调[2]力等内容，是人的素质、性格、涵养[3]的综合反映。它常被用作预测一个人能否取得职业成功及生活成功的有效指标，能较好地反映一个人的社会适应性。

眼下正值[4]应届[5]大学毕业生求职的高峰期。在一场接一场的招聘中，一种崭新的面试方式引起了人们的关注——高校毕业生碰到了 EQ 的难题。

最近，某高校应届毕业生里流传[6]着一个女生被一家外资会计师事务所录取的故事：不是因为这个女生的临场[7]表现有多出色[8]，而是她"凑巧[9]碰到了好运"。

这个女生赶去参加最后一轮面试，却因在公司门口帮助一对老夫妻找洗手间而迟到。慌忙跑进公司人事[10]部一看，面试官竟是那对她帮着提过行李、搀扶[11]过的老人！

录取通知单就这样拿到了——因为她刚才出色地完成了一道情商试题！

在今年的大学生招聘中，许多外企和大公司不仅看简历[12]看成绩，更引入了国外流行的新面试方式——EQ 考察，让不少成绩优异[13]的毕业生栽[14]了"跟头[15]"。

代表待人处世[16]能力的 EQ，行情[17]为何能盖过代表智慧水平的 IQ（智商）？它究竟有多大作用？如何能保证 EQ 测定[18]更准确客观？大家说法[19]不一。

EQ 考察改变求学心态

获得一份理想的工作，面试时的一次微笑往往比笔试时写下的满纸豪言[20]更重要。而这，恰恰是情商决定的。

复旦大学新闻学院应届硕士毕业生刘华宾说："我和我的同学在求职过程中，参加过一些企业的面试，感觉只要展现出自己真实、独特的一面就可以了，没有什么标准答案，也不需要像平时考试那样事先背很多东西。"

其实，上海不少大学的思想教育课本中，已把 EQ 作为单独课程向学生介绍，教学生们懂得：人的成就欲、责任感、敬业[21]精神等是后天形成并稳定下来的，而死背书、多参加考试对提高情商水平并无帮助。

"走出校园后才发现天地更宽,施展^(22)才华^(23)的空间只有在实践中才能不断得到开拓",一名在某知名软件公司实习^(24)的应届毕业生颇为感慨^(25)地说,如果说英语课本教授的是语言知识点,那么与外国客户打交道^(26)时所处的语言环境更能锻炼自己的应变能力。

企业重视EQ,但不盲从^(27)

招聘中引入情商考察,企业是怎么考虑的呢?

上海微创软件有限公司人事经理尼娜表示:学历证书并不说明一切,我们选定^(28)人才更看重EQ。我们不仅需要拥有知识的人,更需要灵活运用知识的人。而且,在与客户交流的过程中,EQ更能提高沟通效率。在对应届毕业生的简历进行筛选^(29)时,我们对那些积极参与社会实践的学生更感兴趣,其次会了解其所学专业,再次是成绩和荣誉,最后才是学校的"级别^(30)"。

在微创看来,过去的成绩仅仅属于过去,人只有不断挑战自己,具备出色的学习能力,才能不断进步。笔试时微创会考"把国家级文物错送给贵宾^(31)怎么追回""新闻播音^(32)主持在节目结束前如何在荧屏^(33)上和观众告别"等情景^(34)题;面试时会注重和应聘者讨论个人对应聘职位与未来发展的看法和计划,以及以往^(35)遇到挑战和困难时如何处理。

联想集团华东区域^(36)总部人力资源负责人曹金昌认为,一个团队是否能高效运转^(37),个人情商决定的性格因素很重要。联想在开展面试前,首先会对相关部门的现有人员构成做分析,尽量寻找"互补^(38)"型人才,并用专业人才测算系统对面试者做职业倾向测试。"在我们看来,情商就是换位^(39)思考的能力,要重视,但不能盲从。企业在制定情商测试标准时,要根据行业特点而定。"

"面试指南^(40)"反而误事^(41)

也许正因为情商考察越来越受到外企和大企业的重视,记者在调查中发现,一些毕业生正悄悄把各大公司的情商考察题目汇集^(42)成所谓的"面试指南",把原本用来考察求职者应变能力的情商考察,变成新的"应试策略^(43)"。

复旦大学学生职业发展办公室负责人指出,学生制订职业规划时,应理性地分析自己的性格特点与目标职业是否相合,盲目听信他人的面试经验,事实上不利于展现个人才华和个性特征。

(全文字数:约1570字)

(节选自《新民晚报》,有改动。)

注 释

1 EQ（Emotional Intelligence Quotient，情感智商）也被称为社会智商或心理智商，包括自制力、忍耐力、热情、积极性、责任心、同情心、协调力等内容，是人的素质、性格、**涵养**的综合反映。

[解释] 涵养：名词，指在长期生活中锻炼出来的控制自己情绪的功夫。

[例词] 提高涵养 / 涵养很深 / 涵养太差

[例句] ① 良好的婚姻需要夫妻双方有着较好的涵养，需要夫妻双方能控制自己的情绪。
② 王胜涵养太差，动不动就发脾气。

2 眼下**正值**应届大学毕业生求职的高峰期。

[解释] 正值：正当……的时候，正赶让……。后面带的词语往往具有时间意义。

[例句] ① 正值中午时分，一些民工正在吃饭休息，记者随即走上前去进行采访。
② 目前正值汛期，大家正努力排查险情和隐患。
③ 蔡元培先生当北大校长时，正值中国弃旧图新的转折时代，他一改旧北大的无自由局面，首创学术自由和思想自由的新传统。

3 不是因为这个女生的临场表现有多出色，而是她"**凑巧**碰到了好运"。

[解释] 凑巧：形容词，表示正是时候或正遇着所希望的事情，但有时也指遇着所不希望的事情。多用于口语，可以做谓语和定语。

[例句] ① 真不凑巧，刚赶到公交车站，公交车就开了。
② 为什么在您身上发生了这么凑巧的事情呢？

4 在今年的大学生招聘中，许多外企和大公司不仅看简历看成绩，更引入了国外流行的新面试方式——EQ考察，让不少成绩**优异**的毕业生栽了"跟头"。

[解释] 优异：形容词。指出色，突出的意思。用于成绩、表现等。

[例句] ① 老王的儿子今年参加高考，结果以优异的成绩考取了南开大学电子信息科学技术专业。
② 一些本科生经过自己的努力，在工作中表现优异，很快得到了提升。

> 读报小知识

学会阅读报刊中的数字表达

报刊文章中经常有一些统计数字，我们要学会快速地理解数字之间的关系，如倍数、比例、百分比、约数等。

练 习

一 请在课外阅读中文报刊的最新文章，将其中你喜欢的一篇剪贴在你的笔记本上，然后写成摘要，并谈谈自己的看法

二 给下列动词搭配适当的词语

协调_____　　　　换位_____

流传_____　　　　筛选_____

搀扶_____　　　　施展_____

裁　_____　　　　选定_____

三 选词填空

| 流传　　涵养　　汇集　　协调　　优异 |

1. 国外目前实行的都是主持人核心制，要求主持人有良好的个人修养和丰富的知识_____，这样对主持人的要求就较高。

2. GDP 增长的背后是经济实力的壮大和社会财富的增加，GDP 的增长也是经济社会_____发展的物质基础。

3. 在全国部分高中流行一时的国际奥林匹克竞赛，虽然聚集了一批天赋_____的少年，但已被多年的实践证明是不成功的。

4. 这次中国文化节的 30 个项目_____了中国传统和现代艺术的精华，将向美国观众整体展现中华文化的优秀传统和当代中国最高水平的文化艺术。

5. 这个图案被反核、反战、民权运动等广为运用，_____很广，逐渐成为一个世界和平的标志。

四 根据课文内容判断正误

1. 情感智商是一个人能否取得职业成功和生活成功的决定性因素。（   ）
2. 很多毕业生因为情感智商不高，所以没找到理想的工作。（   ）
3. 人的情商不是先天的，而是后天形成并稳定下来的。（   ）
4. 尼娜认为灵活运用知识比拥有知识更重要。（   ）

五 请按正确的语序将下列句子组成完整的一段话

1. A. 再次是成绩和荣誉
   B. 我们对那些积极参与社会实践的学生更感兴趣
   C. 最后才是学校的"级别"
   D. 在对应届毕业生的简历进行筛选时
   E. 其次会了解其所学专业

   正确的语序是：（   ）（   ）（   ）（   ）（   ）

2. A. 联想在开展面试前
   B. 首先会对相关部门的现有人员构成做分析
   C. 个人情商决定的性格因素很重要
   D. 尽量寻找"互补"型人才，并用专业人才测算系统对面试者做职业倾向测试
   E. 一个团队是否能高效运转

   正确的语序是：（   ）（   ）（   ）（   ）（   ）

六 根据课文内容选择最合适的答案

1. 文中女生被录取的原因是_____。
   A. 她运气好   B. 她临场表现出色
   C. 她帮助过考官   D. 她出色地完成了一道情商试题

2. 关于情商的说法，错误的是_____。
   A. 是后天形成的   B. 背书和多参加考试可以提高情商
   C. 对找一份理想的工作有重要的作用   D. 没有标准答案

3. 尼娜认为_____。

　　A. 学历很重要　　　　　　　　　B. 成绩和荣誉很重要

　　C. 情商可以提高沟通效率　　　　D. 选定人才时应该考虑所拥有的知识

4. 面试指南_____。

　　A. 是由大公司的情商考察题汇集成的

　　B. 是考察面试者应变的情商考察

　　C. 是一些标准答案

　　D. 有利于展现个人才华和个性特征

七 完型填空

（一）

| 颇 | 只有 | 如果 | 才能 | 更 | 那么 |

"走出校园后才发现天地更宽，施展才华的空间__1__在实践中__2__不断得到开拓"，一名在某知名软件公司实习的应届毕业生__3__为感慨地说，__4__说英语课本教授的是语言知识点，__5__与外国客户打交道时所处的语言环境__6__能锻炼自己的应变能力。

（二）

很多父母把自己的面子和理想__7__孩子的利益之上，这类父母最容易__8__孩子认可自己看重的专业。__9__孩子的兴趣与父母的愿望__10__，当然很好；如果不一致，孩子受伤的概率就很高。从大学的咨询情况看，这类学生中产生心理疾病和退学、休学的可能性也最大。有的父母可能认为，现在的机会很多，__11__当前违背孩子志趣做出了错误的选择，以后在选择职业时还可以加以__12__。__13__这样的设想是否容易操作，只说，仅仅是为了父母而让孩子浪费并且苦恼4年甚至更长的时间，这个代价是否太大了？

　　7. A. 放置　　　B. 安置　　　C. 置于　　　D. 至于

　　8. A. 遏制　　　B. 威胁　　　C. 制约　　　D. 强制

　　9. A. 万一　　　B. 如果　　　C. 一旦　　　D. 以免

10.	A. 一致	B. 一直	C. 相同	D. 协调
11.	A. 就连	B. 以便	C. 即使	D. 以免
12.	A. 补充	B. 弥补	C. 补偿	D. 选择
13.	A. 假如	B. 无论如何	C. 且不说	D. 切不可

八 用自己的话或原文中的关键句子概括下面一段话的主要内容

复旦大学新闻学院应届硕士毕业生刘华宾说："我和我的同学在求职过程中，参加过一些企业的面试，感觉只要展现出自己真实、独特的一面就可以了，没有什么标准答案，也不需要像平时考试那样事先背很多东西。"

九 请尽量用以下词语进行话题讨论

换位	流传	优异	凑巧	汇集	协调
筛选	正值	涵养	施展	选定	

1. 你是怎么看待情商考察的？
2. 你认为在面试的时候哪些因素很重要？

快速阅读

阅读一（字数：约1770字；阅读与答题的参考时间：9分钟）

大学生求职记

"又是来南京面试，没有了第一次的陌生和紧张，心中却多了份无奈。"他在日记中写道。

自从去年9月底开始找工作，这已是许单第三次来到南京了。许单是盐城东台人，从小在苏北长大的他，一直很迷恋江南的烟雨。高考时他本来想报考汉语言文学或者新闻专业的，因为分数不够，所以报考了镇江一所高校的市场营销专业。

大学四年除了学好专业知识，许单把更多的时间给了学校的图书馆，给了公益活动。许单说，他参加了很多公益活动，不求什么回报，只是在帮助别人之后，得到一句"谢谢"、一个微笑，就已经很满足了。从一开始的"围观者"到"致敬者"，现在他已经成了一些活动的"组织者"。

而毕业就这样不知不觉地来到了面前。毕业就意味着需要就业。于是，许单带着自己精心制作的简历，开始奔走在各类招聘会的现场。

进入就业季，招聘会一下子就密集起来。学校每个星期都会有用人单位举办的招聘会，有时甚至一个星期会有好几场。学校的"王牌专业"是汽车流体机械、车辆工程、农业机械等。即使如此，许单还是投出了百余份简历，而这些简历，很多都石沉大海。

去年10月份，许单收到了来自南京某企业的第一份面试通知。22日，早早起床，在路边的小摊上买了个鸡蛋饼，囫囵两口吃下去，他就匆匆赶往火车站。

但是第一次面试并不顺利。和许单"同台竞争"的有来自南京大学、南京航空航天大学等知名高校的应届毕业生。面试采用的是无领导小组讨论的模式，"想当'破冰者'，没做到，被人抢了；想当'时间控制者'，没做到，有人比我提前了；做'总结陈述者'吧，我没那本事，只能老实当'附和者'。"考官总结的时候，说有人明显没有充分准备，许单认为那就是说他的。第一次面试就以失败告终了。

第二次面试，是在苏州。一个喜欢的工作——网络运营，一个喜欢的城市——苏州。所以对于这次面试，许单格外重视。听人事部门的人介绍完基本情况之后，用人单位让他自己坐公交到他们的另一家子公司去。好不容易找到子公司，等了很长时间之后，终于见到了面试人员，简单聊天之后，面试人员最后却对他说，老板不在，让他下次可能的话再来同他们老板聊聊。第二次面试又这样怀着希望而来，带着失望回去了。

日子一天天过去，眼看着身边的同学都一个个找到了工作，许单开始着急起来。同宿舍的另外三个人，一个找到了一份营销方面的工作，一个找到了一份管理方面的工作，而另一个只是说家里已经给安排好了。他们班一共有58人，有大概三分之一以上的人落实好了工作单位。

许单的家庭很普通，父母都在外地打工，找工作，他只能靠自己。去年11月份，许单收到了一个来自苏州的面试通知。本来他应该高兴的，可是临到最后关头，他却开始犹豫了。转正后3000的底薪，然后加500到1000的项目奖金，做电子商务类的，五险一金有，住房要自己解决。考虑到自己没有任何的经济支援，而以那个职位所能提供的收入来看，许单担心在苏州他自己养不活自己，更别谈买房了。

11月底，许单又收到了南京一家单位的面试通知。收到通知时，面试单位特地注明穿正装。而之前的一次面试，许单因为没穿西装，被面试官说态度不太重视，就被PASS了。所以经过左右思量，再加上同学、朋友的劝说，他最后还是花680元——他大半个月的生活费，在海澜之家买了自己人生中的第一套西服。当他穿上时，觉得好像一下子就和自己的少年时代告别了。许单说，父母在外打工挣钱不容易，所以找工作期间他并没有跟父母要额外的费用，买衣服、来回奔波的钱他都是从生活费中支出的，而这些额外的支出让他的日常生活一下子捉襟见肘起来。

这一次南京的面试也没有成功，因为生活费所剩不多，下午面试完，尽管肚子咕咕叫，他还是直接去了火车站赶回镇江。

理想，职业规划，这是许单在之前参加面试时面试官和其他面试者谈到最多的词语。但是他说，之前他并没有好好想过这个问题，他没有想过自己最想做的事是什么，最擅长的又是什么。现在，应该好好想想这些问题了。

"理想太丰满,现实超骨感。"许单说,他喜欢拍照、码字、做公益,但是这些现在都不太可能成为他的职业。不过他还是赞成"先就业,再择业"的,"毕竟养活自己是最重要的,不是吗"?

"原谅我一生放荡不羁爱自由,也会怕有一天会跌倒,背弃了理想……"这是Beyond的《海阔天空》中的歌词,许单说他以前喜欢听周杰伦、许嵩的歌,从什么时候开始爱上这首歌的呢?好像就是大四开始找工作之后,这首歌总能够在感到困难和失意时,让他鼓起勇气往前走。

(选自《北京日报》,有改动)

回答问题
1. 从许单找工作的过程和经历中,可以看出中国高校毕业生的就业情况是怎样的?
2. 许单的第一次面试并不顺利,主要表现在哪些方面?
3. 从许单的找工作的经历中,你觉得作为一个应届毕业生应该具备什么样的素质才能被社会所接纳?

阅读二(字数:约1880字;阅读与答题的参考时间:8分钟)

隐性就业　想说爱你不容易

河南省信阳市一个30多平方米的房间里,两张办公桌,两台电脑,几十筐新鲜水果整齐排列着。一个长相清秀的女孩从水果筐里称出相应的沙糖橘,包好,贴上订单签,动作相当熟练。这是信阳市"粟米街"门店的一幕。

电脑上处理订单的男生叫王正兵,称重打包的女孩叫李稳。两人分别是信阳师范学院2014届工商管理学院会计学专业和旅游管理专业的毕业生。

由于种种原因,两人在毕业季的就业大潮中没有找到固定的工作。于是,他们筹划创办了"粟米街",通过微信、微博等平台出售新鲜水果。开业不到1年,"粟米街"在信阳高校已经无人不晓。节假日期间,"粟米街"的微信公众平台甚至出现因订单太多而瘫痪的情况。

李稳说:"'粟米街'走到今天,我才明白就业的路有千万条,大学生不能钻进靠'铁饭碗'就业的死胡同,只要能找对路,隐性就业也有春天。"

像王正兵、李稳这样,在毕业季没有找到固定工作,索性不当"上班族",而是开网店、自由撰稿、全职做家教的,这种非传统的隐性就业形式正越来越受到90后大学毕业生的青睐。在就业形式趋向多元化发展的时代,为什么有那么多大学毕业生甘当隐性就业族?隐性就业背后又存在哪些问题?如何从制度层面上来保护他们?

工作环境、时间宽松自由——新常态逼出隐性就业

来自山西太原的武龙很长一段时间都没有找工作,而是自己在家当网络写手,最开始是帮别人当"枪手",由网站出主题,自己负责写稿,以字数计算稿费。那时,每月收入3000元至8000元不等。后来,武龙自己单独写小说,再出售给网站发表。

"一家名为'一起读'的网站上的《阴府协警》就是我的作品。这部小说的版权被这家

网站买断了。"说起这部得意之作,武龙很兴奋。"我很喜欢这种状态,相比传统工作,自己的生活更加自由,也更能释放个性。"武龙说。

如今,因对自身工作的收入不太满意,自己到外面兼职从事另一份工作,这样的大学毕业生不在少数。另外,网站、微博、微信就为广大青年学生隐性就业提供了施展才华的机会和平台,互联网科技在改变人们的生活方式的同时,也创造了大量隐性就业的机会。

国家开放大学研究员姚文建认为,隐性就业相对宽松自由的工作环境、工作时间,较高的收入以及较强的自主性等因素,满足了90后大学生的心理预期与个性化需求,受到大学生的欢迎。姚文建认为隐性就业带来的利好是显而易见的,一是提高了实际就业率,二是推动了劳动力合理流动,三是拓展了大学生的就业选择和渠道,有利于大学生创业和多元就业。对国家、社会和个人来讲,大学生隐性就业都是值得肯定的。

没社保、随时有可能被辞退——大学生隐性就业有隐忧

"我觉得自己像一只没找到大部队的燕子,没有了方向感,恐惧、担心、迷茫,但又不得不振翅高飞。"回顾自己从辞职到现在隐性就业的感受,杨芹(化名)觉得自由的表面背后,隐藏着巨大的担忧——没有社会保障,兼职工作可能会被单位正式的员工取代,心理压力大。

从西南某高校毕业后,杨芹回家找到了一份兼职的网络编辑工作。虽然事情繁杂,但可以在家上班,每个月工资3500元左右,但没有任何保险、公积金,也没有任何福利。"工作量跟正常上班差不多,只是时间比较有弹性,可以自由安排,看书学习或者做些其他的事情。"杨芹说。

"像我这样的隐性就业族,不是每个人都能理解,但我们也是在靠自己的劳动挣钱。"对于亲朋好友的询问,现在杨芹也能坦然面对了。谈到对隐性就业的体会,杨芹说:"对于这种隐性工作,如果你把它当作是多一份收入的工作,感觉可能会好很多。享受这种自由、无束缚的感觉,未尝不是一个好的选择。"

建机制,保护"隐性就业族"——让隐性就业成为显性就业

隐性就业有其正面效应,不仅解决了大量青年学生就业问题,维护了社会稳定,而且在一定程度上促进了经济发展,但是仍需要正视它背后存在的种种问题。

浙江工业大学伍宸老师认为,由于隐性就业是分散性、个体性就业方式,因此从业者的合法权益很难得到周全的权益保护。另外,由于隐性就业者所从事的行业大多是新兴行业,因此在很多家长眼中被认为是游手好闲或者说是"不务正业",这给隐性就业者造成了极大的心理压力,也让更多"准隐性就业者"望而却步。

如何解决这些难题,伍宸认为,人力资源管理部门应统计就业者基本信息,提供就业指导和职业规划。毕业生所在学校要统计隐性就业者具体工作内容和去向,成立隐性就业者互助协会等。另外,需要从政府层面完善隐性就业的权益保护相关法律法规,给予隐性就业者最大程度的保护,让"隐性就业"走向显性。最后大学毕业生个人要认清自我、结合自身特点与优势,做好职业规划,理性对待"隐性就业",要主动树立终身学习的理念,立足于工作岗位和需要,提高自身竞争力和抵御风险的能力。

(节选自《中国教育报》,有改动)

选择题

1. 李稳对就业的看法是什么？（ ）
   A. 从事铁饭碗的工作才有保障
   B. 自由职业心理压力大，没有社会保障
   C. 就业的路有很多条，只要找到自己适合的路就好
   D. "隐性就业"很自由，还能释放个性

2. 下列哪项不属于"隐性就业"带来的好处？（ ）
   A. 提高了实际就业率
   B. 就业者得到了周全的法律保护
   C. 推动了劳动力合理流动
   D. 拓展了大学生的就业选择和渠道

3. 如何能让"隐性就业"走向显性？（ ）
   A. 个人要认清自我，做好职业规划
   B. 终身学习，完善自己
   C. 提高自我竞争力
   D. 政府出台相应法律法规保障从业者权利

阅读三（字数：约1630字；阅读与答题的参考时间：10分钟）

中国高校毕业生就业难成因及出路何在

高校毕业生就业难，扩招究竟是否主要原因

如今，"扩招"已经成为一个非常敏感的词汇。从零工资就业、名校生养猪论、港校报考热，到疯狂公务员考试、大学生技校回炉，"扩招"这项发自善意的政策，总是引发舆论的关注与质疑。经济学家胡鞍钢甚至认为，21世纪中国面临的最大挑战，就是高失业所带来的挑战。

许多专家及社会有关人士分析道，高等教育过度扩招是造成大学生就业难的原因之一。虽然社会对人才的需求随着经济发展不断增长，但如果短期内扩招的学生数量超过市场吸纳量，就业难的问题就会凸显出来。过量扩招虽然加大了高等教育的普及率，但同时也造成学生素质参差不齐，这部分学生毕业后，在就业市场的竞争中必然处于劣势。

然而，面对众多的质疑和谴责，有些学者和专家却冷静地分析出，扩招其实并非高校毕业生就业难的元凶。"从长远来看，中国的大学生并不多。我认为高校毕业生就业难，'罪'不在扩招，"全国人大代表、复旦大学党委书记秦绍德明确表示，"大学生就业困难是结构性问题，大学生求职趋之若鹜般涌向大城市、外企，必然导致就业紧张。"

扩招本身并没有错，高校的扩招不仅整体上提高了国民素质，在很大程度上也缓解了社会就业的压力。

近年来，每年有600多万大学生毕业，对就业市场压力的确很大，但这些人是客观存在于社会之中的，大学不扩招也有这600多万人，也有一个就业问题。上了大学成为大学毕业生，不上大学成为高中毕业生。上了大学，在知识、能力、整体素质等方面有所发展，有所提高，

比高中毕业生找工作会更容易一些。因此，就业难不是从高中生变成大学生后造成的。600多万大学毕业生是国家的财富，绝不是包袱。在发达国家，高校的年录取率在50%左右，甚至更高。但在中国，即便近十年来国内各高校普遍扩大招生规模，扩招规模数倍甚至数10倍增加，但与发达国家相比，中国的平均升学率仍只有30%左右。

高校扩招延缓国内市场就业压力

面对社会上对扩招的广泛质疑，中国科学院公布了一项数据显示扩招的三大好处：打破二元结构、缓解就业压力、拉动投资消费。有数据显示，大量农村学生，通过高校扩招融入城市。以湖北省为例，2006年高考53万人报考，农村人口27万，占51%；2007年50万人报考，农村人口29万，占58%；2008年52万人，农村人口33万，占63%。可以说，大学扩招，大部分是面向农村人口的。

美国著名学者、高等教育史学家马丁·特罗在总结了发达国家高等教育发展模式的基础上，提出了高等教育"精英——大众化——普及"三个发展阶段理论：第一，英才教育阶段，即高等院校仅能容约15%以内的适龄青年；第二，大众化教育阶段，即高校能容约15%到50%的适龄青年；第三，普及阶段，即高校能容纳约50%以上的适龄青年。

有评论认为，高等教育大众化大势所趋，高校扩招的步伐也不可阻挡，而且只要处理得当，不仅可以产生巨大的教育效益，还可以产生巨大的经济效益。

多管齐下解决中国高校毕业生就业难

就业难的另一个原因，是就业市场供需脱节问题，即高校培养模式与市场需求不配套，毕业生在动手能力和知识储备等很多方面，都没有达到用人单位的要求。

解决目前大学生就业难问题，需要政府、学校以及学生的共同努力。首先，政府部门要开辟新的就业渠道，增加大学生就业岗位。其次，高校要适应需要，及时调整专业方向、培养模式，大力加强实践教学，培养学生的实践能力、动手能力、分析问题和解决问题的能力。同时，要加强毕业生自主创业教育，为学生毕业自主创业创造条件。

中国目前正处于从工业化初期到中期的转变中，在这个阶段，应适当扩大针对专业应用技术的高职类院校的招生规模，而减少一些综合性大学的扩招配额，这样，中国的教育培养模式就更有针对性，既培养了技能型人才，也为综合性大学提供了充裕的师资力量和环境去培养精英。保证GDP增长速度，才能从根本上解决大学生就业问题。

高等教育培养出来的大学毕业生已经不再是所谓的"精英阶层"，而是具有一定知识的普通劳动者，面对不容乐观的经济形势和就业形势，大学生也要及时调整择业观念，脚踏实地地寻找自己的社会角色。

（节选自西部网，略有改动）

判断正误

1. 专家和许多社会分析人士认为，高等教育过度扩招是造成大学生就业难的最重要的原因。（　　）
2. 就业难不是从高中生变成大学生后造成的。（　　）

3. 由于中国近十年来国内各高校普遍扩大招生规模，所以中国的平均升学率已经超过了发达国家。（　　）
4. 大学扩招，大部分是面向农村人口。（　　）
5. 解决目前大学生就业难问题，需要政府、学校以及学生的共同努力。（　　）
6. 高等教育培养出来的大学毕业生都是精英阶层，是具有高知识水平的知识分子，所以要坚持自己的择业观念，不要为了找工作而降低择业标准。（　　）

第六~十课测试题

答题参考时间：100 分钟　　　　　　　　　　　　　　　　分数：_____

一　给下列动词搭配适当的词语（5分）

满足 _____　　　采访 _____

引起 _____　　　掌握 _____

展望 _____　　　搀扶 _____

充满 _____　　　协调 _____

盼 _____　　　　探讨 _____

二　选词填空（10分）

（一）

| 不妨 | 指望 | 从中 | 一贯 | 恰巧 |
| 差别 | 毕竟 | 颇 | 给予 | 正值 |

1. 公司_____转型时期，领导班子调整，战略目标尚未明确。

2. 那时自己妻子患病常年卧床，经济困难的他就_____这30亩果园。

3. 在现实操作中，企业只要税收筹划得当，用足用好国家各种税收政策，是可以合理合法地节税，_____得益的。

4. 旅行社一直是民航的铁杆顾客，但民航总局也只给了旅行社组团乘飞机9折优惠的政策，对此旅行社_____有微词。

5. 美国海军对中国海军陆战队和深圳号导弹驱逐舰_____高度评价，称赞这是一支快速反应、能打硬仗的部队。

6. 切尼发表演讲时重申，在台湾问题上，美国_____坚持基于"三个联合公报"的"一个中国"原则。

7. 随着卫生条件的改善，我们_____更多地生吃或低温处理食品，简单地生活。

（二）

8. 网恋_____是一种前所未有的新事物，何况还与浪漫的爱情相联系。

   A. 毕竟　　　　　　　　B. 究竟

9. 改革开放以来，一些地区的城乡_____不仅没有缩小，反而进一步扩大了。

   A. 差异　　　　　　　　B. 差别

10. 真不_____，我赶到球场时，球赛刚刚结束。

    A. 凑巧　　　　　　B. 恰巧　　　　　　C. 恰好

三 判断 A、B 两句的意思是否相同，相同的画"√"，不同的画"×"（10 分）

1. (　　) A. 孩子结合自己的消费要求就能做个理智的消费者。

   B. 孩子要做理智的消费者，就要放弃自己的消费要求。

2. (　　) A. 在家庭生活中，孩子扮演着重要的角色，青年中有 60% 的人愿意自己抚养孩子。

   B. 在家庭生活中，孩子起着重要的作用，青年中有超过一半的人愿意自己抚养孩子。

3. (　　) A. 有人认为，"短信文学"只是一种快餐文化，并不能满足人们精神生活的需求。

   B. 有人认为，"短信文学"只能是一种快餐文化，在一定程度上丰富人们的精神生活。

4. (　　) A. 美国的素质教育，让张弛感到了学习的快乐，但是也让她感到了烦恼。

   B. 美国的素质教育让张弛感到很满意。

5. (　　) A. 在今年的大学生招聘中，许多外企和大公司不仅看简历看成绩，更引入了国外流行的新面试方式——EQ 考察。

   B. 在今年的大学生招聘中，许多外企和大公司采用了新的面试方式，对情商进行考察。

四 请按正确的语序将下列句子组成完整的一段话（7分）

1. A. 我身边的同学个个都是"人物"
   B. 而且很自信，对什么事情都不发怵
   C. 对什么事情都能头头是道地说上两句

   正确的语序是：（   ）（   ）（   ）

2. A. 小时候听评书，每到情节紧张之处便突然中断
   B. 让我们逐渐失去了牵挂的充实和幸福
   C. 这种牵挂在娱乐活动很少的青春年代是一种乐趣
   D. 但现在忙忙碌碌的都市生活

   正确的语序是：（   ）（   ）（   ）（   ）

五 完型填空（12分）

（一）

不妨   取舍   开销   财务   开支

父母应该让孩子知道家庭的收入、家庭的__1__情况。在家庭有关金钱、__2__问题的一些讨论中，__3__让孩子适当加入进来，让孩子懂得家庭收入的有限性，懂得有时在__4__上必须做出__5__的道理，这样有助于培养孩子良好的生活习惯和态度。

（二）

鲁迅是中国现代最__6__的思想家和最伟大的文学家。在思想的__7__性方面，金庸和其他作家都不能跟鲁迅比，他们都是鲁迅的学生或者受鲁迅的影响。但是鲁迅的思想传播很不够，这是中国文化进步比较慢的原因之一。我们__8__缺少尖端的思想家，而是缺少优秀的大众文学，这也是鲁迅__9__的问题。金庸的书里有很多鲁迅的精神，比如对知识分子的批判，对大汉族主义的__10__，对专制权力的批判等。金庸__11__他杰出的文学才华，把这些思想形象化，令其传播久远。读者的评选结果是有道理的，我们首先需要鲁迅这样的民族伟人，__12__也需要金庸这样的"形象设计师"。

6. A. 深入　　　B. 刻苦　　　C. 深远　　　D. 深刻

7. A. 独创　　B. 创造　　C. 独特　　D. 特别
8. A. 就是　　B. 不是　　C. 不仅　　D. 因为
9. A. 考虑　　B. 焦急　　C. 忧虑　　D. 担当
10. A. 批评　　B. 评论　　C. 评估　　D. 批判
11. A. 因为　　B. 以　　　C. 借助　　D. 由于
12. A. 其次　　B. 再次　　C. 然后　　D. 接着

六 用自己的话或原文中的关键句子概括下列各段的主要内容，字数不要超过30个（9分）

1. 家长可以结合孩子的消费要求让孩子学做理智的消费者，让孩子花钱有计划。比如：告诉孩子父母所承担的经济负担；帮助孩子列出他自己生活、活动所需和学校所需用钱的清单；让孩子在考虑家庭经济状况的前提下对这些支出做好安排。

2. 城市青年的消费观念具有时尚和理性的特点，一方面他们追求流行，喜欢名牌，重视产品质量，喜欢别具一格的产品。如喜欢购买具有独特风格的产品的比例达52.9%，喜欢追求流行和时髦的占35.7%。同时，重视品牌和产品质量也是这批青年共同的消费特征，61.6%的人愿意多花钱购买高质量的物品。

3. EQ（Emotional Intelligence Quotient，情感智商）也被称为社会智商或心理智商，包括自制力、忍耐力、热情、积极性、责任心、同情心、协调力等内容，是人的素质、性格、涵养的综合反映。它常被用作预测一个人能否取得职业成功及生活成功的有效指标，能较好地反映一个人的社会适应性。

七 阅读（47分）

阅读一（17分）

以一个人的功力让武侠进入百姓生活

肖云祥

金庸请辞浙江大学人文学院院长一事，近来引起各方关注，关于武侠小说的文学性和金庸是否够格当院长的问题，又旧事重提。日前，郑州大学出版社推出了"中国当代作家评传丛书"，其中的一本是《金庸评传》，该书似乎在为金庸"打抱不平"，作者是北京大学中文系副教授孔庆东博士。这位有"北大醉侠"之称的学者，在北大的课堂上讲授鲁迅文学的同时，也大谈金庸的"武侠"，并因此被评为"2003年北大最受欢迎的十位教师"之首。

"金庸以他一个人的功力，就让武侠小说进入了千家万户的生活。一个小说家、一个文学家，你成功的标志是什么？是你的人物、你的语言进入日常生活，进入日常语言。"这是孔庆东对金庸的独特评价。

记者： 目前市面上有关金庸的传记已不少，如《金庸传奇》《金庸传》《大侠金庸》等，您为什么还写这么一本书？这本书与以前的书有什么不同？

孔庆东： 严格地说，我写的不是"金庸的传记"，而是"以评带传"。目前已经出版的金庸传记，确实提供了大量关于金庸的资料，作者也都下了很大的功夫，但是那些资料不大可靠，金庸本人对那些资料不大认可，对书中的评论也不满意，他更不满意的是那些传记的作者都没有采访过他。当然，写传记不一定非得采访传主本人。只是在传主仍然健在的时候，我们很难写出全面的、客观的传记作品来。在这种情况下，我想，写一本评传，也许是比较合适的方法。我这个想法在"华山论剑"和"南湖论剑"的时候，两次跟金庸先生表示过，老先生很赞赏，鼓励我写出来。我在写作的过程中，担心受到感情因素的影响，所以也没有采访金庸先生。我想书是给广大读者看的，以前的那些传记已经讲述了金庸的很多"事情"，现在我来讲一讲对那些事情的看法，或许是读者更为需要的。

记者： 最近金庸请辞浙大人文学院院长，引起了人们的关注。关于金庸是否够格当院长的问题又旧事重提，金庸自己也说："我在浙江大学人文学院收了几个博士生，不够好，我现在也不教了，还把院长的官辞了。"您怎样评价这件事？您认为金庸做博导够格吗？

孔庆东： 中国的大学有很多，每个大学又有不同的院系和专业，水平相差非常大。甲大学的一个教授跟乙大学的一个教授的差别，可能比人跟猴子的差别还要大。所以金庸能不能做博导，不能抽象地来谈论。我们设置好了特定的规则，就可以判定任何一个人够格，也可以判定任何一个人不够格。金庸肯定是遇到了一些不如意的事情，遇到了很大的阻力，所以想辞官。我也认为金庸当那个院长不大合适，但我不是认为他水平不够。跟全中国的博导们比一比，金庸肯定还是比较优秀的。

记者： 武侠小说的文学性一直有人怀疑，几年前王朔就曾质疑过金庸，您是怎么看的？

孔庆东： 对于武侠小说文学性的质疑，从出发点上看，是有道理的。因为确实有大量粗制滥造的武侠小说，文学性很差，所以人们长期看不起武侠小说。但是金庸的意义恰恰是从根本上提高了武侠小说的文学性，甚至超过了那些所谓"精英文学"。金庸给我们对文学的整个认识带来了新的课题、新的挑战。王朔也是很优秀的小说家，他的作品，也曾经被人质疑过其文学性，但是时间证明了王朔的独特价值。同样，金庸的作品也是不怕被质疑，甚至不怕被污蔑和镇压的。我说过的"不废江河万古流"，就是这个意思。

记者： 您在书中说："金庸的读者是以亿来计算的，是全世界古往今来读者最多的作家。活着的时候读者就以亿来计算的作家，只有金庸一个人。""金庸以他一个人的功力，就让武侠小说进入了千家万户的生活。"但也有人认为好销和好书不是一回事。比如现在的青春类小说很好卖，但文学性不强，请问您对好销和好书的关系怎么看？

孔庆东： 金庸的书的价值不在于好销。我那句话强调的是金庸使得我们的日常生活充满了"武侠"气息。这是成千上万作家梦寐以求而做不到的。鲁迅的阿Q进入了我们的日常生活，所以鲁迅是永存的。韦小宝进入了我们的日常生活，所以金庸是永存的。好销的书当然不一定是好书，但是好书必定在某个时间、地点好销。假如你说有某本"好书"，从来没有人买，古今中外的人都看做臭狗屎，那凭什么说是好书？

记者： 您对金庸的评价很高，但我们经常看到这样一种现象：一个中学生在课余时间读武侠小说，往往会遭到家长的反对，而读鲁迅的《孔乙己》肯定认为是干正事，对此您怎么看？武侠小说能给读者留下什么？

孔庆东： 要具体问题具体分析。读金庸、梁羽生的武侠小说是有好处的，但是读其他乱七八糟的武侠小说那是我也反对的。读《孔乙己》是有好处的，但是读其他乱七八糟的"精英文学"我也是反对的。文学作品好不好，不在于"类别"，而在具体的作品。武侠小说不过是个"类别"，给读者留下的好的和不好的东西，跟发表在《收获》《十月》《花城》《钟山》上面的那些作品是一样的。

（节选自《中国青年报》，有改动）

（一）判断正误，正确的打"√"，错的打"×"（14分）

1. 孔庆东认为一个文学家成功的标志是他的人物、他的语言进入日常生活，进入日常语言。（　）
2. 孔庆东认为在传主还活着的时候写一本评传，也许是比较合适的方法。（　）
3. 写传记一定要采访传主，要不然的话材料就不可靠。（　）
4. 孔庆东觉得金庸做博导不太合适，因为他水平不够。（　）
5. 金庸的意义恰恰是从根本上提高了武侠小说的文学性，甚至超过了那些所谓"精英文学"。（　）
6. 中国各个大学之间有差别，但是大学里的教授没有多大的差别。（　）
7. 金庸的武侠小说值得看，但梁羽生的武侠小说不值得看。（　）

（二）回答问题（3分）

孔庆东对好销的书和好书的关系怎么看？

阅读二（15分）

亚健康比亚婚姻健康

陈娉舒

前些天，又当了一回知心姐姐。为充当这场倾诉的忠实听众，我付出的代价是——放弃计划中的一场重要采访，而选择了几个小时的"人间蒸发"。因为，这种倾听，需付出心力，呈上诚意。

我聆听的，是一段亚婚姻。

亚婚姻，这其实是几个月前才刚刚学到的新词。

亚婚姻，"亚"在哪儿？如同亚健康是介乎健康与患病之间的一种体质状态，亚婚姻里的男女，有法律意义上的婚壳，却无正常的夫妻关系和完整的家庭生活。亚婚姻的男女，貌合而神离。

亚婚姻之"亚"，表现形式多样，因此亚婚姻还被归了类：长期分居；长期冷战，形同陌路；情趣不同，彼此无话。甚至连近年浮出水面的"无性婚姻"也被列归其中。纠缠亚婚姻里男女的一个哲学问题是：离，还是不离，这是一个问题。有调查称，眼下22%的婚姻是亚婚姻。

22%，就是说，在咱身边的夫妻们，甭看在外人跟前郎才女貌状、卿卿我我状、举案齐眉状，转身进得家门，四对人中就有一对露出本相——不是横眉怒对，就是视对方如空气。

数字说得多了少了，不重要。重要的是，它描摹了一些生活里的真实婚姻——"亚"已成事实，爱已成往事。

亚健康其实不健康，终日里腰酸背痛、头重脚轻、精神不振、满身疲态，归根结底，是病态。同样，亚婚姻里的人最终也得"得病"。

想想，同一屋檐下，竟能沉默相对视同陌路，玩儿心灵对抗，心理素质、定力、耐力，岂同常人？而比亚健康更可怕是，在逐日"亚"下去的姻缘里，家如寒冰，两个男女在此间日日心力交战，最终"冻"坏的，远不只肉身，更是心灵———不再温暖，不再阳光，不再透明，歪曲看事，畸形处世。

为什么婚姻说"亚"就"亚"了？当初"郎有情妹有意"的那些个令人心灵发颤的美妙瞬间哪里去了？

好端端一段婚姻说"亚"就"亚"，就好比女人的脸，随着岁月的流逝，水分渐失，干燥起皮，皱纹迭现。可是，为感情补水，为婚姻保湿，需要秋波誓言还是金钱权贵抑或其他？

一位朋友说，别看你嘻嘻哈哈，其实对婚姻，你是真会经营。话出自真心，让我感动，但也许我偏激，"经营"二字，总感觉夹带丝丝缕缕的功利、交易与博弈，而一个婚姻，无非就是两个相爱的人走进同一家门继续相爱着，这需要"经营"吗？

11年前，我第一次查出了一堆有关颈椎的病，变形、劳损、炎症。疼痛伴随着年龄的增长有多无少，挣下的血汗钱，大把大把被我拿去按摩、推拿、吃中药……掌控家中财权的老公任由着我在这方面的挥霍。最近一次，是他花两百块钱弄来一个貌似拴狗用的项圈，亲手拴在我那硬如磐石的脖子上，在他"小日本的东西，钛和碳素做的，治颈椎"的絮絮叨叨里，我确信，娶了一个严重亚健康人士为妻，如此严酷的事实，这个男人早已认命。

同样，在这位仁兄每每夜里8点钟即早早龟缩在沙发一角酣然入梦的时候，我会给他塞个枕头披床被子。面对这样一个慢性疲劳综合征疑似患者的老公，我同样认命。

既然各自落下一身亚健康，就无心再应对一个"亚健康的婚姻"。不过，笨小孩如我们，为这个婚姻所进行的美容和健身，既没有一道道"秋天里的菠菜"，也没有一声声海誓山盟，只是日复一日的一分已似天然的挂怀，和一分视对方如孩子的溺爱，4年恋爱，10年婚姻，招数不改，如此而已。此后，婚姻亚不亚的，我现在只能说，谋事在人但成事在天。

亚健康没有特效药，除了锻炼。亚婚姻也没有特效药，除了果断——果断融合，或者果断退出，当断不断，反受其乱，面目暧昧而可憎的"亚"，常常就是在犹疑、拖延、苦撑和不痛不痒间，附上我们的身体，侵蚀进我们的心灵，让痛苦与我们无法分离。

（节选自《中国青年报》，有改动）

（一）判断正误，正确的打"√"，错的打"×"（14分）

1. 作者为了聆听亚婚姻而错过了一次重要的采访。（　　）
2. 亚婚姻也是一种病。（　　）
3. 亚婚姻有很多表现形式，现在有22%的婚姻是亚婚姻。（　　）
4. 处在亚婚姻状态下的夫妻最后会生病。（　　）
5. 作者和自己的丈夫都有亚健康问题。（　　）
6. 作者认为亚婚姻的出现是不可避免的，无法解决。（　　）

（二）回答问题（3分）

什么是亚婚姻？怎么解决？

阅读三（15分）

毕业生求职遭遇 EQ 难题

文静

最近，在某高校应届毕业生里流传着一个求职"神话"：一个叫李晓斌的法律系男生被一家外资律师事务所录用。之所以被录用，并不是因为李晓斌此前有多少实习经验，也不是他在面试时临场发挥有多出色，而是他"歪打正着"中了"头彩"。

那天，李晓斌去参加律师事务所的最后一轮面试，在等候时，饮水机里的水被大家喝完了，许多想喝水的应聘者一看没水，转身就走了，李晓斌却拿起水桶，给饮水机加了水。这一幕，正好被面试官看在眼里。录取通知书就这样拿到了——因为李晓斌出色地完成了一道EQ（情商）试题。

中央电视台《绝对挑战》栏目制片人詹未说，在今年制作的几期大学生招聘节目中，许多外企和大公司人力总监不仅看大学生的履历和成绩，更引入了国外流行的新面试方式——EQ考察。一些大学生选手在节目里表现得从容不迫，他们的语言和思考问题的方式赢得了企业的信赖，但也有不少成绩优异的尖子生却在EQ测试上栽了跟头。

专家表示，企业在招聘大学毕业生时，看重的并不是成绩单上的分数，而是他们处理问题的方式和融入企业的速度。目前，不少大学毕业生在求职过程中，主要欠缺三种情商。

欠缺自我认识能力

"一部分大学毕业生，自视过高，不愿从基础工作做起，这是因为情商中欠缺自我认识能力。"奥的斯（中国）电梯投资有限公司中国区招聘经理毛萍深有感触地说，"每个企业都非常重视新职员的工作态度。"

毛萍举例说，对于一名刚刚走出校门的学生，企业一开始很难看出他有多大潜力。企业会让他从最基本的工作做起，如果他都完成得很出色，并且有自己的想法和办事技巧，这样，这个学生的责任心和创新力就可以慢慢表现出来。

但也有一些学生，对于企业交给的一些基本事情非常反感。"所以，态度是最重要的。心态摆正了，做事的方式会更好，未来在企业里发展的速度会更快。"毛萍说。

在吉百利大中国区人力资源总监曹渊勇看来，大学毕业生还要具备经受挫折的能力。曹渊勇说，企业在招聘人员的时候，会要求应聘者完成一项工作。人力资源经理会注意观察应聘者的做事目的是否清晰，遇到困难会不会坚持，如果工作不顺利，会不会给自己找理由或找借口。"应聘者是否具有耐挫折能力是企业非常关心的"。

社会看重为人处世

北京大学光华管理学院 EMBA 中心副主任王亚非既是一名教师,也是一名企业管理者。她告诫大学毕业生:"走向社会是为人处世,而不是技术第一。"

王亚非说,所有企业在选才时都会注重应聘者的"德行"。但是,从面试上选"德"是非常困难的,一个人的德行好坏需要一段时间才能发现。

王亚非的企业有 80 名员工,其中一名业务能力很强的骨干员工是她的学生,在业务上王亚非非常器重他。王亚非说,这名员工第一次说他的孩子病了,不能出差,我们照顾他。第二次说他的太太病了,还是不能出差,我们还是照顾他。第三次说他的父母来了,不能出差。

"尽管业务强的人不好替代,但企业不是慈善机构,有些员工技术虽然不如他,但工作态度和做人方式比他好,于是春节后我辞掉了他。"王亚非说得很坚决。

不懂感恩

一项调查认为,初涉职场的大学毕业生不懂感恩,这种状况将直接影响他的发展。

曹渊勇说,一些处在实习期的大学毕业生,在企业中刚刚取得一些小成绩就和老板谈条件是不合时宜的,这时应该懂得感谢企业的培养,而不是计较是否应多拿几百元钱。应该在自己有业绩的时候,再向企业提出合理的加薪要求,这样在企业里才能有更大的发展。

王亚非举例说,一个在外企工作的年轻人,年底获得 10 万元奖金。同时,公司还花掉 6 万元派这个年轻人去美国纽约培训。但这个年轻人对 10 万元的鼓励不大满意。这时,如果想到这笔钱是老板从利润里拿出来的,就可能知足并懂得感谢。如果总是想老板拿 200 万元奖金,才给我十几万元,太少了,这对其将来的发展没有好处。

人力资源管理专家、青年择业专家汪大正指出,要使大学毕业生尽快适应工作岗位,不仅要求学校传授学生科学知识,同时应该加强对学生人文知识的教育。使年轻人懂得关心,懂得爱护,懂得感谢,懂得自立,懂得付出,真正让青年学会求知,学会做人,学会生存,学会发展。

(节选自《中国青年报》,有改动)

(一)判断正误,正确的打"√",错的打"×"(12分)

1. 李晓斌因为临场发挥很出色,所以被录取了。( )
2. 饮水机的水没有了是一道情商考察题。( )
3. 企业在招聘大学毕业生时,看重的并不是成绩单上的分数,而是他们处理问题的方式和融入企业的速度。( )
4. 对于一名刚刚走出校门的学生,企业一开始就能看出他有多大潜力。( )
5. 从面试上选"德"是非常困难的,一个人的德行好坏需要一段时间才能发现。( )
6. 大学生在实习期间取得的成绩都是企业培养的结果。( )

(二)回答问题(3分)

不少大学毕业生在求职过程中,主要欠缺哪三种情商?

第十一课　未来：可再生能源唱主角

背景知识

当前中国正面临着能源和环境的严峻挑战：一方面，煤炭、石油等传统能源日渐枯竭，近几年几乎遍布全国的电荒、煤荒等能源短缺使经济发展面临新的挑战；另一方面，这些传统能源的大量使用使生态环境遭到破坏，水、空气、土壤污染严重。在这种情况下，可再生能源的开发利用已成当务之急，只有这样才能实现可持续发展。太阳能等可再生能源取之不尽、用之不竭，并且清洁无污染，它们的开发使用将大大减少污染，降低整个社会的成本，包括各种治理成本，提升整个社会的效率，促进社会的可持续发展。中国的《可再生能源法》是以法律的形式来大力推动太阳能、风能、生物能等可再生能源的开发和利用，可使中国可再生能源获得大规模的市场化发展，有效扩大可再生能源的市场需求，增强开发利用者的市场信心。

词语表

1. 能源　　　néngyuán　　　（名）
   能够产生能量的物质，如燃料、水力、风力等
   energy resources
   エネルギー源
   （연료，수력，풍력 등의）에너지원

2. 主角　　　zhǔjué　　　（名）
   指主要人物
   leading role, protagonist
   主役　主人公
   주요인물

3. 燃烧　　　ránshāo　　　（动）
   两种物质起剧烈的化学反应而发光、发热
   to burn
   燃焼する
   연소하다

4. 战略　　　zhànlüè　　　（名）
   比喻决定全局的策略
   strategy
   戦略
   전략

5	占据	zhànjù	（动）	to occupy, to hold

强行取得或占有（地域、场所等）　　占拠する

（지역，장소 따위를）점거하다，차지하다

6	穷尽	qióngjìn	（动）	to exhaust, to use up

到尽头　　尽きる　終わる

다하다，다 없어지다

7	适宜	shìyí	（形）	suitable, appropriate

合适，相宜　　適している

적당하다，적합하다，적절하다

8	就地	jiùdì	（副）	on the spot

就在原处（不到别处）　　その場で

그 자리에서，현장에서，현지에서

9	间接	jiànjiē	（形）	indirect, secondhand

通过中间环节发生关系的（跟"直接"相对）　　間接的である

간접적인（"직접적인"의 반대）

10	负载	fùzài	（动）	to be loaded with

机械设备以及生理组织等在一定时间内所担负的工作量　　負担する　担う

（기계설비，생리조직 등이）일정한 시간내에 해내야 하는 일의 양

11	辐射	fúshè	（动）	to radiate

光线、无线电波等电磁波的传播　　輻射する

방사하다，복사하다

12	总和	zǒnghé	（名）	sum, total

全部加起来的数量或内容　　総和

총화，총계，총수

13	贫乏	pínfá	（形）	lacking, poor

缺少，不丰富　　貧乏である

부족하다，결핍하다

14	密度	mìdù	（名）	density, thickness

疏密的程度　　密度

밀도

15	沿海	yánhǎi	（名）	along the coast

靠海的一带　　沿海

연해，바닷가 근처 지방

16	岛屿	dǎoyǔ	（名）	islands

岛的总称　　島の総称

섬，도서

17	观测	guāncè	（动）	to observe and survey(astronomy, geography, weather, direction etc.)

观察并测量（天文、地理、气象、方向等）

				観測する
				（천문，지리，기상，방향을）관측하다

18	储量	chǔliàng	（名）	(of natural resources) reserves
	（自然资源）储藏量			埋蔵量
				（자연자원의）저장량，매장량

19	折合	zhéhé	（动）	to convert into, to be equivalent to
	按一定的比价或计量单位换算			換算する
				환산하다

20	一带	yídài	（名）	area around a particular place
	泛指某地及其周围的地区			一帯
				일대

21	走廊	zǒuláng	（名）	corridor, passageway
	连接两个较大地区的狭长地带			回廊
				회랑 지대，두 지역을 연결하는 좁고 긴 지대

22	欠缺	qiànquē	（动）	to be deficient in to be short of
	缺乏，不够			不足する
				부족하다，결핍되다，결점이 있다

23	粉碎	fěnsuì	（动）	to grind, to pulverize
	使碎成粉末			こなごなにする
				가루로 만들다，분쇄하다

24	容量	róngliàng	（名）	capacity
	容纳的数量			容量
				용량

25	有机	yǒujī	（形）	organic (chem.)
	原来指跟生物体有关的或从生物体来的（化合物），现在指除碳酸盐和碳的氧化物等简单的含碳化合物之外，含碳原子的（化合物）			有機の
				유기의

26	废弃	fèiqì	（动）	to discard, to cast aside
	抛弃不用			廃棄する
				폐기하다

27	城镇	chéngzhèn	（名）	cities and towns, urban area
	城市和集镇（跟"乡村"相区别）			都市と町
				도시와 읍

28	野生	yěshēng	（形）	wild, uncultivated
	在大自然环境里生长而非人工栽培或畜养的			野生の
				야생의

29	充当	chōngdāng	（动）	to serve as
	充任，担当			担当する
				（직무를）맡다，담당하다

30	运输	yùnshū	（动）	to transport
	用交通工具把人员或物资从一个地方运到另一个地方			運輸する
				운수하다，운송하다

31	并非	bìngfēi	（动）	really isn't
	并不是			全く…ではない
				결코……이 아니다

32	估算	gūsuàn	（动）	to estimate (with measures and calculations)
	大致测算			推算する
				추산하다

33	接收	jiēshōu	（动）	to receive
	收受			受け取る
				받다，받아들이다

34	储藏	chǔcáng	（动）	to save and preserve, to store
	蕴藏，天然蓄积			貯蔵する
				매장되다，매장되어 있다

35	散发	sànfā	（动）	to send out, to distribute
	发出，分发			ばらまく
				발산하다，내뿜다

36	潮汐	cháoxī	（名）	morning and evening tides
	由月亮和太阳的引力所造成的水位定时涨落的现象			潮汐
				조석，해초，조수와 석수

课文　未来：可再生能源(1)唱主角(2)

李俊峰　王仲颖　梁志鹏　时璟丽

　　能源是人类生产和生活必需的基本物质。人类对能源的利用始于燃烧(3)柴草、树木等生物质，之后逐渐发展到以利用木炭、煤炭、石油等化石能源为主。但由于化石能源是不可再生的，总有消耗完的一天，并且大量使用化石能源会使生态和环境破坏日益严重，因此世界各国都将可再生能源技术的开发利用作为实现可持续发展的重要措施。欧盟计划到2020年，使可再生能源使用量达到20%，到2050年达到50%。美、英等国在新近公布的中长期能源战略(4)中，可再生能源也占据(5)了重要地位。国际能源发展趋势表明，可再生能源将成为继煤炭、石油和天然气之后的第四代能源。

　　什么是可再生能源？可再生能源是指在自然界中可以不断开发利用、不会穷尽(6)的能源。可再生能源分布广泛，包括太阳能、风能、水能、生物质能、地热能和海洋能等，适宜(7)就地(8)开发利用，对环境无害或危害极小。

太阳能

大部分可再生能源都直接或间接[9]来自太阳能。太阳能是指太阳所负载[10]的能量。一般以阳光照射到地面的直接辐射[11]和天空散射辐射的总和[12]来计算。受地理位置等因素影响，各地太阳能辐射量差异较大。全国可分为五类地区：一类为太阳能丰富区，二类为较丰富区，三类为可利用区，四类为一般区，五类为贫乏[13]区。前三类地区占全国太阳能资源总量的2/3以上。

太阳能的利用方式主要为：太阳能电池系统，它可以直接将太阳能转换为电能；太阳能聚热系统，可利用太阳的热能产生电能；被动式太阳房；太阳能热水系统；太阳能取暖和制冷。

风能

风来自太阳的热作用，风能是风所负载的能量，风能的大小决定于风速和空气的密度[14]。

我国北方和东南沿海[15]地区及一些岛屿[16]风能资源丰富。据国家气象部门多年观测[17]，我国10米高度层的风能资源总储量[18]可折合[19]电能32.26亿千瓦，实际可开发利用的风能资源为2.53亿千瓦，主要分布在东南沿海岛屿及西北部一带[20]。此外，我国海上风能资源也很丰富。初步估计，我国海上风能资源是陆地风能资源的3倍左右，可开发利用的资源总量约为7.5亿千瓦。

我国风能资源区划分为四类：一类是东南沿海、台湾、南海群岛、松花江下游等风能资源丰富区；二类是东南沿海离岸20～50千米地带、东北平原、内蒙古南部、河西走廊[21]、青藏高原等风能资源较丰富区；三类是福建、广东离岸50～100千米地带、大小兴安岭、辽河流域、苏北、长江、黄河中下游、两湖沿岸等风能资源可利用区；四类是风能资源欠缺[22]的四川、甘南、陕西、贵州、湘西、岭南等地区。

人类利用风能已有几百年的历史，过去主要是利用风力提水和粉碎[23]谷物。如今，风能的主要利用方式是风力发电。

小水电

通过利用水流动的能量来发电，称之为水电，也被视为一种可再生能源。所谓小水电，是指总装机容量[24]小于或等于5万千瓦的水电站。

生物质能

植物的生长离不开阳光、雨和雪。自然界所有用于能源的生物质，均被称为生物质能，包括各种植物、城乡有机[25]废弃[26]物等，如林业加工废弃物、城镇[27]有机垃圾、工农业有机废水和其他野生[28]植物等。生物质可以用来生产电能，充当[29]交通、运输[30]和生活供热的燃料（如沼气）或生产化学制品。

地热能

并非[31]所有可再生能源都源于太阳的作用，地热能就是来源于地球内部的热量。地热能可以用来发电、为建筑物供热和制冷，是一种很有前景的能源。据专家估算[32]，地球陆地以下5千米内、15℃以上岩石和地下水总含热量相当于9950万亿吨标准煤。按世界年能耗100亿吨标准煤计算，可满足人类几万年能源需要。

海洋能

海洋通过各种物理过程**接收**(33)、储藏(34)和散发(35)能量，这些能量以潮汐(36)、波浪、温度差等形式存在于海洋之中。所有这些形式的海洋能都可以用来发电。

中国经济的平稳增长，要消耗大量的能源和资源，由此带来的能源和环境问题十分突出。据预测，在未来20～30年内，可再生能源将是我国发展最快的产业之一，对我国能源、环保、经济和社会发展起到巨大的推动作用。

（全文字数：约1540字）

（节选自《健康报》，有改动。）

注 释

① 美、英等国在新近公布的中长期能源战略中，可再生能源也**占据**了重要地位。

[解释] 占据：动词，指用强力取得保持，有持续性，具体的与抽象的都可以。

[例词] 占据着消费市场／占据历史舞台／占据着我的心

[例句] ① 游戏占据着生活的大部分时间。
② 他占据了我的心。

② **并非**所有可再生能源都源于太阳的作用，地热能就是来源于地球内部的热量。

[解释] 并非：动词，并不是。表示转折。

[例句] ① 从表面上看，中国电信已打破了垄断，五大巨头相互打得你死我活，实际上并非如此。
② 职业选择中，并非人人都能如愿以偿，还有许多人在自己不喜欢的职业领域中平凡地工作着。
③ 沟通并非"独角戏"，而是"交际舞"，需要双方密切配合。

③ 海洋通过各种物理过程**接收**、储藏和散发能量，这些能量以潮汐、波浪、温度差等形式存在于海洋之中。

[解释] 接收：动词，接纳，限于同表具体事物的名词搭配。

[例词] 接收财产 / 接收信号 / 接收毕业生

[例句] ① 他接收的病人经过培训后，都当了志愿者。
② 截至12月10日，通过广州市人事局网上申办接收的高校毕业生为16422人。

读报小知识

报刊语言的特点之一 —— 书面语多

报刊文章受发表的版面的限制，必须用尽可能少的文字传达出尽可能多的信息，故报刊语言具有很强的书面语特点。这些书面语主要有以下几种：普通的书面语，如参与、抵达等；成语，如莫名其妙、举世瞩目等；带文言成分的书面语，如则、倘、尚等。

练习

一　请在课外阅读中文报刊的最新文章，将其中你喜欢的一篇剪贴在你的笔记本上，然后写成摘要，并谈谈自己的看法

二　给下列动词搭配适当的词语

欠缺_____　　燃烧_____

接收_____　　粉碎_____

散发_____　　充当_____

储藏_____　　占据_____

三　选词填空

并非　　穷尽　　贫乏　　散发　　充当

1. 不正规的旅行社招揽游客的主要方式是_____小广告，到正规旅行社门外等客，直接到一些机关企业游说等。

2. 很多读者订阅报纸_____因为对报纸的质量和服务感到满意，而是受到促销礼品和打折的吸引。

3. 一些名作家为写一本启发读者才智的精品书籍而反复推敲，甚至_____半生精力。

4. 在发达国家，似乎没有听说有谁怕多纳税而不愿意成为"富人"，而愿意_____"穷人"，没有这个先例。

5. 我们一直强调"地大物博"，但实际上我们是资源，尤其是人均资源非常_____的国家。

四　根据课文内容判断正误

1. 燃烧柴草、树木等生物质是人类利用能源的开始。（　　）
2. 可再生能源是不会穷尽的，可以不断开发利用。（　　）
3. 可再生能源都间接来自太阳能。（　　）
4. 小水电是指总装机容量不超过5千瓦的水电站。（　　）

五　请按正确的语序将下列句子组成完整的一段话

1. A. 可再生能源分布广泛

   B. 适宜就地开发利用，对环境无害或危害极小

   C. 可再生能源是指在自然界中可以不断开发利用、不会穷尽的能源

   D. 包括太阳能、风能、水能、生物质能、地热能和海洋能等

   正确的语序是：（　　）（　　）（　　）（　　）

2. A. 地热能就是来源于地球内部的热量

   B. 是一种很有前景的能源

   C. 地热能可以用来发电、为建筑物供热和制冷

   D. 并非所有可再生能源都源于太阳的作用

   正确的语序是：（　　）（　　）（　　）（　　）

六 根据课文内容选择最合适的答案

1. 关于可再生能源，说法错误的是_____。
   - A. 可以不断开发利用，不会穷尽的
   - B. 对环境没有危害
   - C. 适宜就地利用开发
   - D. 太阳能、水能、风能是可再生能源

2. 太阳能的利用方式不包括_____。
   - A. 太阳能热水系统
   - B. 太阳能取暖和制冷
   - C. 核能发电系统
   - D. 太阳能电池系统

3. 现在风能的主要利用方式是_____。
   - A. 风力发电
   - B. 提水
   - C. 粉碎谷物
   - D. 取暖和制冷

4. 关于地热能，说法错误的是_____。
   - A. 来源于地球内部的热量
   - B. 是所有可再生能源的来源
   - C. 是一种很有前景的能源
   - D. 可以用来发电

七 完型填空

（一）

| 将 | 由此 | 对……起到 | 据预测 | 在……内 |

中国经济的平稳增长，要消耗大量的能源和资源，__1__带来的能源和环境问题十分突出。__2__，__3__未来20～30年__3__，可再生能源__4__是我国发展最快的产业之一，__5__我国能源、环保、经济和社会发展__5__巨大的推动作用。

（二）

从1998年开始，桂林市就提出要创建国家环保__6__城市，但由于经济实力等原因，__7__未获成功。近年来，桂林市__8__城市基础设施建设，__9__产业结构，对城市大气环境和水环境重点保护，使桂林山水城市的特色更加突出，市容市貌焕然一新，为市民__10__出天蓝地绿、水清气爽、安静舒适的居住环境。桂林市在6年的"创模"工作中，始终坚持贯彻可__11__发展战略，__12__桂林的"山常绿、水常流"。

6.	A. 模范	B. 榜样		C. 典型		D. 标准	
7.	A. 以后	B. 以前		C. 一直		D. 总是	
8.	A. 扩大	B. 加大		C. 加深		D. 强调	
9.	A. 协调	B. 调整		C. 调和		D. 整治	
10.	A. 创造	B. 制作		C. 制造		D. 营造	
11.	A. 继续	B. 不断		C. 增长		D. 持续	
12.	A. 保证	B. 确实		C. 证明		D. 保持	

八 用自己的话或原文中的关键句子概括下面一段话的主要内容

我国风能资源区划分为四类：一类是东南沿海、台湾、南海群岛、松花江下游等风能资源丰富区；二类是东南沿海离岸20～50千米地带、东北平原、内蒙古南部、河西走廊、青藏高原等风能资源较丰富区；三类是福建、广东离岸50～100千米地带、大小兴安岭、辽河流域、苏北、长江、黄河中下游、两湖沿岸等风能资源可利用区；四类是风能资源欠缺的四川、甘南、陕西、贵州、湘西、岭南等地区。

九 请尽量用以下词语进行话题讨论

欠缺	接受	占据	穷尽	贫乏	散发
贮藏	充当	粉碎	燃烧	并非	接收

1. 你们国家主要使用哪些能源？
2. 可再生能源与化石能源相比，存在哪些优势和不足？

快速阅读

阅读一（字数：约1730字；阅读与答题的参考时间：9分钟）

与其引进萤火虫，不如改善环境

提到萤火虫，人们就会很自然地联想到"浪漫""梦幻"这些美妙的情境。为了在城市重现这一幻境，去年夏季一些地方刮起了引进萤火虫展览热。然而，上万只千里之外引进的萤火虫，短短几天内死亡就达一半以上，展示现场"只见尸体，不见荧光，更不见浪漫"，引发了舆论一片哗然。夏季即将来临，希望这样的人为展示不再出现，对萤火虫这种观赏类昆虫，我们该怎样科学保护和展示利用呢？

渐行渐远的隐忧

萤火虫是夏季夜晚常见的昆虫。每当夜幕笼罩，萤火虫就从草丛、树林和小河的两岸飞出，一只两只……成百上千的萤火虫在你面前飞舞，点点荧光与天上闪烁的星光交相辉映，为乡野林地平添了几许温馨而浪漫的意蕴，给人们的生活增添了无限情趣。然而，近年来这些可爱的小精灵却于我们渐行渐远，部分地区越来越鲜见，许多城市甚至多年绝迹。

据了解，目前世界上有萤火虫2900多种，中国大陆已经发现了150多种，我国台湾地区已经发现了近60种。根据幼虫的栖息地，萤火虫可划分为陆栖、水栖和半水栖三个品种。作为一种夜行性昆虫，萤火虫从卵、幼虫、蛹到成虫，经历着完全变态的生活史，对生存环境有着较高的要求。它们喜欢植被茂盛、水质干净、空气清新的自然环境，一旦栖息地环境被破坏，它们就会消失得无影无踪。

除了自然天敌外，近年来人类成了萤火虫最大的"天敌"。由于很多种类的萤火虫不喜迁徙，年复一年地在同一个栖息地聚集、交配，即使栖息地遭到破坏，它们也不会迁到别处去，这样一来，有时等待它们的就是毁灭性的打击。

在美国，一些医药公司为了获取萤火虫体内特有的虫荧光素和虫荧光素酶，出价购买萤火虫，导致人们大肆捕捉萤火虫。在日本，上世纪60年代的工业污染和城市扩张破坏了河道，致使萤火虫幼虫的生存率直线下降。

在我国，由于近年来工业化带来的各种污染、城市的大规模开发以及农药、化肥的过度使用，一些地方土壤、水和空气质量恶化，自然环境被破坏得越来越严重，这使得萤火虫的生存也遭受到严重的威胁，特别是河流的污染和岸坡水泥化，对水生类萤火虫影响很大。

萤火虫主要利用闪光进行求偶，雌雄之间发出特异性的闪光信号以寻找异性并交尾，然而，城市里各色亮光干扰了它们的闪光交流，甚至屏蔽其闪光信号，当萤火虫感知到外界灯光时，就会停止发光、飞行、求偶，最终导致种群减少甚至灭绝。

现在绝大多数儿童没有在城市中见过萤火虫，而90%以上的中青年人和几乎所有的老年人在以前见过，但现在没有见过。随着萤火虫渐渐从我们身边消失，很多人便只能在诗词、歌谣和童话里寻找这些小精灵了。

人工引入难圆梦

萤火虫是为数不多的会发光的观赏类昆虫，这也是它们吸引人们眼球的重要原因。近年来，为了在城市重现荧光幻境，人们可谓是费尽了心思。一些城市举办荧光盛会活动，从外省千里迢迢引入萤火虫，然后在公园内人工放飞。许多网店也在每年的"七夕"前将活体萤火虫作为热销的"浪漫利器"，打出"我的爱只为你发光"等动人的宣传语。然而，无论是大批引进，还是网上百十只的零售购买，萤火虫的成活率都很低，成活期也很短，以至于商家费尽周折、买家花费了不少金钱，浪漫初衷却难以实现。

萤火虫在商业展示中倍显"娇嫩"，是由它们特定生活环境的突变及其固有生活习性所致。萤火虫成虫的唯一使命就是繁殖，寿命很短，长的也就十多天。萤火虫本就不适合进行长途迁徙，如果在运输途中耽搁时间太久，运输条件又不够好，目的地栖息环境又不太合适，它们几乎活不了几天，繁殖就更是不可能了。这就不难理解水土不服的萤火虫为何在人工展示过程中会成批死亡了。

有专家就此指出，萤火虫人工饲养的难度很高，大量的野外捕捉会破坏萤火虫的生存空间，影响它们的正常繁殖，进而破坏生态平衡。因此，不恰当地引入和放飞萤火虫来营造浪漫，并不是一个科学合理的展示方式。不少人为此呼吁：与其引进萤火虫，不如改善环境。

近些年来，中国的城市发展欠了很多环境账，想要在城市里重建一片自然环境并不容易，但如果做到了，来的肯定不只是萤火虫。因此，保护萤火虫不能光着眼于一个物种，而是要通过保护整片栖息地来保护许多物种。熊猫如是，萤火虫也如是。萤火虫人工引入放飞后大批死亡的事件告诉人们，不要仅仅把眼光放在萤火虫身上，而应该多想想如何让城市对自然更友好，才能让萤火虫更多地回归城市。

（选自《北京日报》，有改动）

回答问题

1. 提到萤火虫你会想到什么？萤火虫在你的心里代表着什么？
2. 为什么这些给人们的生活增添了无限情趣的小精灵近年来于我们渐行渐远，部分地区越来越鲜见，许多城市甚至多年绝迹？
3. 为什么人工引入的萤火虫成活率低且成活期短？
4. 对于"与其引入萤火虫，不如改善环境"这样的观点，你是怎么看的？

阅读二（字数：约1420字；阅读与答题的参考时间：8分钟）

互联网巨头缘何对绿色能源情有独钟

你以为只有钢铁厂和电解铝厂才是高耗能企业？错了！打开谷歌键入关键词得到搜索结果，这个过程耗时不到一秒，但耗能可能超乎想象。我们难以科学计算每一次搜索的能耗情况，但是谷歌2010年消耗了23亿度电。不止是谷歌，亚马逊、IBM和微软等互联网巨头都是能耗大户。

这些高耗能企业正在想办法改变现状，主要途径有二：一是研发新的更为节能的服务器，二是直接购买电源。谷歌是先行者，他们至今投资的新能源发电项目超过10亿美元，其中很大一部分是风电。

很多人据此认为互联网企业正在介入和改变能源行业，不过风电企业却不这么看，他们认为，谷歌投资风电只是为了锁定未来用电成本——当然也不排除有那么一丁点介入能源行业的想法。

以风电为例，投资成本包括：风机成本、运营维护成本和一定的电网投资。世界知名风电厂商（如GE、西门子和维斯塔斯等）通常可以较为准确地告诉他们的客户，每发一度电成本是多少，这个数据在风机20年寿命期内不会发生大的波动。

计算公式为：度电成本=(风机价格+运维成本+电网投资)/20年发电量

高质量的机组可以保证运维成本和发电量都是可控和可预测的，电网投资是固定的，风是不要钱的，投资风电场可以基本锁定机组寿命期内的能源使用成本。太阳能发电也是同样的道理，不过目前光电的成本会高一些。

对于谷歌们来说，投资其他电源形式就不那么靠谱了。煤电的价格可能更低廉，但火电厂要大量使用煤炭，煤炭价格走势难以预料（目前是上升趋势），投资者难以建模测算。核电和水电是理想的投资对象，但是在欧美等发达国家核电和水电已呈饱和状态，很少有新项目开工，谷歌没有切入的空间。

未来能源的使用成本会越来越高，这是耗能大户谷歌必须考虑的问题。投资风、光等新能源，能够锁定未来二十年的用电成本，在美国和欧洲部分国家，绿色能源的投资者可以享受优惠政策，捎带手还能赚一个环保美名——这符合互联网企业耍酷的特点，想想谷歌要是投资火电，那将一件多么无聊的事情！

互联网确实正在改变传统能源生产企业，但不是以投资的形式。丹麦风电巨头维斯塔斯和大数据生产商IBM一起开发了一套精密风机监测系统，通过收集全球数以万计维斯塔斯风电机组的运转数据，来确定某一台机组是否处于异常状态。

如果这套检测系统发现某一台机组的齿轮箱温度比其他的机组高2度，维斯塔斯就会制定出检修方案，在当地风况条件不佳的时候停机检测，提前排除问题，以保证机组在风力资源充沛的时段处于满发状态。如果没有这套系统，只有等到风机出了问题，才会有服务团队介入，但那时可能"风头正劲"，业主将蒙受少发电的损失。

除此之外，IBM还和维斯塔斯一起开发了一套智慧型的解决方案，这套系统在收集目标地区的历史气象数据、水文资料、卫星地图后进行综合分析，再与维斯塔斯的机组类型进行匹配，从而能够告诉客户在该地区使用哪款风机效率最佳。

综合与维斯塔斯合作的经验，IBM推出了一套名为"混合可再生能源预测"(HyRef)的解决方案。这个系统可以用于解决风电和光伏间歇性冲击电网的问题。它通过收集气象信息以及风电光伏设备的性能信息，可以对某风电厂或者光伏电站未来的发电量和发电时间进行预测。IBM称，国家电网冀北电力公司正在运用这项技术提高风电的并网率。

对于传统的风机和光伏组件制造商来讲，"互联网思维"意味着要向更有附加值的服务市场进军。国内风机制造商金风科技和远景能源也拥有类似的大数据系统，风电服务行业将是潜力最大的领域，风机制造商们可以运用大数据等互联网技术手段来提升竞争力，为客户创造更多价值。

(节选自中国国际招标网，略有改动)

选择题

1. 2010年耗费23亿度电的互联网巨头是（　　）。

   A. IBM   B. 亚马逊   C. 谷歌   D. 微软

2. 作为高耗能大户，谷歌为了改变现状，至今投资的新能源发电项目超过10亿美元，其中大部分是（　　）。

   A. 核电   B. 水电   C. 煤电   D. 风电

3. IBM推出了一套名为"混合可再生能源预测"(HyRef)的方案,此方案可以用于( )。
   A. 解决风电和光伏间歇性冲击电网的问题
   B. 收集气象信息
   C. 收集风电光伏设备的性能信息
   D. 能源的过度使用

阅读三(字数:约1600字;阅读与答题的参考时间:9分钟)

风险评价:给重金属画一条科学的"红线"

关注重金属污染

重金属等化学元素在自然界本来是微量存在,但人类活动会增加这些元素在土壤、大气及水中的含量,当这些重金属元素富集到一定程度时就可能给人体健康带来危害。

我国改革开放以来,经济快速发展,重金属带来的环境问题呈现出愈演愈烈之势。据不完全统计,2006—2009年共发生41起较大的与健康损害相关的环境事件,其中重金属占了22起。

这种状况下如何能准确判断某一区域是否有重金属伤人的风险,就需要一系列科学的风险评价体系。采访中,几位业内专家对记者表示,目前我国风险评价研究做得还不够。

现有标准存在不科学因素

2009年,陕西凤翔县的铅污染造成615名儿童血铅超标,其中166名儿童中、重度铅中毒。当地环保部门的权威发布让人匪夷所思:一方面认定东岭冶炼公司是造成血铅超标的主要成因;另一方面认定该公司废水、废气、固水淬渣排放符合国家相关标准,其周边土壤铅含量也符合国家土壤环境质量标准。"排污达标"为何"血铅超标"?

北京大学城市与环境学院教授胡建英非常关注这一事件,她告诉《科技日报》记者,当时她正在做一项"铅累积暴露风险评价的方法学"研究,对当时媒体上出现的"别让孩子成为环评材料"的呼吁印象深刻。回顾我国近几年出现的重金属污染事件,会发现这些事件中有不少排污企业达标排放,却同样引起所在地污染物总量超标,或者当地人体内重金属超过健康标准。"这其中暴露了我国重金属污染防治环境标准制定中可能存在一些问题。"胡建英说。

为什么会存在问题?胡建英解释说,在实际环境中,人群通过不同的途径暴露重金属,不同暴露途径贡献有很大差异。"食物、土壤、大气、饮用水等,目前的贡献率计算大多使用经验性贡献率。"比如WHO(世界卫生组织)制定饮用水标准时,铅的贡献率被经验性地定为20%,据此计算饮用水铅标准。"这可能会导致总贡献率大于或不足100%,进而导致介质标准过宽或过严,也会出现环境介质安全值和儿童体内安全值互相打架。"胡建英说。此外,贡献率会基于一种外暴露点监测数据计算而得,但人群暴露化学物质是一个长期积累的结果,需要累积暴露过程评价,才能制定科学合理的环境基准。包括美国在内的标准制定中,虽然考虑了多介质暴露问题,但是通常仅仅采用经验性的环境介质贡献率,没有经过合理的累积暴露过程评价。但美国的环境浓度控制远低于他们的国家标准，因此儿童血铅浓度得到了非常好的控制。

标准不是安全线

标准就是安全线吗？胡建英并不这么看。

在每年给学生上课时，她都会讲到一个美、日汞摄入量基准比较的例子，告诉学生们这些环境标准都是怎么来的。美国环保署（EPA）规定每天单位体重（千克）汞的摄入量是0.1微克，而日本的标准则是0.29微克。为何出现接近3倍的差距？

科学界认为普通公众汞的摄入主要是吃鱼。两国都使用来自三个食鱼多的岛国的流行病调查数据确定的安全值。计算方法是安全值除以不确定系数。安全值相同，但两国的不确定系数存在很大差距，美国采用了10，而日本则采用了4。"不确定系数背后隐藏着每个国家的实际情况。日本的标准尽量跟踪美国，但日本是一个食鱼多的国家，如果这一标准和美国一样，那日本的很多食品都要超标，很多产业会受到影响，所以他们做不到。"

"环境标准就是这样一个科学界、产业界和政府互相博弈、妥协的过程。"胡建英说。她建议我国环境标准制定过程应该更大限度地公布出来。"你是怎么制定出来的，用什么方法，什么过程，让科学家在内的各方来质疑、讨论。这样才能让标准更科学，最终保护人群健康。"

而对现有标准，胡建英说，我们不能把标准当做安全线，应该让重金属尽可能减少到最低水平。

科学的评价才能带来有效的管理

重金属的风险评价发展在我国方兴未艾，已经越来越融合环境监测、生物毒理、数学建模、统计分析等各方面的技术。胡建英说，相对于重金属污染的监测、毒性测定、处理技术而言，我国的重金属风险评估研究做得还很不够，"要把很多问题说清楚，还需要系统的研究工作"。

（节选自《科技日报》，略有改动）

判断正误

1. 重金属元素在自然界中本来是不存在的，是由于人类的活动使其产生在土壤、大气和水中，从而对人类产生伤害。（　）
2. 2006—2009年共发生41起与健康损害相关较大的环境事件，其中重金属占了22起。（　）
3. 从我国近几年出现的重金属污染事件中，会发现其中有不少排污企业达标排放，却同样引起所在地污染物总量超标，或者当地人体内重金属超过健康标准。（　）
4. 美国在重金属污染防治环境标准制定中，考虑了多介质暴露问题，经过合理的累积暴露过程评价，不采用经验性的环境介质贡献率，所以标准好于其他国家。（　）
5. 北京大学城市与环境学院教授胡建英说，我们可以把标准当做安全线，这样重金属就可以减少到最低水平。（　）

6. 重金属的风险评价发展越来越融合环境监测、生物毒理、数学建模、统计分析等各方面的技术。（　）
7. 根据胡建英给学生讲的美、日汞摄入量基准比较的例子，我们可以分析出，每个国家在制定环境标准时，都应该考虑每个国家的具体实际情况。（　）

第十二课　知名企业看中何种人才

背景知识

20岁至30岁是人生事业发展的起点。如何起步,直接关系到今后的成败。这一阶段的主要任务之一,就是选择职业。在充分做好自我分析和内外环境分析的基础上,选择适合自己的职业,设定人生目标,制订人生计划。年轻人步入职业世界,要树立自己良好的形象,表现如何,对未来的发展影响极大。除此以外还要坚持学习。据日本科学家研究发现,人的一生工作所需知识,90%是工作后学习的。这个数据足以说明参加工作后学习的重要性。

词语表

1. **看中**　kànzhòng　（动）
   看了感到合意
   to take a fancy to, to preper
   見て気に入る
   (보고) 마음에 들다 ; 보고 결정하다

2. **背景**　bèijǐng　（名）
   对人物、事件起作用的历史情况或现实环境
   background
   背景
   배경

3. **本土**　běntǔ　（名）
   本国,本地
   one's native country
   本土
   태어난 고향

4. **论坛**　lùntán　（名）
   公开发表议论的场合,包括新闻媒体组织的座谈会或开辟的栏目等
   forum, tribune
   論壇
   논단 (좌담회 등 포함)

5. **热点**　rèdiǎn　（名）
   比喻在一定时期内引人关注的事物或地方
   hot spot (refers to thing or place that attracts great attention)
   ある時期注目されている問題や場所
   (문제,지방 등) 사람들의 주목을 끄는 것

6	总监	zǒngjiān	（名）	chief inspector
	负责全面管理监督的人			総監
				총감독

7	整合	zhěnghé	（动）	to conform
	调整后重新组合			整合する
				조정을 거쳐 다시 조합되다

8	运作	yùnzuò	（动）	(of organizations, institutions, etc.) to work in progress, to carry out activities
	（组织、机构等）进行工作，开展活动			仕事を行う
				（조직，기구 등이）활동하다

9	方案	fāng'àn	（名）	scheme, plan
	工作或行动的计划			方案
				방안，계획

10	困惑	kùnhuò	（形）	perplexed, puzzled
	感到疑难，不知道该怎么办			困惑する
				곤혹스럽다，당혹스럽다

11	加剧	jiājù	（动）	to aggravate, to intensify
	比原来更严重			激化する
				격화하다，심해지다

12	总裁	zǒngcái	（名）	(of political party, bank, etc.) chairman, president
	某些政党或银行、大型企业领导人的名称			総裁
				（정당，은행，대기업 등의）총재

13	多元化	duōyuánhuà	（动）	multiplication (as opposed to unification)
	使具有多种构成主体或构成成分（跟"一元化"相对）			多くの根元や要素があること
				다원화（"일원화"의 반대）

14	招收	zhāoshōu	（动）	to recruit, to take in (students, employees, etc.)
	用考试或其他方式接收（学生、员工等）			募集採用する
				（학생이나 견습공 등을）모집하다，받아들이다

15	员工	yuángōng	（名）	staff, personnel
	工作人员			従業員
				직원과 노무자

16	团队	tuánduì	（名）	team
	具有某种性质的集体			団体
				（어떠한 성격을 가진）단체

17	氛围	fēnwéi	（名）	atmosphere
	周围的气氛和情调			雰囲気
				분위기

18	诚信	chéngxìn	（形）	honest, sincere
	诚实，守信用			誠意がある
				성실하다, 신용을 지키다
19	正直	zhèngzhí	（形）	honest; upright
	公正坦率			正直である
				(성질이) 바르고 곧다, 정직하다
20	协作	xiézuò	（动）	to cooperat, to work in coordination with
	互相配合			協力する
				협업하다, 합력하다
21	负面	fùmiàn	（名）	negative aspect
	消极的、不好的方面			マイナス面
				나쁜 면, 부정적인 면
22	推向	tuīxiàng	（动）	to push in a certain direction
	朝一定方向推动			一定の方向に向かって推し進める
				끌어올리다
23	业务	yèwù	（名）	professional work
	专业工作			業務
				업무
24	环节	huánjié	（名）	link, segment
	比喻互相关联的许多事物中的一个			環節
				일환, 부분
25	出发点	chūfādiǎn	（名）	starting point
	比喻言行的动机、着眼点			出発点
				착안점, 동기
26	分配	fēnpèi	（动）	to distribute, to allot
	安排，分派			割り当てる
				배치하다, 배속하다, 안배하다
27	顾问	gùwèn	（名）	adviser, consultant
	有专门的知识或经验，受聘提供咨询的人			顧問
				고문
28	便于	biànyú	（动）	to be easy to, to be convenient for
	比较容易（做某事）			···に便利である
				(어떤 일을 하기에) 편리하다
29	分支	fēnzhī	（名）	branch
	从一个系统或主体中分出来的部分			一つの系統から分かれた部分
				(분점 등) 분리되어 나온 부분
30	冒险	màoxiǎn	（动）	to take a risk, to take chances
	不顾危险（做某事）			冒険
				모험하다, 위험을 무릅쓰다

31	考核	kǎohé	（动）	to assess (one's proficiency)
	特指对部门或人员进行考查评审			審査する
				심사하다

32	含义	hányì	（名）	meaning, implication
	所包含的意义			含まれている意味
				내포된 뜻

33	理念	lǐniàn	（名）	idea, concept
	思想，观念			理念
				이념

34	梦想	mèngxiǎng	（名）	dream; ideal
	渴望的事情			妄想
				갈망；이상

35	福利	fúlì	（名）	welfare, life benefits (housing, medical affairs, food, transportation, cultural entertainment etc.)
	生活方面的利益，特指对职工生活（住房、医疗、饮食、交通或文化娱乐等方面）的照顾			福利 福祉
				복리，복지，후생

课文　知名企业看中[1]何种人才

李 涛

现今中国企业激烈竞争的背后核心是人才竞争，那么在这样的背景[2]下，中国企业走向国际化对人才的需求是什么？本土[3]人才与国际人才之间的竞争力差异表现在哪里？日前，在由搜狐网教育中心主办的中国人才竞争力高峰论坛[4]上，IBM、思科、爱立信、索尼、搜狐等国内外知名企业人力资源部门共同探讨了这个热点[5]话题。

知名企业看中何种国际人才

国际知名公司看中何种国际人才？IBM人力资源总监[6]白文杰认为，在人才需求方面，IBM最需要的是整合[7]型人才，即具备一定的行业背景，如做大的金融服务，就需要有金融行业运作[8]和管理的经验，还需要对IT行业有一些了解，对产品和解决方案[9]有了解，另外还要有自我整合的能力，可以直接把解决方案端出去给客户。

"互联网行业的最大困惑[10]，是没有成熟的人才。"搜狐人力资源总监[11]张雪梅表示，对于互联网行业来说，市场上没有特别成熟的人才是最大问题，而随着互联网行业竞争的加剧[12]，怎样保留那些已经成长起来的人才是一个非常大的挑战。

对于国际化大环境下更需要什么人才这个问题，思科公司人力资源中国区副总裁[13]李建波表示，目前真正需要是能适应高速变化的人才。他认为在中国企业当中，如果开始培养国际化人才，就一定要关注员工队伍**多元化**[14]。他说："公司现在在招收[15]新员工[16]的时候，我们会有意识地招收有国际教育背景的人，不同背景、不同环境下成长起来的人才，带给团队(17)的价值比完成这个工作要大得多。这样一个多元化的团队本身就是一个小的国际化文化氛围(18)。员工可以在这样一个团队当中培养出来，以适应、欣赏不同的文化和不同的工作方式。"

21世纪人才需要哪些重要素质

现在公司对人才要求越来越严格，张雪梅表示，对于搜狐来说，21世纪需要的是诚信(19)、正直(20)、学习创新、有团队协作(21)精神的人才。她说："公司在培养年轻员工的时候非常注重三个方面。第一个方面就是诚信、正直，如果是不诚信的人，会给公司带来很大的负面(22)影响，所以我们在考察一个人的时候，最先去考察、观察的就是诚信。第二点，由于行业的飞速发展变化，在这种情况下我们更需要找到能够有很好的学习能力和创新能力的员工。随着企业的发展，要学习新的东西。另外，我们需要明星员工，也需要一个团队，把企业推向(23)成功，把业务(24)推向成功。我们非常关注的就是诚信以及学习创新能力，同时还有团队协作精神。"

白文杰补充道，成就客户是IBM非常关注的重要环节(25)。她表示应该一切都是以客户为出发点(26)，让客户成功，才能让公司成功，才能让个人成功。首先就是要永远有热情，接受挑战，喜欢尝试新的东西。第二点就是积极的心态，如果这个工作在自己工作范围之外也应该去做，哪怕去帮助别人。第三点，是主动工作，并不单纯是老板分配(27)什么工作就做什么，而是主动跟老板提出一些新的建议。

如何在国际公司内发展

索尼人力资源部、对外联系部顾问(28)马思宇介绍，索尼是一家非常典型的跨国公司。作为这样一家国际化的公司，对人才的观念，就是进入一个新市场如何考虑这个市场，并便于(28)培养自己的人才。刚开始的索尼（中国）有限公司是6个人。现在已经发展到了1000人左右，在31个省市都有分支(30)机构。他说："需要学习、需要热情是非常重要的，好奇心、执着、灵活性、乐观、挑战性和冒险(31)性都是索尼重点考核(32)的方面。索尼的激励方式和口号'do you dream in Sony？'有两层含义(33)，作为索尼来讲创造和生活方式是一种理念(34)，另外一方面也是对员工的教育，在索尼里面你可以实现什么梦想(35)，公司如何帮助员工，员工有一些什么理念和想法，索尼都可以尽力帮助。"

爱立信中国有限公司人力资源部总监李敏表示，今天在中国员工当中面临的主要问题包括发展、竞争力、领导力、企业文化四个方面，也是员工离开公司最主要的因素。在20世纪90年代，最主要的因素是收入、福利(36)、房子，而现在主要因素已换成与老板的关系、与同事的关系，有无挑战性的工作、个人能力的发展，这些因素都与公司的文化紧密相关。

（全文字数：约1600字）

（节选自《北京青年报》，有改动。）

注释

① 如做大的金融服务，就需要有金融行业**运作**和管理的经验……

[解释] 运作：动词，表示组织、机构等进行工作，开展活动。不能用于劳动方面。后面不能带宾语。

[例词] 司法运作 / 政府运作 / 公司运作 / 企业运作 / 行业运作 / 市场运作

[例句] ① 政府运作的高成本与政府服务的低效率往往是紧密相连的。
② 积极发展独立公正、规范运作的专业化市场中介服务机构，有利于降低政府的行政成本。

② 如果开始培养国际化人才，就一定要关注员工队伍**多元化**……

[解释] 化：加在名词、形容词或动词的后面，表示转变成或具有某种性质或状态。

[例词] 名 + 化：多元化 / 一元化 / 大众化 / 现代化 / 工业化 / 知识化 / 系统化
形 + 化：深化 / 老化 / 具体化 / 简单化 / 复杂化 / 丑化 / 美化 / 绿化 / 简化 / 净化
动 + 化：退化 / 转化 / 合作化 / 自动化

[例句] ① 当前经济日趋活跃、社会利益日益多元化，社会经济秩序的规范问题也变得突出起来。
② 要解决西部开发所需人才问题，最根本的出路在于深化改革，扩大开放，加快发展。
③ 过度放牧引起草山、草坡、草场退化、沙化。

③ 白文杰补充道，成就客户是IBM非常关注的重要**环节**。

[解释] 环节：指蚯蚓、蜈蚣等动物的身体的环状结构，引申为互相关联的许多事物中的一个。

[例词] 主要环节 / 重要环节 / 薄弱环节 / 基本环节

[例句] ① 行业管理部门如果仅从一个环节上考虑，可能对于解决健康餐饮这个核心问题帮助不大。
② 各地区应加大对薄弱环节和贫困地区的投入。

❹ 在索尼里面你可以实现什么**梦想**，公司如何帮助员工，员工有一些什么理念和想法，索尼都可以尽力帮助。

[解释] 梦想：指想象或想法是急迫的，深切的。对象是急于得到的事物，或者是美好的事物，或者是不好的事物。

[例词] 梦想成真 / 不切实际的梦想 / 充满梦想 / 梦想成为作家 / 梦想环游世界

[例句] ① 在农村，一直有一个口号叫"勤劳致富"。勤劳才能实现致富的梦想。
② 他梦想着有一天能环游世界，吃遍天下所有的美食。

读报小知识

报刊语言的特点之一 —— 缩略词多

报刊文章用要有限的版面报道尽可能多的信息，常常将几个词压缩成一个词，即缩略词。主要有两种类型：一是压缩式，通过直接减少原有几个词当中一些文字而获得的，如世贸组织、入世等等；二是对内涵相关的几个词进行归纳而成的，如三资企业、两会、四大件等等。

练 习

一 请在课外阅读中文报刊的最新文章，将其中你喜欢的一篇剪贴在你的笔记本上，然后写成摘要，并谈谈自己的看法

二 给下列动词搭配适当的词语

探讨_____   加剧_____

招收_____   推向_____

分配_____   考核_____

便　_____   整合_____

三 选词填空

| 考核 | 加剧 | 看中 | 便于 | 探讨 | 推向 | 多元化 |

1. 她主要的开销在衣物和日用品上，常常_____一件衣服以后就不惜代价买回来。
2. 对于网络语言，是吸纳还是排斥，一些专家学者都表示尚在研究_____之中，并且强调主要看时间的考验。
3. 一些学者对国内的医疗卫生体制有所评论，不赞同把医院_____市场化的做法。
4. 职业学校应该逐步推行学分制，建立"学分银行"，_____学生跨地域学习、半工半读、工学交替、分阶段完成学业。
5. 我国省级以上重点中等职业学校的主体专业的毕业生，理论和技能操作_____合格，可同时取得职业学校学历证书和相应职业资格证书。
6. 随着竞争与对抗的_____，竞争双方的商务成本不断上升，盈利空间不断缩小，两败俱伤的例子屡见不鲜。
7. 国内计算机病毒呈现出_____的发展趋势，以网络为主要传播途径、以偷取用户资料为目的的网络病毒成为最大威胁。

四 根据课文内容判断正误

1. IBM最需要的是整合型人才。（　　）
2. 多元化团队有利于员工适应和欣赏不同的文化和不同的工作方式。（　　）
3. 主动工作就是主动跟老板提一些新建议。（　　）
4. 在索尼里面你可以实现任何梦想。（　　）

五 请按正确的语序将下列句子组成完整的一段话

1. A. 而随着互联网行业竞争的加剧
   B. 怎样保留那些已经成长起来的人才是一个非常大的挑战
   C. 在市场上没有特别成熟的人才是最大问题
   D. 对于互联网行业来说

   正确的语序是：（　　）（　　）（　　）（　　）

2. A. 对人才的观念

B. 索尼作为一家国际化的公司

C. 就是进入一个新市场如何考虑这个市场

D. 并便于培养自己的人才

正确的语序是：（   ）（   ）（   ）（   ）

六 根据课文内容选择最合适的答案

1. 现今中国企业激烈竞争的核心是_____。

   A. 客户竞争   B. 人才竞争

   C. 文化竞争   D. 技术竞争

2. 张雪梅认为，互联网人才市场的最大困惑是_____。

   A. 没有成熟的人才   B. 如何保留已成长起来的人才

   C. 如何培养多元化团队   D. 技术不成熟

3. 李建波认为目前真正需要的是_____。

   A. 有不同背景和文化的人   B. 诚心正直的人

   C. 能适应高速变化的人   D. 喜欢挑战的人

4. 今天在中国员工当中面临的主要问题不包括_____。

   A. 企业文化   B. 收入

   C. 领导力   D. 竞争力

七 完型填空

(一)

| 即 | 在 | 就 | 如 | 还 | 另外 | 对 |

国际知名公司看中何种国际人才？IBM人力资源总监白文杰认为，___1___人才需求方面，IBM最需要的是整合型人才，___2___具备一定的行业背景，___3___做大的金融服务，___4___需要有金融行业运作和管理的经验，___5___需要对IT行业有一些了解，___6___产品和解决方案有了解，___7___还要有自我整合的能力，可以直接把解决方案端出去给客户。

(二)

埃森哲合伙人兼中国区总裁李纲认为，中国员工的不足之处主要表现在两方面：一是自信心不足，二是___8___承受挫折的能力。这种状态对员工在跨国公司的成长很不利。在一个项目中，如果一个与你级别差不多的同事喜欢发表自己的意见，表现得比较有___9___，那么他就会受到更多的___10___。 IBM大中华地区大学合作部总经理邱晓萍表示："我们对应聘者的专业___11___并不严格要求。我们___12___应聘者的核心竞争力。"富士通将军（上海）有限公司董事长吉村昭彦这样说："给自己一个___13___。有两样东西，对一个人、一个项目的成功起着重要作用：一是信念，相信通过自己和___14___的努力，能够圆满地完成任务；二是对自己所从事的事业要有自豪感，感到自己从事的事业十分崇高。"

8. A. 缺少　　　B. 缺乏　　　C. 欠缺　　　D. 贫乏
9. A. 见解　　　B. 知识　　　C. 见识　　　D. 意识
10. A. 关注　　　B. 注视　　　C. 倾注　　　D. 在意
11. A. 来历　　　B. 经过　　　C. 前景　　　D. 背景
12. A. 中意　　　B. 对待　　　C. 看待　　　D. 看中
13. A. 幻想　　　B. 梦想　　　C. 想象　　　D. 空想
14. A. 团队　　　B. 员工　　　C. 团员　　　D. 集中

八 用自己的话或原文中的关键句子概括下面一段话的主要内容

　　现在公司对人才要求越来越严格，张雪梅表示，对于搜狐来说，21世纪需要的是诚信、正直、学习创新、有团队协作精神的人才。她说："公司在培养年轻员工的时候非常注重三个方面。第一个方面就是诚信、正直，如果是不诚信的人，会给公司带来很大的负面影响，所以我们在考察一个人的时候，最先去考察、观察的就是诚信。第二点，由于行业的飞速发展变化，在这种情况下我们更需要找到能够有很好的学习能力和创新能力的员工。随着企业的发展，要学习新的东西。另外，我们需要明星员工，也需要一个团队，把企业推向成功，把业务推向成功。我们非常关注的就是诚信以及学习创新能力，同时还有团队协作精神。"

九 请尽量用以下词语进行话题讨论

| 考核 | 推向 | 分配 | 员工 | 便于 | 加剧 |
| 招收 | 探讨 | 看中 | 运作 | 梦想 | 整合 |

1. 你想做什么样的工作？为什么？
2. 你认为现在的企业欢迎什么样的人才？

快速阅读

阅读一 （字数：约1500字；阅读与答题的参考时间：7分钟）

解读世界杰出华商协会卢俊卿的幸福企业

世界杰出华商协会主席、天九儒商集团董事局主席卢俊卿两年前认真撰写和出版了一本专著《幸福企业才是最好的企业》，这是当代企业管理创新研究领域的宝贵成果。企业界和管理界人士争相阅读，好评如潮，真正成了一本畅销好书。各地许多知名企业和经济管理部门竞相邀请他讲演和辅导，并纷纷投入培育和建设幸福企业的实践和研究活动。该书书稿竞拍，高达天价30万元。他慷慨解囊，捐献给贫困地区小学购买校车。

如何建设幸福企业？幸福企业是怎样修炼而成的？他结合自己建设幸福企业的实践和研究，认为企业可以从五个方面进行修炼：快乐工作、共同富裕、共同发展、受人尊敬、健康长寿。

他认为，建设幸福企业的第一项修炼乃是快乐工作，这是企业建设的目标之一，就是让员工身心愉悦地工作。快乐是幸福的源泉，一个幸福的企业应该是快乐的企业，只有快乐的企业才能谈得上是幸福的企业。必须营造快乐工作的文化，创建快乐工作的机制，引导员工修炼快乐的秘籍。当然，快乐工作既是建设幸福企业的重要目的，更是建设幸福企业的必备条件。我们认为，快乐工作是基础，也是前提。劳动创造财富，甚至创造世界。不劳动者不得食，这是天经地义的事情，人人皆知的普通常识。可是，至今仍有一些人企图少劳多获，甚至不劳而获。这是至今一些不良社会现象，乃至丑恶现象和犯罪现象的思想根源。该书作者不仅倡导热爱工作，而且要求快乐工作，使劳动从谋生的手段，升华为人生的第一需求。这就向着共产主义的美好未来大踏步前进了。

建设幸福企业的第二项修炼为共同富裕。卢俊卿说，自己"心中一直存有共同富裕的梦想"。在他看来，"员工是创造企业价值的源头活水"。这是难能可贵的。建设幸福企业的出发点和最终归宿就是共同富裕。显然，这是企业建设的共同目标，完全符合社会主义核心价值观。这正是社会主义企业与资本主义企业的根本区别所在。他在这一章深入论述了员工是创造企业价值的源泉，薪酬福利与公司利润"水涨船高"，共同富裕不等于平均富裕等重大理论问题和实际问题。这些都是理论与实际密切结合的课题，更是正确思考和切实探讨的成果。

建设幸福企业的第三项修炼就是共同发展，这是实现可持续发展的可靠保障。必须使每个员工都获得平等发展的机会，从而实现人生价值的最大化。应该使员工与企业同步发展，互相契合，达到双赢。这是企业与员工共同富裕的康庄大道，舍此别无它途可觅。这也是社会主义企业的根本特征之一。大家知道，共同发展，这是办好社会主义企业的最佳路径和明智选择。企业的老板和员工共同发展和同步致富，或者说，老板在挣钱的时候同时想着为员工挣钱，卢俊卿是这样想的和这样写的，更为可贵的他也是这样做的。

建设幸福企业的第四项修炼就是受人尊敬。如何建设一个受人尊敬的企业呢？其条件有三：爱国守法、至诚至信、用爱经营。爱国乃是人格的起点和制高点，守法则是企业安睡的枕头。至诚至信更是企业立身的基石，让诚信成为一种习惯，让不诚信受到严厉惩罚。用爱经营是市场公平竞争的利器。用爱感化员工，也用爱感化客户，更要用爱感恩社会。如此这般的企业必然受到全社会的支持和帮助、尊敬和爱护。众所周知，一家企业要办到始终受人尊敬，实非易事。

建设幸福企业的第五项修炼就是企业健康长寿，持续发展。这始终是每位企业家和员工们的最大心愿。如何实现呢？那就必须做好事，走正道，别把"定时炸弹"传给下一代。但愿人长久：从"悲剧老板"到"幸福老板"。简而言之，一家企业前述四项修炼做到家了，这家企业也就能够祛病消灾，延年益寿，长命百岁了！

如此这般，幸福企业就建设而成了。犹如长青树一般，根深基固，枝繁叶茂，欣欣向上，迎风招展，人见人爱。

（节选自消费日报网，略有改动）

回答问题

1. 世界杰出华商协会主席、天九儒商集团董事局主席卢俊卿认为幸福企业是如何修炼的？
2. 文章中提到建设幸福企业的第四项修炼就是受人尊敬，那么如何建设一个受人尊敬的企业呢？
3. 通过阅读文章，如果你是一个企业的老板，你认为如何建设一个幸福的企业？

阅读二（字数：约1340字；阅读与答题的参考时间：7分钟）

俞敏洪：企业家本身决定了企业的生死

企业做成功需要具备的五大能力

每一个人把事业做成功，都需要五大能力。

第一叫作领袖能力，领袖能力是什么呢？领袖能力不是说你管理人，把人骂得狗血淋头。用一句简单的话来说，人们心甘情愿地，愿意跟着你走，跟着你的理念走，跟着你的行动走，心甘情愿地为你服务，愿意为你抛头颅撒热血，这就表明你身上有领袖能力，每一个企业家都应该有这种感觉，让你的部下，愿意拼死拼活地跟着你一起干。

第二个叫作变革能力。就算你有领袖能力，但是你不愿意变，墨守成规，事情也做不大。你不想变，你不愿意花钱变，你自己脑袋不愿意去碰不熟悉的东西，你就会变成一个小的企业。

第三个是合作能力。如果你想要把事情做大，就要注重内外合作。首先，内部和你的管理团队合作，绝对不能把你的团体团队，把你的员工永远看做你的下属。他们是你的合作者，他们是给你带来财富的人。因此，你对他们的尊重，应该高于对所有人的尊重。其次是跟外部合作。你不跟政府合作，你不跟你的合作者合作，不跟你的供应商，不跟你的客户合作，你就不可能把事情做好。

第四个是时机能力。朱镕基有一句话叫作在正确的时间做错误的事情和在错误的时间做正确的事情，永远都是错误的结果。所以，必须要在正确的时间做正确的事情。并不是说这个事情正确，你就要马上干，有的时候正确的事情必须要在正确的时机干，那样才会得到正确的结果。

第五个是分享能力。我们都知道两个人合伙干，三个人合伙干，往往是穷的时候，大家合作得很好，一赚钱大家就合作得不好了。为什么？这个时候其实要求老板有一种能力，就是分享能力，把钱让给别人，你自己少拿一点。分享能力其实非常重要。除了财务上的分享能力，还有感情上的分享能力。你是真的把自己看作老板，还是把所有的合作者看作你的兄弟，是不是跟他们一起喝酒聊天掏心窝，你是不是有能力，关注这些人背后的家庭生活。

商人要大气、勇气、义气、和气、佛气

我觉得做商人有五气。做商人必须要大气，善于分享。必须要有勇气，敢于闯关。必须要有义气，可以跟朋友之间肝胆相照。必须要有和气，不能跟员工跟社会对着干。最后要有佛气，该放下的时候舍得，千万不要抓在手里不放。相对应的就是小气、懦气、鬼气、利气和贪气。

所以，不要以为做商人容易。我觉得商人最能体现世界上最伟大的人品和人格。否则的话，你就是一个腐败的商人，或者是一个无用的商人。在我认识的这些企业家中间，没一个不具备这五气的综合。

企业家本身决定了企业的生死

第一，一个机构的人员构成，决定了这个组织结构发展的潜力。就是，你有人才，才有未来。第二，人员类型就是一个结构的关系，人员之间的关系，决定了这个组织结构的风貌，表明文化氛围。就是说如果人与人之间勾心斗角的话，永远做不好。所以人与人之间必须团结一致，关系要特别好。这样的话，才有非常良好的文化氛围。第三是，组织结构决定了这个企业的大小，就是说你搭建的结构。比如说，合伙制永远也做不大，那么一般的股份制也做不大，你搭建了国际上市公司的股份制就能够做大。第四是什么？就是人的眼光决定了这个组织的发展方向。第五是一个人的领导力，决定了这个组织结构是否成功。所以说到底，最终归结到一起，企业是企业家做出来的，企业家本身有没有能力，决定了这个企业的生死，而不在于别的。

（节选自中国企业家网，略有改动）

回答问题
1. 如何理解文章中提到的"领袖能力"？
2. 与文章中作者所说的商人五气相对应的是什么？如果一个商人具备这样的五气，你觉得这个商人会不会成功？为什么？
3. 为什么说"企业家本身决定了企业的生死"？

阅读三（字数：约 1470 字；阅读与答题的参考时间：8 分钟）

冯仑：企业公益需要制度化

公益和企业是相得益彰的关系。作为企业社会责任的一个方面，公益帮助企业更好地与社会对话，和周围的利益相关者沟通，从而建立一个更广泛的利益生态圈。

比如我们做不动产，会带来一些环境问题。现在国内每年大概 40% 的碳排放来自于建筑和房地产行业。所以，我们一方面制造问题，一方面通过公益环保行动来解决问题，这样才能保持一个平衡，让我们在对环境负责这件事情上有所贡献。

万通公司的公益战略和营利战略之间有一种"貌离神合"、交相辉映的关联。万通的营利事业和公益事业贯彻同样的价值观，这是"神合"；"貌离"就是二者表面上各干各的事儿，彼此是独立的，但精神气质上却是契合的。这也是万通的价值观得以延续的原因。

说到万通的公益事业，从一开始就非常制度化。公司每年通过股东大会批准，拿出 0.5%～1% 的资金用于公益，同时，在万通基金会的治理上，我们强调公司制度之间的配合，比如营利事业的架构如何与基金会的工作相配合。

万通的营利事业有一个"绿色公司"的核心战略，在这个战略下，我们所有的产品都达到了国际标准或国内的三星绿色标准。我们的员工每年有带薪公益假期，通过这种方式，他们能更深刻地理解房地产行业的社会责任，也能更积极、更有热情地推动公司的绿色建筑、生态社区的发展。

我们做绿色建筑，不仅对客户的健康有好处，也降低了他们的营业费用，所以他们都很支持。从股东层面来看，公司通过绿色建筑履行了社会责任，因此他们也大力支持。

对于政府和社会环境来说，政府倡导节能减排、环境友好，企业积极响应，员工和股东积极参与，自然会得到社会，包括媒体等各方面的支持。因此这几年，万通获得了不少鼓励，也得到了一些奖项，这些都表明，我们所做的公益方面的工作，对公司长期发展而言是一个特别重要的基础。所以在董事会和各个层面，都没有出现什么障碍，各方都很支持。

我觉得，一些有长远眼光的企业，特别是上市公司，还有一些治理完善的企业，都应该在公益方面更多地参与。目前应该说，民营企业做得比国营企业要好，因为企业的机制不一样。国营企业规模大，资源占用多，有些国企也成立了公益基金，与公益组织展开合作，而且每年披露企业社会责任报告，但是国企在公益方面所做的更多是形式上的东西。

民营企业则是拿出自己的钱，让员工花自己的时间去做公益。这几年总体看来，民企和民间社会做得比国企要好。比如福耀玻璃的曹德旺，无论从大家的观感，还是实际投入的资源和精神境界来说，都与那些仅仅拨点儿钱的国企完全不同，首先动机就很不一样。

目前，因为我能够完全影响，所以万通公益基金在这方面做得比较彻底。我们一开始就着眼于未来，针对公民社会成长中的一些微观细胞，发育社会，发育中间组织，从而使社会能进入一个良性的发展，希望最终促进政府转型为服务型政府。

现在政府这辆车上人太多，转不过来。如果我们发展得好，让它卸点儿担子，车上的人少了，可能很快就转成服务型政府。但现在车上的人还太多，大家都追求利益，政府的利益就需要不断扩张。所以，必须通过NGO的发展，通过民间社会的发育，把它转过来。

未来，在民间社会和NGO里工作的人，也能有很体面的职业和收入，也会有被人尊敬的身份，也会成为社会的重要而积极的参与者。

比如说，万通公益基金就吸引了很多海归和专业人士，他们就不会往公务员队伍中挤了，这又能引导很多大学毕业生今后正确地择业，这个领域就成为一个新的容纳就业的渠道。这些高级人才的专业水平都很高，有利于提升公益事业的品质，改善公益的发展方式。这样一来，整个社会对公益事业的观感和评价会有一个改变。而这个改变就意味着，未来社会进步了，公益会有更大的空间。

（节选自中国慈善家网，略有改动）

判断正误

1. 公益和企业之间无法建立合理的联系。（　）
2. 万通每年通过股东大会批准，拿出0.5%～1%的资金用于公益。（　）
3. 万通的营利事业有一个"绿色公司"的核心战略，在这个战略下，所有的产品都达到了国际标准或国内的五星绿色标准。（　）
4. 目前来说，在公益方面，民营企业做得没有国营企业好，因为企业的机制不一样。（　）
5. 未来，在民间社会和NGO里工作的人，也会成为社会的重要而积极的参与者，但不会有被人尊敬的身份。（　）
6. 万通公益基金吸引了很多海归和专业人士，他们就不会往公务员队伍中挤了，这个领域就成为一个新的容纳就业的渠道。（　）

第十三课　中国人的名字该怎么起

背景知识

中国人口多达 13 亿，而可以用来取名的常见字大概不到 2000 个，要想让所取的名字不重，好认，甚至好读、有意义，的确是个很大的难题。由于中国人在取名时对某些汉字的偏好，在一些大姓中重名量很大。重名会给身份识别造成很大障碍，为日常生活带来不便。首先，重名在人际交往中会造成一些不必要的误会；其次，给诸如银行账户、电脑运行等的确认工作带来麻烦；最后，容易给社会管理带来难题。重名会带来烦恼，可名字取生僻字带来的麻烦也不少。给孩子用生僻字的家长一般有两种心态，一是怕重名，二是想标新立异。户证中心电脑字库字多，一般生僻字都能打出，可有些部门的电脑打不出这些字，所以在上医院、银行、邮局时往往会遇上麻烦。

词语表

1. **基数**　jīshù　（名）　base number
   作为计算标准或起点的数目
   基数
   (통계의) 기준수

2. **身份证**　shēnfènzhèng　（名）　ID card
   由政府发给居民个人证明其身份的证件
   身分証明書
   신분증

3. **换发**　huànfā　（动）　to renew, to reissue
   更换发放
   入れ替えて放出する
   교환 발급하다, 갱신하여 발행하다

4. **派出所**　pàichūsuǒ　（名）　local police station
   中国大陆公安部门的基层机构
   派出所
   '공안국 파출소'의 준말

5. **生僻**　shēngpì　（形）　(of vocabulary, characters, etc.) uncommon, rare
   不常见的，不熟悉的（词语、文字等）
   めったに見ない　なじみのない
   (낱말, 문자 따위가) 생소하다, 보기 드물다

213

6	输入	shūrù	（动）	to input (energy, signal, etc.)
	科级上指使能量、信号等进入某种机构或装置			输入する
				입력하다
7	搁置	gēzhì	（动）	to lay aside
	放下，停止进行			放置する
				놓다，내버려두다
8	办理	bànlǐ	（动）	to handle, to undertake
	处理（事务），承办（某种业务）			処理する
				처리하다，취급하다，해결하다
9	尴尬	gāngà	（形）	awkward, embarrassed
	处境困难，不好处理			気まずい
				난처하다，곤란하다，거북하다
10	获悉	huòxī	（动）	to be informed (of a news, or an event)
	得知（某种消息或情况）			耳に入る
				(소식 또는 사실을) 알게 되다
11	软件	ruǎnjiàn	（名）	software
	指挥计算机进行信息处理的程序系统			ソフトウエア
				소프트웨어
12	保准	bǎozhǔn	（副）	to be guaranteed to, to be bound to
	一定，肯定			必ず
				반드시 …… 라고 보증하다
13	频率	pínlǜ	（名）	frequency
	在一定时间内某种情况发生或事物出现的次数			頻度
				빈도
14	成立	chénglì	（动）	(of organizations, institutions, etc.) to found; to formally establish
	（组织、机构等）建立			成立させる
				(조직，기구 따위를) 설치하다，창립하다
15	国庆	guóqìng	（名）	national day
	国家创建或获得独立的纪念日。中华人民共和国的国庆是10月1日			建国記念日
				국가의 건국 또는 독립을 기념하는 날. (중국의 국경일은 10월 1일)
16	通用	tōngyòng	（动）	to be in common use
	（在一定范围内）普遍使用			通用する
				통용하다
17	覆盖	fùgài	（动）	to cover, to overspread
	遮盖			一面に広がる
				가리다，덮다

18	攀升	pānshēng	（动）	(of quantity, etc.) to rise

（数量等）向上升　　　　　　　　　　　　　　増える

（수량 등이）상승하다, 오르다

19	可想而知	kě xiǎng ér zhī		one can imagine

能够通过推想就可以知道　　　　　　　　　想像に難しくない

미루어 알 수 있다

20	国度	guódù	（名）	(esp. in regional aspect) country, nation

国家（多用于文艺语言）　　　　　　　　　国家

국가

21	避免	bìmiǎn	（动）	to avoid, to refrain from

设法不让某种情况发生。防止（多指不好的情况）　避ける　免れる

피하다, 모면하다

22	悬挂	xuánguà	（动）	to hang

悬空垂挂　　　　　　　　　　　　　　　　掲げる

걸다, 매달다

23	普照	pǔzhào	（动）	to illuminate all things

普遍照耀　　　　　　　　　　　　　　　　あまねく照らす

두루 비추다

24	传播	chuánbō	（动）	to disseminate, to spread

广泛散布　　　　　　　　　　　　　　　　散布する

널리 퍼뜨리다, 전파하다

25	无关紧要	wúguān jǐnyào		indifferent, insignificant

跟紧急重要的事没有什么关系。形容事物不重要，　大したことではない
不是主要的

중요하지 않다, 대수롭지 않다

26	纳入	nàrù	（动）	to bring (or channel) into

放进，吸收到内部（多用于抽象事物）　　　中へ入れる

받아넣다, 들어서다（주로 추상적인 사물에 쓰임）

27	滥用	lànyòng	（动）	to abuse, to misuse

胡乱地或过度地使用　　　　　　　　　　　濫用する

남용하다

28	耽误	dānwù	（动）	to delay, to hold up

因拖延时间或错过时机而误事　　　　　　　滞らせる

（시간을 지체하거나, 기회를 놓쳐서）일을 그르치다

29	倒霉	dǎoméi	（形）	to have bad luck

遇事不顺心，机遇不好　　　　　　　　　　不運である

재수없는 일을 당하다

30	抓捕	zhuābǔ	（动）	to arrest, to seize (criminal)
	抓拿，逮捕（罪犯）			逮捕する
				체포하다
31	犯法	fàn fǎ		to violate (or break) the law
	违反法律、法规			法を犯す
				범법하다
32	通缉	tōngjī	（动）	to issue a warrant for arrest
	司法机关发出通令搜查缉捕在逃犯罪嫌疑人			指名手配する
				지명 수배하다
33	罪犯	zuìfàn	（名）	criminal, offender
	正在依法被执行刑罚的人			犯人
				범인

课文

中国人的名字该怎么起

杨丽琼

面对人口基数(1)日益庞大和信息化时代——中国人的名字该怎么起？

目前，第二代身份证(2)的换发(3)工作已在全国许多地区铺开。当你办完换证手续走出派出所(4)的大门时，你的大名可能已通过计算机网络传到北京，汇集在一个大型的数据库中，成为当代我国人名用字调查统计的基础数据。

你是否知道，在换发身份证的过程中，工作人员遇到了难题，假如你的名字用了生僻(5)字，无法输入(6)电脑，你的换证也许会被搁置(7)。各地都有许多人因此一时无法顺利办理(8)新的身份证。

人名用字带来的种种尴尬(9)，已经成为一个无法绕过去的现实课题。记者近日获悉(10)，公安部"二代居民身份证换发办公室"专门组织了若干个计算机软件(11)公司采用先进的数字技术，对"二代证"换发过程中涉及的数亿个名字的用字，进行同步统计分析。一个重要目的，就是为了研究今后中国人的起名问题，从法律规范上推出我国的《人名用字表》。

喊声"建国"多少人回头

中国户籍部门曾经有过一些统计数字：沈阳市有"刘淑珍"4800多人，有"王玉兰"4300多人，有"王伟、李杰、李伟"各3000多人；天津市有"张力、张英、张健"各2000多人。人们估计，类似这样几千人同用一个名字的情况，在我国任何一个大中城市里都存在着。一位老北京说，站在天安门广场喊一声"建国"，保准(12)会有一二十个人回头。

在中国，非常有意思的是，一个人的名字与时代是紧密联系在一起的。据语言学家们研究，上世纪"五四"运动之后，中国人名中使用频率(13)最高的字是"华、建、国、明、伟、福、贵"等；新中国成立(14)，"国庆(15)、建华、建国"等名字成了当时父母们的最爱；"文革"10年，

"红、东、卫、军、兵、强"等字最为流行。到了上世纪90年代，取名用字有了新的潮流，为了避"俗"趋"雅"，"雨、晨、浩、宇、轩、然、欣、怡、逸、涵、萌、阳、飞"等又成了常见字。瞧，一不小心，又重名了。

最近国家语言文字工作委员会公布了一个研究结果：《汉语大字典》共收单字56000个，但实际通用[16]的并不多，3500个常用字就覆盖[17]了现代出版物所用汉字的99.48%。在这些常用汉字里，能够用来取名的字也就一半左右。1982年，有关部门曾对57万个姓名进行统计分析，发现其中99%的名字被1505个汉字覆盖；与此同时，中国人的姓氏也很集中，87%的汉族人口集中在一百来个姓氏上，过半数的汉族人共用19个姓；而"李、王、张"三大姓的人数，分别在汉族总人数中占到7.9%、7.4%和7.1%，也就是说，这三个姓的人数分别都接近1亿。矛盾十分鲜明：有限的可供选择的取名汉字，要面对的是不断攀升[18]的人口数量和非常集中的姓氏。即使是再有学问的人，生活在13亿人口的国度[19]里，取名时要不重名，如果不用生僻字，其难度也可想而知[20]，重名几乎是不可避免[21]的。

电脑网络不认得生僻字

1300多年前，武则天因为要当皇帝，给自己取了个名字叫"武曌"。这个"曌"字是她自己造出来的，据说她把这个字解释为"日月高高悬挂[22]在空中，普照[23]大地"的意思。这个生造的"曌"字虽然奇特，但并没有给当时的社会带来太多麻烦。那时从甲地到乙地，骑着马要赶好多天的路，也没有发达的信息传播[24]，有再多的重名和生僻字也无关紧要[25]。

可是，当社会管理日益纳入[26]信息化，各行各业都在"联网"，几亿人口可以自由流动……今天这个问题就不那么简单了。自上世纪80年代初以来，重名率、人名滥用[27]生僻字和不规范字带来的麻烦越来越大。

因人名生僻字给工作带来麻烦的，是银行、户籍管理、人事、保险、高考招生等所有用电脑输入人名的部门，只要名字中有一个字输不进电脑，就会耽误[28]很多时间。名字好认的人也得跟着倒霉[29]——你到银行存钱，排在前边有两个人的名字电脑"不认"，你就慢慢等吧，业务员要先用各种输入法在电脑上试，不行再用手写，你再着急也没用。

重名带来的麻烦也不少。小到给学校老师、招生等工作带来不便，大到因重名被公安部门错抓。某报曾登过一个消息，南昌一名出租司机三个月内两次被公安部门抓捕[30]，但他确实没有犯法[31]，只是不幸与网上通缉[32]的罪犯[33]同名又住在同一区域。

（全文字数：约1610字）

（节选自《新民晚报》，有改动。）

注 释

1. 那时从甲地到乙地，骑着马要赶好多天的路，也没有发达的信息**传播**，有再多的重名和生僻字也无关紧要。

   [解释] 传播：动词，适用对象多是理论、经验、文学作品、消息、名声、声音，还可以是花粉、种子、细菌、疾病等。

   [例词] 传播消息 / 传播声音 / 传播知识 / 传播花粉 / 传播细菌 / 传播疾病 / 传播得很广

   [例句] ① 知识和技术，不光自己要学会，还要把它传播给更多的人。
   ② 克隆技术如果使用不当，很可能破坏生态平衡，导致一些疾病的大规模传播。

2. 自上世纪80年代初以来，重名率、人名**滥用**生僻字和不规范字带来的麻烦越来越大。

   [解释] 滥用：动词，有不该用而用了或过度使用的意思。

   [例词] 滥用药品 / 滥用人力物力 / 滥用权力 / 滥用成语 / 滥用公司的名义

   [例句] ① 失眠症的治疗应该在专业医生指导下制订，用药计划和治疗措施，切不可滥用药物。
   ② 今年1至10月，全国检察机关共查处行政执法人员滥用职权、玩忽职守犯罪案件1841件。

3. 只要名字中有一个字输不进电脑，就会**耽误**很多时间。

   [解释] 耽误：动词，指因拖延时间或错过机会而误事。

   [例词] 耽误学习 / 耽误不起 / 耽误了两天

   [例句] ① 如果这些优秀的运动员因为谈恋爱耽误了训练，影响了比赛，实在是太可惜了。
   ② 遇到突发事件，如果不知道当地的急救电话，就是无谓地耽误宝贵的救治时间。

读报小知识

报刊语言的特点之一 —— 常用列举法

报刊文章常常在对某一情况进行说明、解释时，采用列举法，主要有这几种：一是对某一情况具体举例说明，常采用"如、例如、比如"等词语格式；二是从不同方面来说明某一情况，常使用一些表示次序的词语，如"首先、其次、再次、最后""其一、其二、其三""一方面、另一方面"等；三是被列举的事物之间常用顿号（、）、分号（；），而不直接使用表示次序的词语。

练 习

一 请在课外阅读中文报刊的最新文章，并将其中你喜欢的一篇剪贴在你的笔记本上，然后写成摘要，并谈谈自己的看法

二 给下列动词搭配适当的词语

输入_____　　　传播_____

办理_____　　　纳入_____

抓捕_____　　　滥用_____

避免_____　　　耽误_____

三 选词填空

　　　　输入　　获悉　　可想而知　　避免

1. 伊拉克目前的安全形势依然十分严峻，中国人近期应尽量_____前往伊拉克。

2. 既然这种方法_____汉字这么快，为什么不试试呢？

3. 小学生们在这样一个狭小的操场上体育课，结果_____。

4. 记者昨天_____，已经策划了两年的"上海—北极"汽车拉力赛，目前筹备工作有了新进展。

四 根据课文内容判断正误

1. 在中国，各地有许多人因为名字使用了生僻字而不能顺利办理新的身份证。（   ）
2. 很多中国人的名字能够体现出时代的特点。（   ）
3. 有学问的人取名字时，即使不用生僻字也不会出现重名的情况。（   ）
4. 武则天生造的"曌"字很奇特，给当时的社会带来了很多麻烦。（   ）

五 请按正确的语序将下列句子组成完整的一段话

1. A. 骑着马要赶好多天的路
   B. 也没有发达的信息传播
   C. 那时从甲地到乙地
   D. 有再多的重名和生僻字也无关紧要

   正确的语序是：（   ）（   ）（   ）（   ）

2. A. 生活在13亿人口的国度里
   B. 其难度也就可想而知
   C. 取名时要不重名
   D. 如果不用生僻字
   E. 重名几乎是不可避免

   正确的语序是：（   ）（   ）（   ）（   ）（   ）

六 根据课文内容选择最合适的答案

1. "国庆、建华、建国"是_____时期，父母们最喜欢的名字。
   A. 上世纪"五四"运动   B. 新中国成立
   C. "文革"10年   D. 上世纪90年代

2. 据统计分析，常用汉字中能用来取名的字大约有_____个。
   A. 1505   B. 56000
   C. 3500   D. 2600

3. 中国人容易重名的原因不包括_____。
   A. 有限的可供选择的取名汉字   B. 不断攀升的人口数量
   C. 非常集中的姓氏   D. 有学问的人很少

4. 重名、人名滥用生僻字和不规范字所带来的麻烦,在文中没有提到的是_____。

  A. 耽误工作时间   B. 公安局抓错人

  C. 新的身份证换发工作被搁置   D. 不被别人喜欢

七 完型填空

(一)

也许   换发   假如   是否   遇到   无法   因此

  你__1__知道,在__2__身份证的过程中,工作人员__3__了难题,__4__你的名字用了生僻字,__5__输入电脑,你的换证__6__会被搁置。各地都有许多人__7__一时无法顺利办理新的身份证。

(二)

  我发现在地产行业,这种具备一定品牌的公司都是先在一个核心城市做成功了,__8__在其他城市复制其成功的模式。很多企业__9__不能成为品牌,__10__他们的产品线不够清晰。比如有的企业推广"远洋系列"的房产项目,__11__有一定的影响力,但我们还是经常会把远洋天地、远洋山水、远洋风景等搞混。__12__,万科以城市住宅、别墅住宅等划分就很清晰,比如我们__13__在哪个城市,一说"四季花城"就会联想到它在城区,不可能在郊区。__14__国内房地产市场,"品牌"还只能称为知名企业或知名项目,真正有属于自己品牌的很少。

  8. A. 将   B. 再   C. 同时   D. 以后

  9. A. 因为   B. 如果   C. 之所以   D. 既然

 10. A. 所以   B. 是因为   C. 因此   D. 无论

 11. A. 虽然   B. 只有   C. 由于   D. 即使

 12. A. 相比之下   B. 即   C. 总而言之   D. 比如

 13. A. 即使   B. 只要   C. 不管   D. 尽管

 14. A. 因此   B. 那么   C. 既然   D. 所以

八 用自己的话或原文中的关键句子概括下面一段话的主要内容

中国户籍部门曾经有过一些统计数字：沈阳市有"刘淑珍"4800多人，有"王玉兰"4300多人，有"王伟、李杰、李伟"各3000多人；天津市有"张力、张英、张健"各2000多人。人们估计，类似这样几千人同用一个名字的情况，在我国任何一个大中城市里都存在着。一位老北京说，站在天安门广场喊一声"建国"，保准会有一二十个人回头。

九 请尽量用以下词语进行话题讨论

| 输入 | 覆盖 | 办理 | 获悉 | 成立 | 可想而知 |
| 避免 | 据说 | 传播 | 纳入 | 滥用 | 耽误 |

1. 目前在中国，取名字会遇到哪些问题？如何解决这些问题？
2. 你们国家的人是怎么起名字的？请谈一谈你的名字的来历。

快速阅读

阅读一（字数：约1390字；阅读与答题的参考时间：7分钟）

婚姻彩礼：缠绕习俗文化与利益诉求

"全国彩礼地图"网上不断流传，坊间议论不休。作为一种风俗，彩礼在改革开放之后的中国现代社会依然保留并持续发酵。在现实生活中，婚姻彩礼为何如此流行，几位学者分别从不同角度进行了分析。

彩礼习俗由来已久

彩礼是中国传统婚礼程序之一，又称财礼、聘礼、聘财等，在婚姻的缔结过程中，男方在婚约初步达成时向女方赠送聘金、聘礼，俗称"彩礼"。山东师范大学山东省齐鲁文化研究院副教授燕生东表示，从历史上看，彩礼在商周时期属于贵族婚姻制度"六礼"之一，秦汉时期，这种习俗在普通民众中流行起来，成为中华传统文化的一部分。

"彩礼的制度根源或可追溯至周代肇始的以'六礼'为程序的聘娶婚。"西北政法大学郝佳说，"在聘娶婚中，资财是婚姻缔结的重要条件。"《唐律》中规定，结婚必须实行"以聘财为信"的送彩礼制度，从而使结婚成为买卖交换的一种形式。

陕西省社会科学院农村发展研究所所长王建康认为：在父系社会的传统文化观念中，女方出嫁成为男方家庭成员后，担负男方家务及传宗接代的任务；从女方家长的角度来看，他们为了抚养女儿付出了大量的精力和财力，需要在经济上得到补偿。

郝佳认为，聘娶婚姻实质上是买卖婚的一种变型，是男女两性不平等的表现，是女性被物化、财产化的性别歧视在婚姻制度中的体现。

于1950年制定，1980年、2001年两次修改的《中华人民共和国婚姻法》都明确禁止买卖婚姻和禁止借婚姻关系索取财物。有学者表示，这部法律在新中国成立后几十年间塑造了全新的婚姻观念，对妇女解放、性别平等、社会公正、观念改变等具有重大意义。

彩礼形式随时代而变化

当下，彩礼形式发生了变化，燕生东认为，男方为结婚准备的房产、汽车等挂在女方名下，也是一种彩礼现象。

对彩礼的额度及分配，宁夏师范学院固原历史文化研究中心副教授安正发表示，目前固原市周围农村彩礼金额普遍在5—8万元之间，其中大部分被女方家所留。但也有不同：如果男方各方面条件较好，女方家会象征性地收一些彩礼；或者女方家境好，择婿"门当户对"，彩礼也不会多要，而作为嫁妆给女儿的甚至还会更多。

燕生东介绍，山东曲阜、济宁、邹城、滕州等地，彩礼数额一般为几万元，而省会城市济南、经济中心青岛等地，彩礼数额达十几万、几十万、上百万元不等。安正发表示，在宁夏，相对而言，城市地区对彩礼多少一般不太看重，即使要，也会作为嫁妆返给女儿，但在意男方是否有房。

燕生东强调，在有些地区，女方也开始给男方送"彩礼"，比如"百万挑一""十万挑一""万里挑一"现象，通过女方给男方百万零一元或十万零一元或一万零一元，以显示女方地位形式上的提高。

彩礼一定程度上有助婚姻稳定

就经济角度而言，彩礼既是象征性的经济补偿，也是男方家庭为新家庭提供的重要资助。郝佳认为，现代社会，尽管彩礼已经不再被作为婚姻成立的必备条件，但实质上起到了达成婚约的作用。

"彩礼是一种历史文化现象，通过部分经济上的交换，在某种程度上维系了婚姻稳定，因而，不可过于鞭挞。"燕生东说。王建康也表示，彩礼作为婚姻的重要经济成本，反过来也是离婚时所要考虑的成本。增加离婚成本，一定程度上能稳定婚姻。

燕生东提出，随着社会发展，男女实现了真正平等，恋爱自由、结婚自由等观念深入人心，彩礼现象正在走向消亡。王建康表示，随着家庭生育结构的变化、独生子女家庭的增多，特别是男女平等观念的真正树立，彩礼的作用、金额和地位都会不断下降。

（节选自《中国社会科学报》，略有改动）

回答问题
1. 请根据几位学者从不同角度进行的分析，谈谈婚姻彩礼为何如此流行。
2. 根据宁夏师范学院固原历史文化研究中心副教授安正的描述，请简要回答目前固原市周围农村地区彩礼额度是怎样的。
3. 请结合文章谈谈彩礼的作用和意义。

阅读二（字数：约1110字；阅读与答题的参考时间：6分钟）

文化，就在习俗节日中

转身，是一个剪纸的世界，一个我从来不曾看到的剪纸。

山东招远欧家夼剪纸艺人李瑞欣为我们展示着——在窗外抖动绳子，屋内窗户上悬挂的剪纸小鸡就欢快地跳动。很多年前，她就这样抖动着，炕上褓褓里的孩子就咯咯咯地笑着。我们也笑了。

很多人感慨："中国乡村几千年自生自灭、自发传承的无形文化遗产，一夜之间突然面临着消失和流变。"比如，很多节日，只剩下简单的符号。在最为隆重的春节里，剪纸好像也仅仅是春节气氛的一种装饰。回到民间，在中华文明发展中，剪纸究竟是怎样一种存在？

一个家族有着最值得存留的记忆。在李瑞欣老人的家里，她收藏着几代人的剪纸珍宝。和老人的一番攀谈，正好印证着中央美术学院教授乔晓光的解读，剪纸是乡村女人接受民间文化启蒙的主要方式，一个七八岁的乡村女孩，跟着上一辈女性通过花草剪纸纹样的摹剪，开始她最初的民间文化认知。然后，用女人一生的阅历将人与剪纸融为一体。

她们的剪纸，不是为了艺术，而是为了生活，为了一年三百六十五天中大大小小习俗节日的实现。我们常常看到剪纸，但早已不知道怎么剪、为什么剪，不了解剪纸相关的民俗生活和花样里的内涵。

曾经的传承模式显然不合时宜。收藏，无疑是一种无奈之举。老人慢慢拿出一个似古籍书的东西，打开，翻着。过后，把其中可以折叠的一面打开，呈盒子状。"这可以放针线。"果然，另一页，放着团团线头。老物，精致到你必须要小心翼翼，一种下意识的虔诚。

失去了土壤的民间文化，后续力又是如何？谁都无法推断。但老人的执着却让人看到另一种希望：招远市金晖学校剪纸基地、鲁东大学外国留学生中华民俗文化体验基地的牌子暗含着她的心愿——在她心中，更为重要的是要把这种技艺传授给年轻一代。

正因为民间文化的多样性、丰富性，也给予艺术家更多的创作灵感。也是因为这次采访，我才知道，教授与民间艺人是如何走近、融合的。中央美术学院乔晓光教授显然不是书斋的文人，他和他的导师靳之林一样，喜欢在乡间行走。

我们往往把那些泥做的、纸剪的、木雕的、口头传唱的民间艺术当作一种即兴娱乐之作，当作生活里的工艺品，当作不登大雅之堂的"粗陋"文化。其实，最普遍的东西往往反映着最本原的东西，生活中最切身的东西，正是靠近生命本质的东西，那些非文字的东西恰恰承载着文字体系里的原型文化。从一个农民、一个村庄、一个地域的习俗生活、一首口传的诗歌、一件民间艺术品，去认识中国。这正是乔晓光他们要做的。

"熟知非真知。"采访，寻找本源。艺术，接近本源。在这一点，我们似乎相遇了。再看剪纸，更是承接着祖先生命信息、祝祷着今天的符图。如果有更多的教授、文化人投身其中，关注、搜集、挖掘这些或将消失的文化，我们将会更好地认识自己，更加明白我们该走向何方。

（节选自光明网，略有改动）

回答问题

1. 中央美术学院教授乔晓光对剪纸艺术有怎样的解读？
2. 李瑞欣老人的执着让人看到的另一种希望是什么？
3. 我们应不应该把那些泥做的、纸剪的、木雕的、口头传唱的民间艺术当作不登大雅之堂的"粗陋"文化？为什么？

阅读三（字数：约2110字；阅读与答题的参考时间：12分钟）

不跳舞，大妈还能干啥去

数据显示，截至2013年底，中国60岁以上老年人口数量已突破2亿，占总人口比例近15%。在上海、北京等特大城市，这一比例已超过20%。

老龄化势不可挡。除了老有所养，老年人能否老有所乐——获得健康的精神文化生活，对老年人安度晚年以及整个社会的精神面貌影响很大。目前，基层老年文化活动缺组织，更缺场地与设施，老年文化市场也发展缓慢。改变这种现状，既需要政府加强引导，也需要全社会共同作为。

老年人需要认同感、归属感

"广场舞让我充满活力，甚至找回了年轻时的感觉。"

广场舞就像是老伴戒不掉的烟一样，已成为朱凤敏生活中不可或缺的一部分。

朱凤敏今年57岁，退休前是北京一家企业的干部。"原计划退了就带孙子，可两年了媳妇那儿还没动静。"她说，人一闲下来，又没啥爱好，整天打麻将，身体都跟着坏下去了。

后来，麻友们陆续去跳广场舞，她抱着好奇心也去跳了一次，"出了一身的汗，洗完澡倒头就睡，多少年都没有过的好觉！"自此朱凤敏迷上了跳舞，身体、精神头也一天比一天好。

"跳舞时大家互相赞美鼓励，还不时有路人叫好。"朱凤敏说自从退休后，已经很久没人关注过自己了，广场舞让她充满活力，甚至找回了年轻时的感觉。

复旦大学社会发展与公共政策学院副教授徐珂认为："出生在五六十年代的老人，是红旗下长大的一代人。他们长时间生活在集体环境中，对群体、组织有着强烈的心理依赖。"徐珂说，老年人的精神享受不在于具体做什么，而是能有一群人陪他去做一件事，从集体中找到自我，实现自我价值。

"贫困、病痛与孤独是老年人幸福的三大杀手。如果精神空虚，情感孤独，即使衣食住行条件不断改善，他们也很容易患上抑郁症、痴呆症等疾病。"中国老龄科学研究中心副主任党俊武介绍说，21世纪初，步入老龄社会的日本曾一度面临老龄人口自杀潮——老年人担心自己成为家庭的负担，心理压抑，情绪失控，成为最容易自杀的群体。不久前，有学者在我国湖北部分地区农村调查，发现了同样的社会问题。

徐珂提出，我国大多数老年人承担着照顾第三代的责任，他们的人生观和价值观，潜移默化地影响着孙辈。"比如，老人觉得被社会忽视并产生不满，可能会把委屈、怨愤等负面情绪传递给子孙,影响家庭与社会的和谐。"徐珂说。

在党俊武看来,未来几十年老年人的精神健康,对社会的精神面貌影响很大。"重视老年人精神需求,与重视养老保障工作同样重要,都是我们迎战老龄化社会的必须举措。"党俊武说,"广场舞缓解了老年人面对晚年生活的焦虑,帮他们找到认同感、归属感,这是它让人上瘾的重要原因。"

投入不足　引导不够

"除了图书馆、公园不分老幼,其他休闲放松的场所都是给小年轻们准备的。"

林大爷退休后仍住在单位旁边的家属大院,单位的老干部局开设了绘画班、舞蹈团、摄影班,还隔三差五组织旅游、参观以及各类比赛。"虽然孩子不在身边,可老同事、老朋友天天见;活动多,不寂寞,挺欢实。"他说。

有林大爷这份福气的老人只是少数。徐珂介绍,近20年,随着企业事业单位改制、重组,许多人退休后基本上和原单位没往来。"虽然有些单位还保留了'退管会''老干局',可只服务职位较高的离退休职工,大多数普通职工以及随子女进城的老年农民,很难享受这份福利。"

"广场舞、暴走团这些群众自发的活动,没有任何门槛,各阶层都能迅速融入。跳起舞,哪有主任、主妇之分?这也是它迅速风靡大江南北的原因之一。"徐珂说。

国家给的福利不均等,市场上能买回的"乐子"也不多。"小区开发商卖房子时承诺定期组织老年人参观、旅游,可过去好几年了这事影儿都没有!"家住北京通州某小区的孙阿姨说,"现在的文化、休闲场所,除了图书馆、公园不分老幼,其他地方多半是给小年轻们准备的,适合老年人兴趣爱好的特别少。"

全国老龄办2012年颁布的《关于进一步加强老年文化建设的意见》明确指出,目前老年文化建设与老年人日益增长的精神文化需求并不能完全适应,如:老年文化建设的社会氛围不够浓厚;公共文化设施为老年服务功能有待进一步完善,老年人均等享有基本公共文化服务的质量尚需进一步提高;老年文化产品和服务供给不足;农村老年人文化生活和活动阵地相对匮乏,甚至使封建迷信和非法宗教活动有了可乘之机。

记者几年前在基层采访时曾发现,县城里造价上千万元的农民文化俱乐部只接待公务人员,普通农民不能随意去"俱乐";乡村文化站只有一张桌子、几把凳子、一台唱卡拉OK的电视,报纸是过期的,捐赠书包括《微积分教程》……

即使这类问题已经改善,连油带水都算上,我国老年人平均拥有的文体活动资源依然少得可怜——民政部数据显示,截至2013年底,全国共有60岁及以上老年人口20243万人,老年学校5.4万个、在校学习人员692万人,各类老年活动室36万个。算一算,平均100名老人中只有3人有学可上,平均562名老人拥有一个活动室——用朱凤敏阿姨的话说:不去广场跳舞我们去哪儿呢?

让老人晚年丰富多彩,除了政府要加大引导和投入外,市场的"生意经"要多围着老年人转。党俊武建议:旅行团可开展"知青主题游";电视台可开通老年频道,拍一些老年人喜欢的节目;企业可研发、销售一些适合老年人的益智类桌游、电子游戏,帮老年人维持记忆力及交往能力。

"等大爷大妈有了自己的校园、乐园，谁还去'攻占'广场？"党俊武说。

（节选自《人民日报》，略有改动）

判断正误

1. 中国的老龄化势不可挡，老年人的精神文化生活匮乏并且没有得到应有的重视。（　）
2. 老年人迷恋广场舞并不是在寻找一种精神上的寄托和认同感，只是觉得广场舞新鲜有趣。（　）
3. 徐珂教授认为，我国大多数老年人承担着照顾第三代的责任，他们的人生观和价值观，潜移默化地影响着孙辈。如果老人觉得被社会忽视并产生不满，那么负面情绪会传递给子孙，进而影响家庭与社会的和谐。（　）
4. 一般的休闲放松的场所都不限制人群，老年人和年轻人一样都可以常去放松休息。（　）
5. 广场舞、暴走团这些群众自发的活动，没有任何门槛，各阶层都能迅速融入。（　）
6. 目前老年文化建设是可以满足老年人日益增长的精神文化需求的。（　）

第十四课　张艺谋在行动

背景知识

张艺谋 1950 年出生于陕西，1982 年毕业于北京电影学院摄影系。曾担任摄影的影片有：《一个和八个》（1984 年）、《黄土地》（1984 年）、《大阅兵》（1986 年）；担任演员的影片有：《老井》（1987 年，男主角）、《古今大战秦俑情》（1989 年，男主角）；担任导演的影片有：《红高粱》（1987 年）、《代号美洲豹》（1989 年）、《菊豆》（1990 年）、《大红灯笼高高挂》（1991 年）、《秋菊打官司》（1992 年）、《活着》（1994 年）、《摇啊摇，摇到外婆桥》（1995 年）、《有话好好说》（1996 年）、《我的父亲母亲》（1999 年）、《幸福时光》（2000 年）、《英雄》（2002 年）、《十面埋伏》（2004 年）等。以上这些影片都曾获得国内外大奖。张艺谋是目前中国影坛获得国内外奖项最多、最具有国际知名度和影响力的导演。

词语表

1. 震惊　　zhènjīng　　（动）　　to shock
   使大吃一惊
   驚愕させる
   깜짝 놀라게 하다

2. 内情　　nèiqíng　　（名）　　inside information (or story)
   内部情况
   内情 ‖ 내부 상황

3. 爽快　　shuǎngkuài　　（形）　　simple and direct
   舒适痛快
   爽快である
   시원스럽다, 솔직하다

4. 捕捉　　bǔzhuō　　（动）　　to catch, to seize
   抓住（容易消失的东西）
   捕らえる
   잡다, 붙잡다, 포착하다

5. 剧本　　jùběn　　（名）　　script (play/drama)
   戏剧排练、演出或影视作品拍摄的底本
   脚本
   극본

6	影坛	yǐngtán	（名）	the film world
	指电影界			映画界
				영화계
7	轰动	hōngdòng	（动）	to cause a sensation, to make a stir
	同时惊动很多人			沸き立たせる
				뒤흔들다, 파문을 일으키다
8	巨星	jùxīng	（名）	big star (refers to outstanding person)
	大明星			大スター
				대스타
9	加盟	jiā méng		to join in, to participate
	加入某个团体或组织			加盟する
				단체나 조직에 가입하다
10	尚未	shàngwèi	（副）	not yet
	还没有			未だ・・・にあらず
				아직 ..... 하지 않다
11	未知数	wèizhīshù	（名）	sth. unknown or uncertain
	比喻还不知道，不确定的事情			見通しがたたないこと
				미지수
12	答复	dáfù	（动）	to answer, to reply
	回答			回答する
				회답하다
13	再度	zàidù	（副）	a second time, once more
	第二次，又一次			再度
				두 번째, 재차
14	联手	liánshǒu	（动）	to collaborate
	联合，彼此合作			連合する
				서로 손잡다, 연합하다
15	机缘	jīyuán	（名）	lucky opportunity
	机会和缘分			機会と因縁
				기회와 인연
16	碰撞	pèngzhuàng	（动）	to collide, to run into
	物体互相撞击			衝突する
				충돌하다
17	掺杂	chānzá	（动）	to mix, to mingle
	混杂，夹杂			混ぜる
				섞다, 뒤섞다
18	纯粹	chúncuì	（形）	pure, unadulterated
	不掺杂别的成分的			純粋である
				순수하다, 깨끗하다

19	各有千秋	gè yǒu qiānqiū		each has its strong points
	各有特点，各有所长			それぞれ長所がある
				사람마다 다 제각기 자기의 장기를 가지고 있다
20	一手	yìshǒu	（副）	single-handed, all by oneself
	指一个人单独地			一人で
				혼자서，일방적으로
21	造就	zàojiù	（动）	to bring up, to train
	培养使有成就			育成する
				육성하다，양성하다
22	公认	gōngrèn	（动）	generally recognized or acknowledged
	一致认为			公認する
				공인하다
23	乃至	nǎizhì	（连）	and even
	甚至			ないし　ひいては
				더 나아가서
24	筹备	chóubèi	（动）	to prepare, to arrange
	筹划准备			計画準備する
				사전에 기획 준비하다
25	排除	páichú	（动）	to get rid of, to eliminate
	去掉，消除			排除する
				제거하다，배제하다
26	感染	gǎnrǎn	（动）	to infect, to affect
	通过语言或行为引起别人相同的思想感情			感化する
				감동시키다，감화하다
27	兼有	jiānyǒu	（动）	to have concurrently
	同时具有（几种情况）			兼ね備えている
				（몇 가지 상황을）동시에 가지고 있다
28	内涵	nèihán	（名）	connotation
	所包含的内容			内包
				내포
29	弱势	ruòshì	（名）	small force, weak potential
	劣势，弱点			弱小の力
				약소한 세력
30	略微	lüèwēi	（副）	a little bit, slightly
	稍微			わずかに
				조금，약간
31	属实	shǔshí	（动）	to be true
	符合事实			事実と合っている
				사실과 일치하다，사실이다

32	赴	fù	（动）	to go to (some place)
	到（某处）去			赴く
				(⋯⋯로) 가다, 향하다

33	颁发	bānfā	（动）	to issue, to award (medal, certificate of merit, or credentials, etc.)
	授予（勋章、奖状、证书等）			発布する
				(훈장, 상장, 증서 등을) 수여하다

34	奖励	jiǎnglì	（动）	to encourage through reward
	给予荣誉或财物来鼓励			奨励する
				장려하다

35	衷心	zhōngxīn	（形）	heartfelt
	出自内心的			衷心の
				진심으로, 충심으로

36	欣慰	xīnwèi	（形）	be gratified
	喜欢而心安			喜んで安心する
				기쁘고 안심되다

37	本职	běnzhí	（名）	one's official duty, one's job
	自己所在的岗位或所担任的职务			本職
				본직

38	旺盛	wàngshèng	（形）	vigorous, exuberant
	茂盛饱满，生命力强			旺盛である
				(기운이나 세력이) 왕성하다;(생명력이) 강하다

39	闲不着	xiánbuzháo		cannot be idle, must keep occupied
	有事干，没有空闲			暇になれない
				가만히 있지 못하다, 잠자코 있지 못하다

课文

张艺谋在行动

老维子

　　成龙透露他将与张艺谋合作，拍摄一部"至少震惊⁽¹⁾半个世界"的电影。但毕竟成龙的透露是有限的，而张艺谋也不知在什么地方，唯有熟知内情⁽²⁾而又说话爽快⁽³⁾的张伟平接受了记者的采访，让我们捕捉⁽⁴⁾到了很多有关张艺谋的重要信息。

　　记者：成龙透露说，他将与张艺谋合作拍片。你能不能具体介绍一下这方面的情况？

　　张伟平：这件事我们一直在进行之中，张艺谋和成龙也都希望有一次令他们终身难忘的合作。现在的问题是，剧本⁽⁵⁾还没有最终完成，所以，具体的拍摄时间还不能最后确定。

记者：为什么要跟成龙合作？

张伟平：因为成龙和张艺谋都是在国际影坛[6]上具有相当影响力和号召力、尤其是能够代表华语电影最高水准的导演和演员，他们之间的合作一定能创作出轰动[7]全球的艺术作品，他们都具备这样的实力。

记者：在与成龙合作之前，张艺谋是否还有拍片计划？

张伟平：有。我们已经安排了明年的计划，现在还在进行拍摄前的准备工作。

记者：据香港媒体透露，明年投拍的这部影片，男女主角选定的是周润发和巩俐，以及还有其他的国际巨星[8]加盟[9]，是这样吗？

张伟平：由于剧本尚未[10]最终完成，所以，演员还是未知数[11]。等剧本完成后，我们一定会给大家一个明确而又满意的答复[12]。

记者：国内观众似乎更关注巩俐，关注她能否与张艺谋导演再度[13]联手[14]。

张伟平：巩俐是一位非常优秀的演员，从她与张艺谋导演合作的作品中，人们早已领略到了她的表演才华。尽管最近十年来巩俐没有跟张艺谋合作，但是，如果机缘[15]让他们能够再度联手，我想他们还是会碰撞[16]出巨大的表演激情来的。

记者：张艺谋与巩俐合作，是否会有感情因素掺杂[17]在里面？

张伟平：我觉得这是一次两位艺术家之间的合作，一次纯粹[18]的艺术行为。

记者：作为张艺谋影片的投资人和制片人，你参与了他制造的两位国际影星之一的章子怡的全过程。而对巩俐你也非常了解。请问，在艺术上，你对她们两个如何评价？

张伟平：应当说，巩俐和章子怡在艺术表现上各有千秋[19]。章子怡是一个很勤奋而且非常善于把握机会的女孩，人很聪明，也特别敬业。

记者：巩俐和章子怡都是张艺谋导演一手[20]造就[21]的，社会也公认[22]他能够制造国际影星，特别是女明星。而在他以后的作品中，你们是否有计划、有目标地培养第三代，乃至[23]第四代、第五代国际影星？

张伟平：计划肯定有。也就是说，我们在以后拍摄的影片中会不断地推出新人。我们希望中国影坛，乃至世界影坛，多造就出一些像巩俐、章子怡这样有国际影响的影星来。

记者：无论跟成龙的合作，还是跟周润发、巩俐的合作，你们筹备[24]拍摄的这两部影片都是商业片吗？

张伟平：可以把它们称为商业片。现在国际影坛上，有巨大冲击力和号召力的多是商业片，当然我们也不排除[25]文艺片所具有的感染[26]力和影响力。应当说，我们筹备拍摄的这两部影片，既有商业片的冲击力和号召力，又兼有[27]文艺片的感染力和影响力，以及深刻的思想内涵[28]。

记者：你认为在与商业片的竞争中，文艺片的弱势[29]在哪里？

张伟平：从投资上讲，文艺片可能略微[30]处于弱势，但我们的电影市场又不能没有文艺片，因为观众对文艺片也是有需求的，比如当年的《廊桥遗梦》就曾轰动过整个中国电影市场。所以，我们只有尊重观众的选择。

记者：我们了解到，张艺谋导演将出席今年的东京国际电影节，并担任评委会主席，这是否属实[31]？

张伟平：是，张艺谋导演有这个安排。但在赴[32]东京之前，他要先去参加夏威夷国际电影节，并接受该电影节每25年为全世界导演中的一位幸运导演颁发[33]的"终身成就奖"，奖励[34]他为电影事业作出的卓越贡献。我衷心[35]地为他感到高兴和欣慰[36]。

记者：我们发现，继广西的《印象·刘三姐》之后，张艺谋又要导演云南的《印象·丽江》。你认为这些活动是否会影响张艺谋的本职[37]工作———电影？

张伟平：艺谋是一个精力旺盛[38]的导演，一个闲不着[39]的人，所以在拍电影之余，会投入一些其他事业。但我和艺谋都认为，电影永远是他的本职工作，是根本。

（全文字数：约1580字）

（节选自《北京青年报》，有改动。）

注释

① 我觉得这是一次两位艺术家之间的合作，一次**纯粹**的艺术行为。

[解释] 纯粹：形容词，指不含杂质，也有完全、完善的意思。一般用于人的思想或物质成分。也有副词用法。

[例词] 纯粹的人 / 纯粹的黄金 / 纯粹的北京话 / 纯粹是为自己打算

[例句] ① 在历时4年完成一套丛书的写作之后，她有计划写一些更纯粹的儿童文学作品。
② 现在自称是纳米技术的产品很多，其实纯粹是商家的盲目炒作。

② 巩俐和章子怡都是张艺谋导演**一手**造就的，社会也公认他能够制造国际影星，特别是女明星。

[解释] 一手：副词，指一个人单独地。

[例句] 老人对小孩的宠爱往往很容易变成毫无原则的溺爱，几乎什么事情都一手包办代劳。

③ 而在他以后的作品中，你们是否有计划、有目标地培养第三代，**乃至**第四代、第五代国际影星？

[解释] 乃至：连词。表示强调。一般用在并列的词语、短语或小句的最后一项之前，表示突出最后一项所指的内容。多用于书面语。

[例句] ① 我们应珍惜生命的每一天乃至分分秒秒，积极奋进。
② 像她这样全身10多处整形的手术，不仅风险大，而且极为复杂，在国内尚属首次，乃至全球也屈指可数。
③ 一些地方的农民之所以还很怀念当时的卫生所乃至整个医疗体系，一是因为方便，还有一点就是便宜。

④ 现在国际影坛上，有巨大冲击力和号召力的多是商业片，当然我们也不**排除**文艺片所具有的感染力和影响力。

[解释] 排除：动词，有使去掉的意思。指使对象离开，不再构成影响。

[例词] 排除万难 / 排除阻力 / 排除干扰 / 排除杂念 / 被排除在外

[例句] ① 假如你在晚间7时左右饮酒，肝脏排除酒精所需的时间比一天中其他任何时间都要长，故此时饮酒最易醉人，肝脏也最易受损。
② 耕地占用税存在一些明显的不足。比如，该税种只涉及耕地占用，至于林地、草场，是排除在外的，其实，它们同样面临保护。

读报小知识

报刊语言的特点之一 —— 省略句、压缩句多

报刊文章较多使用省略句和压缩句，这些句子常采用无主语、承前省略主语、压缩句中结构成分等方式增加信息表达的密度，将可有可无、可以根据具体语境推知的相关信息省略掉，推出必不可少或重点突出的信息。

练习

一 请在课外阅读中文报刊的最新文章，并将其中你喜欢的一篇剪贴在你的笔记本上，然后写成摘要，并谈谈自己的看法

二 给下列动词搭配适当的词语

震惊_____　　　捕捉_____

轰动_____　　　答复_____

筹备_____　　　颁发_____

排除_____　　　奖励_____

三 选词填空

| 颁发　　轰动　　答复　　各有千秋　　一手　　乃至　　奖励 |

1. 由曾经_____荧屏的《DA师》原班人马创作的又一部电视剧《追日》目前在中央电视台热播。

2. 11月23日，留法学者章向华博士、胡林颖博士获得法兰西科学院_____的2004年度科学大奖。

3. 老人希望振兴的不止是京剧，而是整个戏曲事业_____中国优秀的传统文化。

4. 当年他曾强烈建议政府投资建立危机预报系统，可政府却兴趣不大，_____很简单："没钱！"

5. 东西方文化_____，各有利弊，可以交融起来取长补短，优势互补。

6. 他最大的梦想是回中国做事，1998年回国后_____创办了微软中国研究院。

7. 联合国教科文组织正式批准设立国际"孔子教育奖"，_____在教育和文化方面做出突出贡献的有关人士。

四 根据课文内容判断正误

1. 张伟平投拍的一部商业影片，男女主角确定为周润发和巩俐。（　　　）

2. 张艺谋和巩俐合作的影片很受观众欢迎。（　　　）

3. 巩俐和章子怡在艺术表现上大同小异。（　　　）

4. 《印象·刘三姐》和《印象·丽江》的导演都是张艺谋。（　　　）

五 请按正确的语序将下列句子组成一段完整的话

1. A. 既有商业片的冲击力和号召力

   B. 我们筹备拍摄的这两部影片

   C. 又兼有文艺片的感染力和影响力

   D. 以及深刻的思想内涵

   正确的语序是：（　　　）（　　　）（　　　）（　　　）

2. A. 但我们的电影市场又不能没有文艺片

   B. 比如当年的《廊桥遗梦》就曾轰动过整个中国电影市场

   C. 从投资上讲，文艺片可能略微处于弱势

   D. 因为观众对文艺片也是有需求的

   E. 所以，我们只有尊重观众的选择

   正确的语序是：（　　　）（　　　）（　　　）（　　　）（　　　）

六 根据课文内容选择正确的答案

1. 文中提到将与成龙合作拍片的人是_____。

   A. 周润发　　　　　　　　B. 巩俐

   C. 张艺谋　　　　　　　　D. 章子怡

2. 文中提到的国际影星不包括_____。

   A. 巩俐　　　　　　　　　B. 张艺谋

   C. 章子怡　　　　　　　　D. 成龙

3. 文中提到张艺谋将担任评委会主席的是_____。

   A. 戛纳国际电影节　　　　B. 夏威夷国际电影节

   C. 东京国际电影节　　　　D. 威尼斯国际电影节

4. 文中认为在与商业片的竞争中，文艺片的弱势在于_____。

   A. 从投资上讲，文艺片不占优势　　B. 观众对文艺片没有需求

   C. 电影市场不需要文艺片　　　　　D. 文艺片的拍摄方法很难

七 完型填空

（一）

| 至少 而 而又 有关 将 毕竟 |

成龙透露他__1__与张艺谋合作，拍摄一部"__2__震惊半个世界"的电影。但__3__，成龙的透露是有限的，__4__张艺谋也不知在什么地方，唯有熟知内情__5__说话爽快的张伟平接受了记者的采访，让我们捕捉到了很多__6__张艺谋的重要信息。

（二）

有人提出，科克托是电影界的哈代，他的电影人人都爱看，人人又都觉得很高深。科克托的作品__7__有艺术电影，如三部曲，__8__有商业片，如《美女与野兽》《沙漠婚礼》等，法国新浪潮认为他是始祖之一。他的表现方式很现代，__9__骨子里的叙事性又是古典的。科克托对于世界电影的影响力不容__10__，他既继承了先锋派又开启了新浪潮，__11__于哈代在文学界的位置，起到艺术观念过渡带的作用。科克托是最__12__的先锋大师，他从未想过要在一个领域深入构建什么，而是在一个成熟得快要老死的领域，冲出一个缺口，指明一个新方向。因此，在法国__13__欧洲电影界，科克托都是有威望的文化巨人。

7. A. 即 B. 既 C. 一边 D. 或者
8. A. 又 B. 同时 C. 一边 D. 或者
9. A. 虽然 B. 但 C. 所以 D. 无论
10. A. 注意 B. 忽视 C. 重视 D. 对待
11. A. 类似 B. 好像 C. 相同 D. 不同
12. A. 纯粹 B. 纯洁 C. 纯真 D. 单纯
13. A. 以及 B. 乃至 C. 和 D. 或者

八 用自己的话或原文中的关键句子概括下面一段话的主要内容

记者：成龙透露说，他将与张艺谋合作拍片。你能不能具体介绍一下这方面的情况？

张伟平：这件事我们一直在进行之中，张艺谋和成龙也都希望有一次令他们终身难忘的合作。现在的问题是，剧本还没有最终完成，所以，具体的拍摄时间还不能最后确定。

记者：为什么要跟成龙合作？

张伟平：因为成龙和张艺谋都是在国际影坛上具有相当影响力和号召力，尤其是能够代表华语电影最高水准的导演和演员。他们之间的合作一定能够创作出轰动全球的艺术作品，他们都具备这样的实力。

九 请尽量用以下词语进行话题讨论

震惊	轰动	答复	纯粹	筹备	各有千秋
排除	兼	赴	颁发	奖励	公认

1. 你最喜欢他张艺谋导演的哪一部电影？为什么？
2. 你最喜欢的中国电影明星是谁？为什么？

快速阅读

阅读一（字数：约1660字；阅读与答题参考时间：9分钟）

中国故事　国际表达
——打造中国纪录片国际品牌

以小见大传播东方价值观

中国纪录片究竟拍什么样的故事才能吸引国外的观众？近年来，中国纪录片的制作成本越来越大，技术越来越先进，影像越来越精细。然而，在海外，真正吸引市场的却并非只有华丽的视觉大片，极具时代特色的作品同样很有人缘。比如，《春晚》在美国受到欢迎的一大原因就在于该片讲述了央视春晚在中国人心中的价值和地位。这正好契合了美国观众想了解是什么让中国人30年来以同样的方式度过这个民族性节日，以及这一现象背后巨大的民族凝聚力和价值观的观看心理，从而激发其巨大的收视热情。《超级工程》则是另一张扬名海外的中国名片，该片聚焦港珠澳大桥、上海中心大厦、北京地铁网络、海上巨型风机和超级LNG船五大重点尖端科技工程。主创们将建造那些伟大建筑过程中鲜为人知、惊心动魄的场景纳入纪录片的镜头，向世界展示了一个充满活力与创造力的现代中国。

改革开放以来，中国创造了无数"中国奇迹"，令国际社会既惊讶又迷惑。因此，海外观众对于当下中国人的所思所想显得格外关心。央视纪录频道国际顾问乔治·克莱尔曾说过，要跨越文化障碍，就要让海外观众了解纪录片所表现的内容和中国人的生活有什么关系。这一点，无论是在《春晚》《超级工程》，还是在《舌尖上的中国》身上，都得到了完美印证。这些作品无不从普通人的视角出发，将中国人的情感生活带入其中，探索隐藏在市井生活中的文化基因，通过带有普遍性的人物故事，以小见大地传播中国文化和东方价值观。

国际化理念打通海外传播渠道

目前，CCTV-9 Documentary 纪录国际频道已在全球超过 66 个国家和地区落地，拥有近 5000 万国际用户。面对如此多样化的受众，中国纪录片必须在影像制作上有所创新。对此，导演王冲霄在纪录片《茶，一片树叶的故事》中进行了一些有益的尝试。他指出："不管中国观众还是世界其他国家的观众，这一代人都是在影视剧和广告的熏陶下成长起来的，整个审美系统大多建立在这种影像特点的基础上。所以，像过去那样用新闻语言进行影像创作的方法，对于今天的观众，尤其是其他国家的观众来说已经很难奏效了。因此，在《茶，一片树叶的故事》中，大量碎片式的叙事策略和高速摄影技术得到了广泛应用，为的就是能够有效抓住当代观众的注意力。"

过去由于文化差异等原因，偏重历史和文化题材的中国纪录片，虽然满足了"精英人士"对专业性的需求，却无意中忽视了普通观众对"通俗易懂"的渴望，造成中国纪录片被长期打着"小众标签"的尴尬局面。但随着中国纪录片人国际化意识的不断加强，中国纪录片创作越来越注重"易于传播"的创作诉求。身为国外电影节的常客，《海峡攻心战》的制作人龙淼渊举了一个在创作中对跨文化传播进行尝试的例子。"2006 年我执导的纪录片《内蒙小超女》里，想用一个镜头表达主人公从草原来到北京。我开始拍摄了一个北京机场收费站的片段，但对于生活在世界其他地方的人来说，这个影像或许可理解为来到了亚洲或者东方，却很难让他们联想到'北京'。所以，我最终改为通过一段机场航站楼的影像来传递'来到北京'的含义。这其实就说明，运用全世界观众都有共享经验的影像，才能让作品表达出更多的有效信息，而诸如此类的尝试就是我们作品得以跨文化传播的桥梁。"

归根到底，中国纪录片在叙事技巧和制作工艺上尚不成熟，与国际传播的要求还存在一定差距，这主要是受到具有国际化理念的高水平创作人才匮乏的制约。面对当下错综复杂的媒体格局以及快速变化的全媒体传播环境，纪录片行业主要缺少两类人才：第一类是通才，即跨学科、跨领域的综合型人才，包括项目制片人、经理人、策划等；第二类是专才，随着纪录片市场扩张到一定程度，具有国际水准的摄影、音效甚至解说等专才将越来越成为稀缺资源。为解决这个问题，2013 年 7 月成立的中国纪录片联盟以"内容多元化、制播区域化"的合作模式给国内纪录片人与国际接轨打开了"绿色通道"。通过与国际顶尖的纪录片团队更为频繁、紧密的合作，中国纪录片人拥有更多的国际创作体会，培养自己的国际化思维，扩大纪录片人的话语权，为中国纪录片以及中国文化进一步"走出去"奠定基础。

（节选自《光明日报》，略有改动）

选择题

1. 《春晚》在美国受欢迎的一大原因是（　　　）。
   A. 该片是中国艺术水平的最高表现形式
   B. 该片讲述了央视春晚在中国人心中的价值和地位

C. 该片中体现着最传统的中国价值观

D. 从该片可以感受到最朴素的儒家文化

2. 无论是在《春晚》《超级工程》，还是在《舌尖上的中国》都印证了（　　）。

　　A. 要跨越文化障碍，就要让海外观众了解纪录片所表现的内容和中国人的生活有什么关系

　　B. 要让海外观众了解中国文化，要从记录片开始

　　C. 通俗易懂的纪录片，容易被海外观众所接受

　　D. 了解中国人的社会价值观，要从纪录片开始

3. 纪录片《内蒙小超女》是（　　）的作品。

　　A. 乔治·克莱尔　　B. 王冲霄　　C. 龙淼渊　　D. 张艺谋

4. 中国纪录片在叙事技巧和制作工艺上尚不成熟，与国际传播的要求还存在一定差距，这主要受到（　　）的制约。

　　A. 多媒体技术

　　B. 具有国际水准的摄影、音效甚至解说等专才稀缺

　　C. 缺少跨学科、跨领域的综合型人才，包括项目制片人、经理人、策划等

　　D. 具有国际化理念的高水平创作人才匮乏

阅读二（字数：约980字；阅读与答题参考时间：5分钟）

好电影雅俗共赏

　　人们习惯把电影分为商业片和艺术片，前者票房大热，后者电影节大热，似乎观众与专家、市场与艺术泾渭分明、难以统一。但事实上，有许多电影特别是中小成本电影，往往分不清是商业片还是艺术片，如意大利的《美丽人生》、德国的《窃听风暴》、法美合拍的《艺术家》，还有当年张艺谋导演的《红高粱》等等，一方面它们在国际电影节上获奖，另一方面在市场上也得到观众认可。从某种意义上说，这些好电影是不分商业片和艺术片的，是被大众接受的艺术创新，为雅俗共赏奠定了基础。

　　通俗的题材能够做成雅致的风格，是导演的本事。以获得柏林电影节金熊奖的国产影片《白日焰火》为例，电影虽然选择连环犯罪碎尸案题材，具备商业电影的故事元素，但却没有选择犯罪类型片的制作方向，而是选择了现实主义电影风格。影片用实景拍摄强化环境的质感，弱化色彩对比和人工光源的修饰，在构造生活化影像空间的同时也刻画人物幽暗而封闭的内心；音乐、摄影、剪辑都流畅自然精准，不像一般商业电影那样奇观化；表演上，廖凡、王景春、桂纶镁以及一干警察，都尽量减少爆发和渲染，在自然主义风格中流露出人物性格的复杂和内心的纠结。影片虽然涉及多起凶杀，但影片抵抗住了所谓"商业性"的诱惑，回避了对暴力场面的展示，没有渲染碎尸的血腥，没有展示追击的惊险，甚至影片中的枪战场面也显得那么缺乏铺垫，体现了创作者对艺术风格的坚持和自信。《白日焰火》这部影片也有一些不足，在人物关系和人物形象阐释方面的开放性，会让部分观众觉得不够"过瘾"、不够"鲜明"。这是另一个话题了。

　　任何好电影，我认为，最重要的一点，不仅在于故事情节的新奇和人物性格的鲜明，更在于能够体现出某种对生活的形而上的洞见和哲思，而这种洞见是建立在对个体命运的刻画

上的。离奇的故事也好，庸常的故事也好，应该是以人的眼光表现人的命运，发现人性的强弱善恶。恶，就在生活独木桥的两侧，一失足就可能成千古恨。善恶选择，一念之差，恶之蔓延，回头无岸。这种警醒，也许正是一部好电影所谓的"关怀深度"。

一些好电影，与一些纯粹的商业电影相比，市场推广的力度可能很难媲美。但是经过最近十多年的市场培育，特别是互联网口碑传播效果的日益凸显，中国观众或者说相当一部分中国观众，已经具备欣赏好电影的能力，影院也具备了为好电影留出空间的条件。我们对于好电影的市场前景要有信心，也应主动为好电影开辟和搭建市场推广平台。

（节选自《人民日报》，略有改动）

回答问题

1. 作者眼中的好电影是怎样的？
2. 作者眼中的电影《白日焰火》有什么不足？你怎么看？
3. 你最喜欢哪种题材的电影？请举例说明。

阅读三（字数：约1840字；阅读与答题时间：10分钟）

影视文化创新从何入手

薛晋文

影视文化是我国文化大繁荣和大发展的一支重要生力军，影视文化创新对于丰富百姓生活、培育国民素养、塑造民族形象、提升文化软实力具有举足轻重的作用。影视文化中国梦的实现应当以创新为驱动，以民族文化的现代阐释为基点，以当代文化激活民族文化为目标，以影响示范全球文化为归宿，这应是影视文化中国梦的核心内涵。面对影视文化创新的时代命题，其现状和未来引人深思。

同质化问题不容回避。当下，同质化问题成为阻碍影视创新发展的主要矛盾，部分创作者没有将心思用在艺术的"克难"过程中，反倒是"畏难"情绪时有抬头，以致不惜人力和财力去复制、克隆和抄袭，不断在重复自我或重复别人。譬如，随着央视"中国汉字听写大会"的走红，各省级卫视纷纷上马汉字类节目，机械照搬成功的节目模式，生硬抄袭既有节目的审美定位，致使汉字类节目一夜之间扎堆涌现。此外，青春电影、家庭剧的克隆现象大抵如此。同质化现象说到底是创新萎缩的结果，究其原因，我们的文艺创新体制和机制有待转型升级，文艺创作者的责任和担当有待提升，文艺创作的浮躁环境亟待净化和降温。

矫情化问题花样翻新。雅俗共赏是影视文化传播的基本标准，让创作者和观众在皆大欢喜中打成一片。遗憾的是，一些节目变着戏法去煽动嘉宾和观众的眼泪，编导者刻意设计"泪崩"的场景，让嘉宾按既定的煽情剧本逐次出演，眼泪成为衡量节目成功与否的硬指标，至于节目应有的生活逻辑和情感逻辑却无关紧要。这种"装蒜十足"的视听文化思潮，给影视文化创新带来了许多隐蔽的内伤，许多貌似讨巧和速成的艺术潜规则，毁掉的却是影视创新的健康土壤和良好氛围。

平面化问题令人忧心。近年来，影视文化中存在的平面化问题同样值得警惕，部分影视作品生活经验贫乏，思想主题模糊不清，审美情趣低走低落，价值取向摇摆不定，意义深度浅尝辄止。有的音乐选秀节目视刺激和迷醉为主要价值，以此代替了音乐的意义表达，乃至音乐价值的深层思索和感悟，音乐不再是旋律上流淌的思想，成为了内涵空洞和商品消费的无意义符号。劣质影视作品在抹平经验和去意识形态中走得太远，绕过生活的创作观实际上抽空了艺术的审美理想，摒弃深度的文艺观最后将作品推向了肤浅的洼地。鉴于此，当下影视文化的创新突围十分紧迫。

在固本强基中夯实基础。具有中国特色的影视文化，离不开对民族性和地域性的承续转换，体现中华民族息息相通的"心史"和"集体情趣"，从而借助视听画面进行心灵对话与思想共鸣。在固本强基视阈下，影视文化的创新不应局限于中国功夫和戏曲脸谱，还应包括中医文化、书法文化、国学文化、瓷器文化、美食文化、忠义文化、情感文化、乡土文化、礼仪规制等民族内容的创作与传播。这些标志性的民族文化是对地域文化萃取的结晶，是中国影视文化卓尔不群的独特身份与基因，也是我们走向影视文化强国的原点和基石。事实上，只有对差异性地域文化的强势传播，才会有真正意义上的民族影视文化。

在兼容并包中充实内容。尽管影视文化已经吸收了传统文艺的许多营养，但仍存在浅尝辄止和浮光掠影的问题。影视文化创新需要对文学、戏剧、音乐、绘画、舞蹈等传统文艺进行再借鉴，需要再学习小说的文学性和思想性，让轻飘飘的影视作品走向沉甸甸；需要再学习戏剧艺术的叙事技巧，让影视作品不再平铺直叙和直白浅露；需要再学习音乐烘托、升华主题的韵味美感，让影视作品不再索然无味；需要再学习绘画的构图和景别设计，让影视作品不再意境萧疏……

在影响示范中扩大影响。其一，我们应以高质量的影视故事去建构和传播国家的审美形象。高质量的故事不是对民族历史戏说、曲解或欲望化的呈现，而应真实反映本民族的社会历史生活，能够代表特有的民族精神和民族文化，能够塑造、维护和提升国家形象，从而将真实的中国形象传播给全世界。其二，我们应创新影视文化价值观去引领文化潮头。任何影视文化都应该包含基本的人生观、价值观和世界观，应该负载为生活分忧和人类解惑的审美理想，它们是国外观众接纳和认可的先决条件，只有他人广泛认同作品携带的价值观，国家文化软实力的吸引力和感召力才能得以实现。其三，以改革开放成果的艺术反映去示范现代文明进程。改革开放的伟大实践，对亚非拉等国均有启发和示范价值，以生活方式、思维方式和情感方式变迁为叙事内容的影视剧，必将引起发展中国家的极大兴趣，他们同样面临着变革的喜怒哀乐，而我们的实践经验和心路历程对他们而言犹如雪中送炭。因此，唯有将独特的民族性和普适的现代性进行整合重组，影视文化创新成果才有强大的影响力和生命力。

（节选自《光明日报》，略有改动）

判断正误

1. 影视文化是我国文化大繁荣和大发展的一支重要生力军，对于提升文化软实力具有举足轻重的作用。（　）
2. 眼泪应该是衡量节目成功与否的硬指标，至于节目应有的生活逻辑和情感逻辑是无关紧要的。（　）
3. 音乐选秀节目不应视刺激和迷醉为主要价值，音乐的意义表达乃至音乐价值的深层思索和感悟更为重要。（　）

4. 影视文化的创新仅包括电影和电视两方面的创新。（ ）
5. 影视文化创新无需对文学、戏剧、音乐、绘画、舞蹈等传统文艺进行再借鉴。（ ）
6. 高质量的故事不是对民族历史戏说、曲解或欲望化的呈现，而应真实反映本民族的社会历史生活，能够代表特有的民族精神和民族文化，能够塑造、维护和提升国家形象，从而将真实的中国形象传播给全世界。（ ）

第十五课　中国农民工"40岁现象"调查

背景知识

所谓农民工"40岁现象",是指企业出于控制成本的需要,最大限度地压低用于农民工的各种支出,农民工无法获得培训提高的机会。日复一日、年复一年重复着低水平的劳动,大量年轻的农民工在被透支体力和脑力之后,在40岁左右又被无情地推回农村。这种现象引人关注和深思,农民工的境遇令人同情。城市的"取而不予"、企业的"用而不养",是造成农民工"40岁现象"的主要原因。

词语表

1　编者按　　biānzhě'àn　　（名）
编辑人员对文章或消息等所作的评论或说明,常放在文章或消息的前面。

editor's note
編集者の言葉
편집자의 말（주로 문장 또는 뉴스의 앞에 의견, 평론으로서 게재함）

2　躁动　　zàodòng　　（动）
因急躁而活动

to move restlessly
焦って動き回る
조급하게 돌아다니다

3　身影　　shēnyǐng　　（名）
从远处看到的身体的模糊形象

a person's silhouette, one's form as seen from far away
人影　物の影
형체, 모습

4　支撑　　zhīchēng　　（动）
勉强维持

to sustain, to support
我慢する
힘써 견디다, 가까스로 버티다

5　税收　　shuìshōu　　（名）
国家依法通过征税所得到的收入

tax revenue
租税収入
세수, 세수입

6	足以	zúyǐ	（动）	enough, to be sufficient
	完全可以，够得上			十分に足りる
				충분히 ... 할 수 있다, ... 하기에 족하다
7	归宿	guīsù	（名）	a home to return to, ending
	最后的着落，结局			落ち着き先
				귀결점, 귀착점
8	掠夺	lüèduó	（动）	to plunder, to rob
	用强力夺取			略奪する
				약탈하다, 수탈하다
9	长此以往	chángcǐ yǐwǎng		if things go on like this (used in unfavorable circumstances)
	长期这样下去（多用于不好的情况）			この調子でいけば（多く良くない状況に使う）
				(보통 나쁜 방향으로) 이 식으로 가다
10	背离	bèilí	（动）	to go against
	违背			背離する
				위배하다, 위반하다
11	宗旨	zōngzhǐ	（名）	aim, purpose
	主要的目的和意图			趣旨
				종지, 주요한 목적과 의도
12	嫌弃	xiánqì	（动）	to dislike and avoid, to give the cold-shoulder
	厌恶而不愿接近			嫌って相手にしない
				싫어하다, 불쾌하게 생각하다
13	年富力强	nián fù lì qiáng		in the prime of life
	年纪轻，精力旺盛（富：指未来的年岁多）			年が若くて精力が旺盛である
				젊고 기력이 왕성하다
14	稀罕	xīhan	（动）	to cherish, to appreciate sth.'s rarity
	认为稀奇而喜爱			珍しがる
				소중히 하다, 진귀하게 여기다
15	手艺	shǒuyì	（名）	craftsmanship, workmanship
	手工业工人的技术			手工業職人の技
				수공 기술
16	下降	xiàjiàng	（动）	to descend, to drop
	从高到低，从多到少			降下する
				떨어지다, 낮아지다, 줄어들다
17	劳动力	láodònglì	（名）	one's capacity for physical labor, labor (or work) force
	相当于一个成年人所具有的体力劳动的能力，有时指参加劳动的人			労働力
				노동력

18	仓库	cāngkù	（名）	warehouse, storehouse
	储藏粮食或其他物资的建筑物			倉庫
				창고, 곡물창고
19	装卸	zhuāngxiè	（动）	to load and unload
	装到运输工具上和从运输工具上卸下			荷物を積み卸しする
				싣고 부리다, 하역하다
20	常年	chángnián	（副）	throughout the year, year to year
	一年到头，长期			一年中 いつも
				일년 내내; 장기; 오랜 세월
21	返	fǎn	（动）	to return
	回			帰る
				돌아가다, 돌아오다
22	合拍	hépāi	（形）	in harmony
	符合节奏，比喻协调一致			リズムに合う
				박자가 맞다, 손발이 맞다, 부합하다
23	校园	xiàoyuán	（名）	school campus
	指学校范围内的所有地面及其建筑			キャンパス
				교정
24	断绝	duànjué	（动）	to break off, to cut off
	中断关系，不再往来			断絶する
				단절하다, 끊다, 차단하다
25	转化	zhuǎnhuà	（动）	to change, to transform
	转变，改变			転化する
				변하다
26	积蓄	jīxù	（名）	savings
	积存的钱			貯金
				저축, 저금
27	门路	ménlù	（名）	knack, method
	做事的诀窍，解决问题的途径			こつ やり方
				비결, 방법; 단서, 실마리
28	维持	wéichí	（动）	to preserve, to maintain
	使继续存在下去，使保持原样			維持する
				유지하다
29	定位	dìngwèi	（名）	orientation, fixed position
	设定的位置			測定された位置
				확정된 위치
30	沉溺	chénnì	（动）	to indulge in, to be absorbed in
	比喻陷入某种不良的境地，不能自拔			耽溺する
				빠지다, 타락하다

| 31 | 赌博 | dǔbó | （动） | to gamble |

用财物作赌注，通过打牌等决定输赢

ばくちを打つ

노름하다, 도박하다

| 32 | 了事 | liǎo shì | | to get sth. over |

使事情得到平息或结束（多指不彻底或不得已）

けりをつける

(주로 철저하지 않아서 또는 부득이하여) 일을 끝마치다, 사태를 진정시키다

| 33 | 透支 | tòuzhī | （动） | to overdraw (used to symbolize going beyond what one's body or mind can endure) |

比喻精神、体力过度消耗，超过所能承受的程度

支出超過する

(인체가 견딜 수 있는 범위를 넘어서서) 과도하게 정력을 사용하다

| 34 | 根源 | gēnyuán | （名） | source, root |

使事物产生的根本原因

根源

근원

| 35 | 压缩 | yāsuō | （动） | to reduce (staff, funds, space, etc.), to cut down |

减少（人员、经费、篇幅等）

圧縮する

(인원, 경비, 문장 따위를) 줄이다

| 36 | 寻求 | xúnqiú | （动） | to seek |

寻找探求

探し求める

찾다, 탐구하다

| 37 | 善待 | shàndài | （动） | to treat nicely |

很好地对待

優遇する

우대하다, 잘 대접하다

| 38 | 短视 | duǎnshì | （形） | near-sighted |

眼光短浅

目先がきかない

근시안적인

| 39 | 相应 | xiāngyìng | （动） | corresponding, fitting |

互相呼应

相応する

상응하다, 서로 맞아 어울리다

课 文

中国农民工"40岁现象"调查

王海

编者按[1]：从上个世纪80年代起，一个又一个躁动[2]的身影[3]，告别传统的生活模式，闯进了陌生的城镇。他们以打工者的身份吃苦受累，高强度地劳动，支撑[4]起经济的快速发展。他们建设城市，创造财富，提供税收[5]。如今，他们中许多人已青春不再，靠打工那点收入又不足以[6]在城里安家定居，回农村差不多成为他们必然的归宿[7]。农民工"40岁现象"集中反映了工业化对农村劳动力资源的掠夺[8]性使用。长此以往[9]，将背离[10]社会发展的宗旨[11]，同时还有可能制造新的社会不稳定因素。因此，这些农民工的培训、就业和社会保障更应引起全社会的重视。

中年农民工被城市"嫌弃[12]"

8月14日，记者来到位于北京市虎坊桥附近的宣武区职业介绍服务中心。从中午一直到下午5点，记者观察发现，年富力强[13]的农民工最受用工者欢迎，一批批不断被招走；而年纪略微大些的则明显不受欢迎，迟迟找不到雇主。今年42岁、老家湖南的张大亮，等了4天也没找到合适的工作。他对记者说："外出打工就趁年轻，稍微上个年纪，到哪儿都没人稀罕[14]！"47岁的王东方告诉记者："尽管有些手艺[15]，找工作也是一年难似一年！"

不仅仅是张大亮和王东方，在各地的大中城市里，许多打工多年、人到中年的农民工正切实感受着被城市"嫌弃"的滋味，在体力和精力开始下降[16]的情况下，正被一批批新下火车、不断赶来的年轻劳动力[17]所替代。

记者在一些地方的劳动力市场了解到，很多用人单位在招收农民工时，一般都明确要求年龄在40岁或者35岁以下，一些服务行业甚至要求25岁以下。京郊某仓库[18]招收民工30名，年龄限制在35岁以下。负责招工的人告诉记者："工人主要干装卸[19]的活，年纪大的怕干不了。"而一家被服厂只招收25岁以下的工人。招工者说："我们需要常年[20]夜里加班，干的也是精细活，年纪大的精神不好，手头也不活，基本就没法用。"

返[21]乡农民工与农村"不合拍[22]"

多年来，许许多多十八九岁甚至十五六岁的农村孩子，初中毕业离开校园[23]后就来到城市，走进工厂、工地、车间。由于基本上与土地"断绝[24]"了关系，依靠工资生活，他们在实质上已经转化[25]成为产业工人的一部分。而这些产业工人在城市奉献了青春回到农村老家后，种种不适应必然不可避免。

在河南省鲁山县金章村，一名姓杜的村干部告诉记者，在他们村，打多年工又回到家中，年龄三四十岁的人很多。这些人大致可分成三类：第一种，用打工的积蓄[26]做些小本生意，或者买辆农用车搞些运输；第二种，不会干农活，也找不到好的生意门路[27]，只好在家带带孩子、打打牌，主要依靠多年的积蓄维持[28]生活；第三种，回到农村突然失去了定位[29]，不知道该干什么能干什么，沉溺[30]于打牌、赌博[31]，将积蓄挥霍完了事[32]。这位村干部总结说，打工回来的明显跟农村不合拍，讲究吃穿，不愿下田，半个劳动力也比不上。

企业对农民工"用而不养"

记者在调查后发现,农民工之所以在40岁以后干不下去,主要是因为体力透支⁽³³⁾,同时没有其他资本可供出卖。导致农民工只有体力可供出卖的原因,是农民工普遍文化素质不高、技术技能缺乏。而造成这种现状的根源⁽³⁴⁾,则是企业对农民工"用"而不"养",从不提供培训和提高的机会,造成他们技能老化,无法与年轻人竞争。

有关专家也指出,之所以产生农民工的"40岁现象",其实是一些企业处于控制成本的需要,最大限度地压缩⁽³⁵⁾用于农民工的各种支出。大部分农民工无法获得培训机会,常年从事低水平重复劳动,在被透支了体力之后,由于文化水平不高,技能不够,到40岁左右时由于又被企业嫌弃,无可奈何之中只好告别城市。

城市对农民工"取而不予"

针对农民工40岁后大量回归农村的现象,有专家认为,一个重要原因是因为城市没有给农民工提供基本的社会保障,导致农民工病无所医、贫无所助、老无所养,被迫返回家乡,去**寻求**⁽³⁶⁾家庭的保障。

知名国情专家胡鞍钢教授呼吁,城市不仅要善待⁽³⁷⁾农民工,关键还要使他们参与工业化、城市化进程,并分享成果。

农民工参与城市的建设和生产,是城市运转不可缺少的重要组成部分,却被隔离在城市社会保障之外。作为企业,应该纠正这种短视⁽³⁸⁾行为,作为政府和有关部门,应该制定相应⁽³⁹⁾的政策和措施,引导城市能够留住这些曾经奉献了青春的外来工。

(全文字数:约1700字)

(节选自《市场报》,有改动。)

注 释

① 如今,他们中许多人已青春不再,靠打工那点收入又不**足以**在城里安家定居,回农村差不多成为他们必然的归宿。

[解释] 足以:表示完全可以,够得上。修饰多音节词语,可受否定副词"不"修饰。

[例句] ① 公司有什么样的管理者,什么样的管理干部,什么样的员工,足以决定公司的成与败。
② 汉语作为目前世界上越来越重要的交流工具之一,已经在发挥日益强大的作用。这足以证明文化多样性的意义是普遍的。

③ 剧烈的变革时期，理论创新的空间大，关注点多，值得提出的问题是，仅仅靠新话语、新表述不足以形成真正的理论突破。

2. "农民工40岁现象"集中反映了工业化对农村劳动力资源的**掠夺**性使用。

[解释] 掠夺：动词，把别人的东西夺过来。多用于较大、较概括的场合和对象。

[例词] 掠夺土地 / 掠夺物产 / 掠夺的本性 / 掠夺的本质 / 疯狂的掠夺

[例句] ① 脱离中国国情的"致富"，要么是表面上的假富，要么是通过对自然的掠夺、抢去后代子孙饭碗的暂时的"致富"。
② 那种在工业化过程中，大量消耗人类不可再生资源的掠夺式经营不能学。

3. 第二种：不会干农活，也找不到好的生意门路，只好在家带带孩子、打打牌，主要依靠多年的积蓄**维持**生活。

[解释] 维持：动词，指一定限度地或暂时地维护，使不改变原样或现状。

[例词] 维持秩序 / 维持现状 / 维持治安

[例句] ① 一段婚姻的维持贵在涵养，要尽量地做到坦诚相待。当然坦诚并不意味着没有隐私，一定要注意保持各自独立的人格，同时要尊重对方的独立人格。
② 每个月他要拿出近一半的薪水交房租，剩下的钱只能勉强维持生活。

4. ……导致农民工病无所医、贫无所助、老无所养，被迫返回家乡，去**寻求**家庭的保障。

[解释] 寻求：动词，指目标不太明确地寻找、探求。

[例词] 寻求保障 / 寻求帮助 / 寻求友谊 / 寻求灵丹妙药 / 寻求导师

[例句] ① 在走进职业咨询室寻求帮助的人中，愿意讨论职业兴趣的占了大部分。
② 大学生毕业后不回家乡，而去条件优越的地方寻求发展，这是普遍存在的现象。

读报小知识

报刊语言的特点之一 —— 长句子多

报刊文章较多使用一些长句子，这些句子通过增添并列成分、修饰成分来增加信息表达的长度与宽度。遇到长句子时，要学会分析句子的结构，找出句子的中心词（如主语、谓语、宾语等），这样在简化长句子中理解长句子。

练习

一 请在课外阅读中文报刊的最新文章，并将其中你喜欢的一篇剪贴在你的笔记本上，然后写成摘要，并谈谈自己的看法

二 给下列动词搭配适当的词语

掠夺_____   嫌弃_____

维持_____   断绝_____

寻求_____   压缩_____

背离_____   善待_____

三 选词填空

| 足以   支撑   长此以往   下降   积蓄 |

1. 优秀的历史文化遗产，作为一种精神力量，_____着中国乡村居民构筑美好家园的文化理念。

2. 生在我们身边的一些新现象，_____折射出这个时代的巨大变化。

3. 很多用人单位选择网上招聘，据说北京传统媒体招聘广告业务已_____了60%。

4. 假如家长常用粗暴的方式对待孩子，_____就会给孩子造成恐惧的情绪，甚至出现心理问题。

5. 他把自己近4000元的_____都买了新书，送给"中华红丝带家园"的艾滋孤儿。

四 根据课文内容判断正误

1. 中国的农民工现象出现于上个世纪80年代。（　　　）
2. 年纪大的农民工如果有手艺，现在找工作很容易。（　　　）
3. 农民工回到农村老家以后，都能很快适应农村的生活。（　　　）
4. 农民工为城市的发展做出了巨大贡献，应该受到善待。（　　　）

五 请按正确的语序将下列句子组成完整的一段话

1. A. 农民工参与城市的建设和生产
   B. 却被隔离在城市社会保障之外
   C. 是城市运转不可缺少的重要组成部分

   正确的语序是：（　　　）（　　　）（　　　）

2. A. 而造成这种现状的根源
   B. 则是企业对农民工"用"而不"养"，从不提供培训和提高的机会
   C. 导致农民工只有体力可供出卖的原因，是农民工普遍文化素质不高、技术技能缺乏
   D. 造成他们技能老化、无法与年轻人竞争

   正确的语序是：（　　　）（　　　）（　　　）（　　　）

六 根据课文内容选择最合适的答案

1. 有的用人单位不愿招收年纪大的农民工的原因不包括_____。
   A. 不适合干装卸的重活　　　B. 不适合常年夜里加班
   C. 没有手艺　　　　　　　　D. 不适合做精细活

2. 下面不属于河南省鲁山县金章村返乡民工的生活状况的是_____。
   A. 用打工的积蓄做生意　　　B. 在家带孩子、打牌
   C. 沉溺于打牌、赌博　　　　D. 每天下田做农活

3. 造成农民工只有体力可以出卖的根本原因是_____。
   A. 农民工文化素质不高　　　B. 缺乏技术技能
   C. 企业对农民工"用"而不"养"　　D. 农民工有的年龄太大了

4. 专家认为，_____是造成农民工"40岁现象"的重要原因。
   A. 农民工想念家乡　　　　　　　　B. 城市没有给农民工提供基本的社会保障
   C. 企业没有善待农民工　　　　　　D. 年龄大的农民工找不到工作

七 完型填空

（一）

差不多　　因此　　如今　　长此以往　　同时　　足以

　__1__，他们中许多人已青春不再，靠打工那点收入又不__2__在城里安家定居，回农村__3__成为他们必然的归宿。农民工"40岁现象"集中反映了工业化对农村劳动力资源的掠夺性使用。__4__，将背离了社会发展的宗旨，__5__还有可能制造新的社会不稳定因素。__6__，这些农民工的培训、就业和社会保障更应引起全社会的重视。

（二）

　网络需要大众，__7__大众化才能在网络世界赢得人气，而人气__8__网络命运，仔细观察已经出版的博客图书，我们不难发现这些书出版背后的网络人气后盾。

　人气__9__能吸引出版商的眼球，然而出版商更看重的是作品本身所具有的魅力。一般认为，"博客文学"具有三大魅力。首先，"私人气质"，创作者有着__10__的内心情感。例如"北京病人"文风泼辣，日常唠叨中出人意料转折的幽默触动了上万网友的心。__11__，"全民参与"，可以说博客小说是一种集体创作。最后，"魅力十足"的新语言。在"读图时代""影像文化"的冲击下，从事纯文字信息采集与__12__工作的出版社__13__乐于看到这种新鲜、自然的文字。

　　7. A. 只要　　　　B. 只有　　　　C. 如果　　　　D. 既然
　　8. A. 决定　　　　B. 影响　　　　C. 加强　　　　D. 改变
　　9. A. 竟然　　　　B. 居然　　　　C. 固然　　　　D. 突然
　　10. A. 丰富　　　　B. 充足　　　　C. 充分　　　　D. 多余
　　11. A. 然后　　　　B. 第二　　　　C. 接着　　　　D. 其次
　　12. A. 传布　　　　B. 传播　　　　C. 流传　　　　D. 公布
　　13. A. 无疑　　　　B. 很　　　　　C. 愿意　　　　D. 情愿

八 自己的话或原文中的关键句子概括下面一段话的主要内容

　　有关专家也指出，之所以产生农民工的"40岁现象"，其实是一些企业处于控制成本的需要，最大限度地压缩用于农民工的各种支出。大部分农民工无法获得培训机会，常年从事低水平重复劳动，在被透支了体力之后，由于文化水平不高，技能不够，到40岁左右时由于又被企业嫌弃，无可奈何之中只好告别城市。

九 请尽量用以下词语进行话题讨论

| 足以 | 掠夺 | 维持 | 寻求 | 支撑 | 长此以往 |
| 背离 | 下降 | 断绝 | 压缩 | 善待 | 根源 |

1. 如何看待中国农民工"40岁现象"的问题？
2. 如何解决中国农民工"40岁现象"的问题？

快速阅读

阅读一（字数：约1750字；阅读与答题的参考时间：9分钟）

"破烂王"崔江涛的城里生活

　　这座城市没有他的家，他只能寄居在一个地下室，或与几位同乡蜗居在一个十几平方米的房子里，但他愿意为这座城市付出心血；这座城市没有他的亲人，他只能每年春节时挤上列车，回家看看他老去的爹娘和妻儿，但他的付出是为老家的亲人过得更好……

　　也许你猜到了这个"他"是谁，没错儿，就是返城务工的农民工。乍暖还寒，迎春花开，又是一年的春天。这座城市没有他不行，建设、清洁、护理、加工等工作需要他；这座城市他不来不行，读书、盖房、娶亲、治病等需要钱。

　　"喂，老崔，你可算回来了，下午到我家来吧，废品堆得放不下了。""老崔，你明天上午能不能来我家一趟，过年期间的瓶瓶罐罐垒成山了。"记者在省城滨东花园小区外，碰到正往三轮车上装废纸箱的老崔，从他身边路过的人都跟他"预约"上门时间，老崔笑着应和着每一个人。他说自正月二十八回到太原后，他就一直很忙，小区老主顾们都在给他打电话，说自家废品都攒了一个月了，就等他来了。

从板车到电动三轮车　一天要比一天好

老崔说自己大名叫崔江涛,认识他的人都管他叫老崔。十八年前来省城时,人们看他面老,就管他叫老崔。如今,老崔已经52岁了,真成了老崔。

1996年的春天,34岁的老崔跟着黎城县的同乡来到省城务工。市场里卖过菜、工地里背过水泥,还在一个工厂里当过几天工人。他本想靠自己打工,能供老家的三个儿女上个学就行了,但经济的飞速发展,还是让老崔有点力不从心。与他同租房的一个河北人一直靠收废品为生,虽面子上有点过不去,但挣钱一点儿不比他少,在河北人的怂恿下,老崔咬咬牙也决定收废品。

收废品零成本,也没啥风险,不像卖菜,起早贪黑,如果赶上坏天气,菜卖不出去还会烂在手里。拉菜的板车转而开始拉废品,这一拉就是十三四年。

刚开始干时,老崔就会闷头拉,不吃喝不喊,只在别人主动问他是不是收废品时,他才应人家一声。"刚开始,春节我都不回老家,一是怕村里人知道我在城里收破烂,没面子;二是确实没挣下几个钱,也没钱回。"老崔做买卖实在,他总会把秤给人打得高高的,有时碰到七角、八角的,他都会给人家四舍五入。"你想,卖破烂的一般都是过日子的精明人儿,人家得了便宜,才会再找你啊。我娘就跟我说过,吃亏是福。"真没想到,大字不识几个的大老粗,还能悟出这个生意经。

的确,老崔的实在名声很快就传开了,周边几个小区的居民都愿意把废品卖给老崔。老崔的收入也天天渐长。但他还是舍不得换个运输工具,想着再多攒点钱,等儿女长大了再说。几年前,他发现自己拉一天车后,晚上回家,膝盖就会钻心地疼。同行说,岁月不饶人,老了就得服老,何必为难自己呢。老崔想想也是,隔了两天,他去电动车市场买来辆二手的电动三轮车。"为了能给孩子们多挣几年钱,花了就花了吧。"老崔笑笑说,其实也不差一辆车的钱。

从"光棍儿"到儿孙满堂　盼着都接到城里来

2011年,老崔用收废品挣来的12万元积蓄在老家盖起了新房。那年的春节,他回去给大儿子张罗了婚事。那一年,二儿子也考上了专科,上高中的女儿拿回了喜人的成绩单。"我就想,这人生呐,就如同我过去拉车,如果车上东西太多,拽不动了就推推,推不动了就卸下些再拉一趟,没有什么过不去的坎儿。"老崔说,大儿子结婚后,也跟着他来到太原,一开始帮他一起搞废品收购,后来一个老主顾帮儿子介绍了一个物流送货的工作。接着,大儿子把老婆、孩子都带到了省城,孙子还在太原上了幼儿园,一家三口其乐融融。老崔想着,明年就把老婆、女儿都接来,让她们也过过城里人的生活。

老崔很感激太原这座城市,这座城市给了他挣钱的机会,也让他的子孙过上了好日子,所以,他不敢怠慢这种恩惠。每年他都到年根儿才回家,然后赶在正月十五前返回来,除了收废品的老本行,老崔有时还帮人搞搞家政服务。但2014年的春节前,老崔走得很早,回来得也很迟。"小儿子这个春节结婚,娶的是一个城里姑娘,我早早回去帮忙张罗婚事。"老崔笑得眼睛都眯成了缝,他回家前,还专门去烟酒专卖店买了两箱二十年的汾酒带回去。老崔说自己收废品时,听人说这酒很贵,但味道不错。老崔就想着哪天自己能喝上这酒,没想到梦想真的实现了。

如今，老崔已经习惯了城里的生活，他不再感觉与这座城市格格不入，反而感觉到了自己的重要性。"不说别的，对于小区卖废品的住户来说，我就很重要。"老崔点起一支烟。在袅袅烟雾中，老崔舒心地微笑。

(节选自《三晋都市报》，略有改动)

回答问题

1. 在你眼中，农民工是什么样的社会群体？你认为他们的生活状态是怎样的？
2. 文章中的老崔自进城务工后，都从事了哪些工作？最终他选择了哪项工作？这份工作为他带来了什么？
3. 阅读这篇文章后，我们应该怎样评价农民工？（以什么样的态度评价、他们进城务工对城市发展的影响）

阅读二（字数：约1230字；阅读与答题的参考时间：6分钟）

济南两代农民工的城市梦

每个人心中都有一个"中国梦"，对农民工而言，他们心中的"中国梦"也可以称为"城市梦"。每年两会期间，政府都提出过照顾农民工的政策，希望他们的"城市梦"能尽早实现。目前，济南有150多万农民工，他们分布在城市的各行各业。有的人迫于生计，有的人为了理想，有的人已经打工多年，有的人刚离开校园，但他们有一个共同的特点：背井离乡来到济南追寻自己的"城市梦"。

在农民工务工大潮中，由于受技能水平、思想观念差异和社会竞争等因素的影响，不同年龄段的农民工逐渐在务工选择上出现分层。对于"城市梦"，每代人的理解也各不相同。

90后懵懵懂懂渴望学习新技术

4日上午，在济南一家建材商铺门口，来自安徽农村的马俊手持电焊，小心翼翼地焊接着门窗。电焊喷射出的火光四溅开来，却仍掩盖不住马俊那张稚嫩的脸，1994年出生的他来济南打工已三年多了。"初中读完了，在家也是天天闲逛，就跟着亲戚出来了。"

马俊说，父母常年在天津打工赚钱，自己从小跟着爷爷奶奶生活。但不管父母在哪个城市打工，他几乎每年都要去一次。去的地方多了，对城市的生活越来越向往。自从来济南后他一直跟着一位老师傅学习电焊。"现在没技术不行了，我最近就报了个班，得先考出焊工证来。"马俊说。来济南这三年让他见识了不少世面，自己也懂得了出来务工要靠技术吃饭的道理。"要想留在济南继续寻梦，必须要多学点东西，多开阔一下自己的眼界。"谈到今后的打算，马俊沉默了许久，缓缓地说道："没有想那么远，我觉得现在生活得挺好，反正比待在农村强。我今后一定要在城里找份好工作，过城里人的生活！"

记者采访中发现，像马俊一样的90后农村孩子已开始走出农村，他们带着对都市生活的好奇和向往，扑入城市的怀抱，成为新生代农民工。他们由于文化水平低难以适应社会需求，而又不想像父辈一样卖苦力，来到城市后懵懂中又流露出了道不尽的迷茫。

80后心存大志求更好发展

去年年初,当时还在淄博一家工地工作的卢新思考了几天,毅然返回了泰安老家。一个月后,28岁的卢新托朋友承包了济南一家建筑工地上的活,招呼了七八个同乡一同前往。他的身份也由此发生了转变—— 由一线农民工成为包工"小老板"。"以前担心自己的工钱,现在是担心一帮人的工钱。"5日下午,卢新在接受记者采访时表示,以前觉得当老板挺轻松,真正干起来才知道啥叫累心。"不管咋说挣得比以前多了,生活也会越来越好。"卢新说。他不想浑浑噩噩地过一辈子,去年春节回家,他觉得自己得有个明确的生活目标,今后也想在济南开车上下班,周末去逛逛万达、恒隆广场,这样以后打工才有劲儿,日子才有奔头。"现在都说'中国梦',叫我说那就是做个城市人,让我的孩子也能留在城市里。等我在济南买房落了户,就把妻儿从老家接过来。"对于未来的生活,卢新充满了信心。

其实,像卢新这种80后农民工有一个共同点,他们大多都在城市"漂"了好几年,对土地、农村没有父辈那样的感情和依恋,也没有父辈那种吃苦耐劳的精神。他们渴望在城市追求一份稳定,并一直找机会寻求更好的待遇和发展。

(节选自齐鲁网,略有改动)

回答问题

1. 通过了解文章中90后农民工代表马俊的情况,新一代农民工能否适应城市生活? 他们应该怎样做才能满足城市社会发展需求?
2. 80后的农民工代表卢新眼中的"中国梦"是什么样的?
3. 假设你是一个农民,你是选择在家乡务农还是也像马俊和卢新一样去城市里工作?

阅读三(字数:约1580字;阅读与答题的参考时间:8分钟)

农民工和企业的双赢故事
——郑美春的三次抉择

在杭州威芸实业有限公司打工的9年里,郑美春有过三次辞职的念头,可每一次,企业都真心实意帮她解决难题,打消了她辞职的念头。

威芸公司是一家服装企业,老板是一对双胞胎姐妹——叶建英和叶丽英,姐妹俩以女性特有的细腻和真诚,不仅设计出一件件漂亮的旗袍,更留住了员工们的心。企业有200多名职工,每年的流动率却不到1%。

2005年,23岁的郑美春从东阳农村到杭州打拼,"当时,我学历低,也没什么技术,威芸公司的老板娘收留了我,让我在这陌生地方有了落脚点。"威芸公司的仓库配货员成了她人生的第一份工作。

郑美春的勤奋和伶俐,被叶丽英看在眼里,没过多久,就把她调到了销售处。"单位给了我更大的平台,我要好好干。" 郑美春的干事劲头更足了,经过一次次展销和谈判,这个青涩的小姑娘逐渐成长为独当一面的销售高手。

然而,正当工作开始顺手时,郑美春怀孕了。"当时,我的反应很厉害,整天头晕想吐,觉得自己没法正常上班。"郑美春第一次跟公司提出辞职,"公司肯定不能让我长时间请假,只能辞职。"

没想到,公司给了郑美春3个月的带薪假期,让她在家安心养胎。"你的事业刚刚起步,不要这么轻易放弃。"叶丽英的一番话让郑美春热泪盈眶。

其实,这并不是公司对郑美春的特别关照。威芸公司的女职工占70%以上,企业对女工有"额外福利",诸如:夫妻俩都在企业的,妻子生育时,丈夫有7天的护理假,工资照发;对于流产的员工,公司给予30天休息,工资照发;怀孕期间身体不适,可以带薪休息,并给予补贴等。

郑美春顺利生下女儿,把孩子送回东阳老家。一年新春上班,刚从老家回来的郑美春跟同事说:"孩子不在身边,每次回去,她都觉得我很陌生,好不容易熟悉起来,又要分开了。"郑美春默默地抹眼泪,再一次动起了辞职的念头。

郑美春的眼泪触动了叶丽英,她当即决定做一件事:在厂里办起"暑期辅导班"。她腾出会议室,装修成小课堂,暑假的两个月时间,让员工回家把孩子接过来,公司雇了老师辅导孩子做作业,陪他们做游戏。"每次都有近40个孩子从老家过来,年龄跨度从两岁到13岁。"叶丽英说,公司两度搬迁厂址,可每到一个地方,总会留一个大办公室给孩子当教室。

每年春节,远在老家带孩子的员工父母还能收到公司的一份礼物:一封感谢信和一笔500元的慰问金。公司信中告诉他们,他们的子女在这里工作很好,感谢他们的辛苦付出。"每次回家,家人都嘱咐我要好好干,这么为职工着想的企业不多。"职工张建明告诉记者。

随着生活的稳定,郑美春把女儿接到杭州上幼儿园。但销售工作,经常要早出晚归,甚至长时间出差,让她疏忽了对孩子的教育。有一回,孩子调皮惹了祸,丈夫一气之下动起手。看到被打得鼻青脸肿的女儿,郑美春傻眼了。"叶总,我真的要辞职了,我不能这样不管孩子。"当天夜里,郑美春带着哭声给正在深圳出差的叶丽英打电话。

可是,郑美春仍然没有辞职成功。公司把郑美春调到仓库管理的岗位,并许诺她,只要完成任务,都能按时上下班,遇到不得已加班,有些工作也可以带回家完成。如今,女儿已经上小学,郑美春重新回到自己熟悉的销售岗位,还当上了主管。

实际上,威芸公司所处的服装行业员工流动性很大,春节刚过,不少企业都在为"招工难"而烦恼,负责人事管理的叶丽英却从来没为招工而担心。年前的调查中,99%的职工都表示节后来上班"这几年来,好像没有从我这里到别的地方去干活的,离开的人大多数是想自己出去闯一闯,办个服装加工厂,有几个人创业失败后,又重新回到公司来上班了。"叶丽英说,对于想创业的员工,公司都很支持,尽可能给他们提供帮助。

曾有一对在公司做车工多年的夫妻员工想自己办服装加工厂,但一时凑不够钱。叶丽英知道后,二话没说就借了一笔钱给他们。如今,这对姓陶的夫妇生了个儿子,起名叫"陶威"。"他们打电话向我报喜时还说,生之前就想好了,如果生的是女儿,就起名叫'陶芸'。"叶丽英笑着说。

(节选自《浙江日报》,略有改动)

判断正误

1. 文章中提到,郑美春有过4次要辞职的想法,但是都没有成功。( )

2. 由于郑美春的个人身体状况及家庭原因，公司老板叶丽英多次照顾她，比如为她调换工作岗位、在厂里开办"暑期辅导班"方便其照顾孩子等。　　（　）
3. 因为服装行业的人员流动大，所以负责人事管理的叶丽英经常为招工而担心。（　）
4. 郑美春怀孕后，由于生理反应强烈，她第一次向公司提出辞职，公司虽然没有让其辞职，却也没有给郑美春任何假期和员工福利。　　　　　　　　　（　）
5. 曾有一对在公司做车工多年的夫妻员工想自己办服装加工厂，但一时凑不够钱。叶丽英知道后，二话没说就借了一笔钱给他们。　　　　　　　　　　（　）
6. 一些人离开服装厂自己创业，失败后都没有再回到服装厂。　　　　　　（　）

第十一~十五课测试题

答题参考时间：100 分钟   分数：_____

一 给下列动词搭配适当的词语（5 分）

燃烧 _____   滥用 _____

散发 _____   排除 _____

分配 _____   轰动 _____

整合 _____   维持 _____

避免 _____   善待 _____

二 选词填空（10 分）

（一）

| 寻求　　耽误　　纯粹　　加剧　　乃至 |
| 长此以往　　可想而知　　并非　　便于　　接收 |

1. 忧虑使他的病情_____了。

2. 长时间住院以及心理压力使他在学校遇到种种问题，并_____了他的学业。

3. 领导干部不能深入群众，不了解民情，_____，必然失去群众的信任。

4. 受伤的司机四下张望_____援救，但附近无一人。

5. 每天烧饭做菜，围着孩子团团转，这样的日子_____是她想要的。

6. 他脸上绽放出最愉快的笑容：_____无比的快乐，你只有在小孩的脸上才能看到这种笑容。

7. 第一次上台演讲，_____我当时的心情有多么的紧张。

8. 我们生活的每一秒钟都在发送和_____信息。

9. 如果这些问题得不到妥善解决，就会给人民、社会_____人类造成很大的伤害，甚至阻碍科学技术的健康发展。

10. 这张小床可以拆开，_____ 存放。

三 判断A、B两句的意思是否相同，相同的画"√"，不同的画"×"（10分）

1. （   ）A. 并非所有可再生能源都源于太阳的作用，地热能就是来源于地球内部的热量。

    B. 除了地热能是来源于地球内部的热量，其他所有可再生能源都源于太阳的作用。

2. （   ）A. 随着互联网行业竞争的加剧，一个非常大的挑战就是保留成熟的人才。

    B. 随着互联网行业竞争的加剧，怎样保留那些已经成长起来的人才是一个非常大的挑战。

3. （   ）A. 生活在13亿人口的中国，如果不用生僻字，其难度可想而知，重名几乎是不可避免的。

    B. 生活在13亿人口的中国，如果使用生僻字就会减少重名的现象。

4. （   ）A. 从投资上讲，文艺片可能略微处于弱势，但我们的电影市场又不能没有文艺片。

    B. 从投资上讲，文艺片明显处于弱势，但我们的电影市场还是需要文艺片。

5. （   ）A. 打工回来的明显跟农村不合拍，讲究吃穿，不愿下田，半个劳动力也比不上。

    B. 打工回来的无法适应农村生活，讲究吃穿，不愿下田，远远达不到农人的体力活。

四 请按正确的语序将下列句子组成完整的一段话（7分）

1. A. 大到因重名被公安部门错抓

    B. 重名带来的麻烦也不少

    C. 小到给学校老师、招生等工作带来不便

    正确的语序是：（   ）（   ）（   ）

2. A. 尤其是能够代表华语电影最高水准的导演和演员

　　B. 他们都具备这样的实力

　　C. 因为成龙和张艺谋都是在国际影坛上具有相当影响力和号召力

　　D. 他们之间的合作一定能够创作出轰动全球的艺术作品

正确的语序是：（　　　）（　　　）（　　　）（　　　）

五　完型填空（12分）

（一）

| 哪怕　并不是　应该　如果　而是 |

白文杰表示，__1__ 一切都是以客户为出发点，让客户成功，才能让公司和个人成功。首先要保持积极的心态，__2__ 这个工作在自己工作范围之外也应该去做，__3__ 去帮助别人。另外，要主动工作，__4__ 老板分配什么工作就做什么，__5__ 主动跟老板提出一些新的建议。

（二）

"我来自波士顿，是地地道道的东北人，美国东北人。"美国青年艾杰西用标准__6__的普通话表演了《装小嘴》等中国传统的相声片段，说学逗唱，样样在行。__7__在第八届全美中文大会开幕式上亲眼看到这么精彩的演出，还真不敢__8__美国青年对汉语和中国文化有如此深的理解。近年来，随着美国汉语教育水平整体提高，汉语教育和文化推广的__9__开始显现，许多学生致力于美中文化友好交流，成为两国人民增进理解的__10__。艾杰西曾经拜中国著名相声演员丁广泉为师，经常在美国波士顿、中国北京演出，登上了美中__11__电视媒体的大舞台，在互联网上有一批"铁杆粉丝"。通过学习汉语，他体会到中国文化博大__12__，也深感美中文化交流的潜力。

6. A. 流行　　　B. 流利　　　C. 顺利　　　D. 麻利
7. A. 要是　　　B. 假如　　　C. 若不是　　D. 由于
8. A. 相信　　　B. 信心　　　C. 肯定　　　D. 确定
9. A. 后果　　　B. 效果　　　C. 结果　　　D. 如果

10. A. 渠道　　　　　B. 方式　　　　　C. 方法　　　　　D. 桥梁

11. A. 知名　　　　　B. 知性　　　　　C. 名气　　　　　D. 有名

12. A. 精彩　　　　　B. 精华　　　　　C. 精深　　　　　D. 精炼

六 用自己的话或原文中的关键句子概括下列各段的主要内容，字数不要超过30个（9分）

1. 我国北方和东南沿海地区及一些岛屿风能资源丰富。据国家气象部门多年观测，我国10米高度层的风能资源总储量可折合电能32.26亿千瓦，实际可开发利用的风能资源为2.53亿千瓦，主要分布在东南沿海岛屿及西北部一带。此外，我国海上风能资源也很丰富。初步估计，我国海上风能资源是陆地风能资源的3倍左右，可开发利用的资源总量约为7.5亿千瓦。

2. 公司在培养年轻员工的时候非常注重三个方面。第一个方面就是诚信、正直，如果不诚信的人，会给公司带来很大的负面影响，所以我们在考察一个人的时候，最先去考察、观察的就是诚信。第二点，由于行业的飞速发展变化，在这种情况下我们更需要找到能够有很好的学习能力和创新能力的员工。随着企业的发展，要学习新的东西。另外，我们需要明星员工，也需要一个团队，把企业推向成功，把业务推向成功。我们非常关注的就是诚信以及学习创新能力，同时还有团队协作精神。

3. 不仅仅是张大亮和王东方，在各地的大中城市里，许多打工多年、人到中年的农民工正切实感受着被城市"嫌弃"的滋味，在体力和精力开始下降的情况下，正被一批批新下火车、不断赶来的年轻劳动力所替代。

七 阅读（47分）

阅读一（17分）

农民工当上"田秀才"

张 文

　　眼看已经4月，王永军却仍然没有外出务工的打算，父亲王铁富坐不住了。

　　"军娃，啥时候动身外出？我去县城帮你买车票。"……从早到晚，王铁富一有机会就明里暗里催促，但王永军总是含糊地"哦"一声就溜出门了。

　　65岁的王铁富是四川汉源县前域乡白鹤村村民。平日里，他最疼爱的就是小儿子王永军。"我家军娃最能干，在外面打工一个月少说能挣四五千元。"

　　往年一到春节，王永军就会带着大包小包的礼物回家，把在外省打工的经历讲给家人听。但今年春节回来后，他就一直"赖"在村里不走了。"是不是跟村里哪个姑娘处对象了？"王铁富和老伴直犯嘀咕。

　　父母的心思，王永军早已猜透：他们希望自己早日外出打工，不然老待在村里，乡亲们会以为他是在外面混得不好。为了打消家人的疑虑，王永军决定跟父母"摊牌"。

　　一个晴朗的上午，王永军叫父母跟自己出一趟门，他嬉笑着告诉父母："去见一个人，到了就知道了。"小儿子故作神秘，王铁富却已成竹在胸，他朝老伴一撇嘴，意思是："猜中了，这小子果然处上对象了。"

　　老王夫妇跟着小王走到了村口的现代农业示范园。园里，大片草莓红得鲜艳，三三两两的游人忙着采摘。夹带着草莓清香的微风拂过，让王铁富有些陶醉："臭小子，还挺会挑地方。"

　　然而，小儿子领来的竟是县里的农产质检站站长杜洪俊——他曾到村里讲过农技课，王铁富一眼就认了出来。

"你们儿子是我徒弟。"杜洪俊笑着主动上前跟王铁富握手，并将情况一五一十讲了出来。

去年初，这家现代农业示范园被纳入全县"百名专家帮百村"项目，由杜洪俊提供技术指导，种植了上百亩品质优良的生态草莓，而王永军此次回家后，偷偷地拜杜洪俊为师，学习草莓栽培管护技术，希望从此能在家门口的园区打工。"在草莓园做技术工，每月的薪水不比在外打工低！"王永军拿出自己刚领取的《农村技术能人服务证》给父母看。

杜洪俊介绍说，从2013年开始，汉源县开展"农村技术能人"选拔考核，对合格人员授予《农村技术能人服务证》，可聘为各乡镇的农技骨干。今年他鼓励王永军报名，小王凭借对草莓栽培管护的过硬技术，通过了选拔考核，成了名副其实的"田秀才"。

"全县200多个农民报名，只有不到70个通过考核。"王永军告诉父母，汉源县地处河谷地区，阳光充足，昼夜温差大，是种植草莓的好地方。他所在的园区培育出的草莓新品种，参加了今年3月初在大连举办的全国精品草莓擂台赛，获得了金奖，如今市价在每斤80元以上，每亩草莓的产值能达到数十万元。

"县里的农业专合社已超过500多家。"杜洪俊劝说王铁富，发展专业合作社和产业园不能单靠留守老人，如今越来越多的年轻人看准时机回乡务农，在田间地头发展事业。而王铁富之前一直说"种地没出息"，所以王永军决定留乡后，瞒着父母没敢说。

"我可没说过那种话！"得知小儿子成了"田秀才"，王铁富满心欢喜，但当着众人面，他"耍赖"说："我一直都认为，农民种好地才算有出息！"

大家顿时都笑了，笑声在充满瓜果香气的农业示范园弥散开来。

（选自《人民日报》，有改动）

（一）判断正误，正确的打"√"，错的打"×"（14分）

1. 春节回来后，王永军却没有外出务工的打算。（   ）
2. 王铁富认为王永军是找了对象才"赖"在家里的。（   ）
3. 杜洪俊是王永军的师傅，也是王铁富的朋友。（   ）
4. 虽然王永军取得了《农村技术能人服务证》，但拿的薪水还是比城里低。（   ）
5. 王永军全靠运气通过了考核，成为了"田秀才"。（   ）
6. 如今，很多像王永军一样的年轻人看准时机回乡务农，发展事业。（   ）

（二）回答问题（3分）

王永军取得了《农村技术能人服务证》，为什么却瞒着父母？

阅读二（15分）

姓氏的烦恼

郝 多　王颖菲

南京作家操新曾因姓氏被取笑

家住南京的操新，是一名作家。十多年前，她将自己的名字，改成了曹新，说起原因，她笑说，在国内叫了这么多年，都没什么，反倒是去了国外，老外的认真让她尴尬了。"一来，我是女性，二来，我从小在大院长大，没人会拿这个姓氏说事，大家甚至还都非常照顾我。"操新说，刚出生时，父母给她取名操小妹，这个名字一直伴随她到高中毕业，"中学大家一起玩的时候，总是会'老张''老王''老李'地互喊，但到了她这里，大家就不会喊'老操'，而是改喊'小妹'。"

高中毕业后，为了有个"新气象"，她将自己的名字改成了"操新"，"当时我还真没想到和'操心'是谐音，后来大家有时候会闹我，说'看你挺独立一个人，不觉得你操心啊，和你一点都不像……'"

1995年操新出国，十年时间，她在以色列和美国读书、工作。"大概是刚到以色列那会儿，我教学生中文，来赚取一些生活费，有一个很聪明也很帅的小伙子，学习特别认真，他对中文的博大精深非常感兴趣，也正因为如此，他在知道我的姓氏后，甚至去图书馆翻阅中国字典查询，结果看到'操'姓有一些不好的解释后，他特别惊讶，跑来问我。"这件事，让操新第一次因为自己的姓氏感到尴尬不已。

从那之后，操新就将自己的姓氏改成了"曹"，虽然身份证、护照、户口本上的操新依然没有改，但生活中的麻烦似乎减少了不少。

这两天，微博上的热门话题，让操新的姓氏再次火了起来，"每天都有很多朋友在微博或者微信上@我。"操新说，现在回想起来，除了在国外的那段窘事，这么多年，并没有因为自己的姓氏而困惑过。和操新不太一样，南京小伙小是倒是因为自己的姓氏，经常多费不少口舌，因为小是名字里第二个字是妈妈的姓，因此很多不熟悉的外人，经常"自作主张"直接把第一个"是"字给去了，给小是改了姓。

另外，他笑言，姓"是"的"大家族"还非常地团结，大家建了一个"是氏兄弟姐妹的群"，目前群里总共有69人，据了解，群里常州的最多，无锡、苏州的也有不少，其他地方的兄弟姐妹也都是祖上从苏南搬去的。记者看到，群里成员名字也有不少有趣的，比如"是虎""是鹤"……如今，小是也有了自己的儿子，"之前也曾想过给孩子起个搞怪的名字，'是谁'，但真正有了孩子后，还是觉得不能起太怪的名字，走普通路线比较好。"

网友吐槽奇怪姓氏

一位姓"鸡"的网友说："我姓鸡，孩子叫什么好啊？"他在网上向网友请教。"鸡蛋""鸡毛""鸡肋""鸡德肯"……网友们争相回帖。鸡姓是广西特有的罕见姓氏。广西东兴市有1000多人姓鸡，现已知云南也有鸡姓。

姓"死"也很难起名，有人也在网上给孩子征名，"我想了半天也只好叫'死人头'！"有网友说。有网友跟帖，叫"死不了""死记硬背"。还有人跟帖，就用韩国人的叹词"死密达"吧。

有个叫死军的人每次自我介绍时，都含含糊糊。"我姓死，这个姓实在让人崩溃。"死军说。他曾想去派出所改姓，可遭到家人反对，后来就算了。据记载，"死"姓主要分布于中国西北部，是由北魏时期少数民族的四字复姓发展而来的。

揭秘——罕见姓很多都有历史渊源

南京的上古氏族学者王耿告诉记者，很多罕见姓氏，都有极深的历史渊源。比如被热议的"操"姓，学者们对于其源头持有不同观点，比如有人认为他们中的一部分是周武王的后代，还有人认为是一种工作，过去有一种乐理官叫"操琴"。此外，还有很多人都认为，操姓人士为曹操后代，因为曹操和司马家族斗争尖锐，在司马家族掌权后，曹操的血缘族人害怕被灭门，为了保全曹家，一大半族人改姓操。而曹操的门卫、士兵等，因为没有血缘之亲，不担心被杀，于是也就没有改姓，继续姓曹。

解读——很多罕见姓，如今已经不存在了

据了解，中国古代流行的《百家姓》里一共收集了438个姓。新编纂出版的《中国姓氏大辞典》，共收录了23813个汉字姓氏。

王耿表示，我国目前常用的姓氏在六七千左右，其中姓前100大姓的人，占了总人口的90%以上。少见姓约3000多个，这些姓氏人数最多的有几万或几十万，最少的只有1个人。其中，江苏的常用姓氏约4000多个，而江苏的一些神秘姓氏，在全国其他省份很难找到。像这样过去存在、现在已经消失的姓氏，大约有一两万个，"大多数是3个字以上的，其中很多简化了，比如过去的'余孙''颛孙''王孙'等姓氏现在已经不复存在，而是通通被简化为了'孙'姓。"

（节选自《现代快报》，有改动）

（一）判断正误，正确的打"√"，错的打"×"（14分）
1. 操新将名字改为"曹新"是因为高中同学称呼时觉得尴尬。（   ）
2. 操新的一个学生对中国的姓氏非常感兴趣，查询到"操"一些不好的解释。
（   ）
3. 小是有了自己的儿子后，给孩子起个搞怪的名字叫'是谁'。（   ）
4. "鸡"姓主要分布于中国西北部，是由北魏时期少数民族的四字复姓发展
而来的。（   ）
5. 对于"操"姓，学者们达成了一致的观点，认为是曹操的后代。（   ）
6. 我国目前常用姓氏的前100大姓的人，占了总人口的90%以上。（   ）
7. 过去存在、现在已经消失的姓氏，大约有两万个以上。（   ）

（二）回答问题（3分）

跟过去相比，现在的姓氏发生了什么变化？

阅读三（15分）

游学无底洞　收获大还是太坑爹

"我都没想到，10个名额这么快就报满了。"前几天，贵阳市一所中学的朱老师，把暑假去英国游学的通知刚发到家长群里，报名的家长就"蜂拥而至"。"虽说这次游学活动家长只负责一半的费用，但也要几万元呢。"朱老师说，以前总觉得贵州是经济欠发达地区，去国外游学这种事都是东部发达地区热衷的，没想到如今这个热潮已经涌到了自己身边。

近两年，中小学生出国游学热不断升温，正如贵阳的朱老师所言，游学大潮正从东部席卷西部，从一线城市涌向二三线城市。对此，在游学中介机构供职多年的张峰深有体会："以前我们还要对游学产品进行宣传，现在很多家长是主动找上门来的。而且游学出现了低龄化趋势，小学生游学多起来了，亲子游学也挺火爆的。"

外出旅行，孩子自然能够开阔视野，但出国游学需要大笔资金的支撑，因此，这股热潮袭来后，首先面临冲击的是家长的"钱袋子"，其次是整个家庭的生活和教育计划。

孩子游学归来大都感觉不错

河南郑州的高一学生冯璇（化名）今年寒假在美国游学了三周，自认为"特别有收获"。

冯璇参加的是一个号称以培养"领导力"为宗旨的游学项目，课程设计来自哈佛大学，上课则安排在多所大学。"有一种脑洞大开的感觉。"冯璇这样形容自己在美国大学上课的感受。

据张峰介绍，目前市场的游学项目大致可以分为三类：第一类是以"增长见识"为主，通过游学了解国外文化、生活，主要针对小学生和初中生；第二类是以"留学预考察"为主，参加者多数是有出国留学打算的高中生，希望提前体验相关国家和学校的留学生活；第三类是以"减压"为主，目标人群多为刚刚参加完大考的学生，为的是缓解压力、放松身心。

张峰认为只要选择合适的项目，在和国内完全不同的经济文化环境下学习生活后，孩子们肯定都会觉得有收获。

静轩上三年级的时候，在英国有过一个星期的短暂游学经历。从来没有离开过父母的静轩住在了一户英国人家中，静轩刚到的那天，寄宿家庭的妈妈就拿出一个相机，当着静轩的面给他的临时房间每个角落都拍了照，然后告诉他"走的时候还要保持原样"。

"当时听了领队的介绍，我想：完了。我们家的教育是比较随性的，很少给他定这么死的规矩，估计他受不了。"静轩的妈妈说。谁成想，一周之后静轩不仅没有破坏规定，而且在跟这家人的相处中体会到了这种做法的好处。"有rules（规矩）好做事。"这是静轩现在常说的话。因为开阔了眼界,静轩对那次短暂的游学"意犹未尽",他现在的愿望是"再去一次"。

游学团变成购物团

记者通过向多家中介机构了解后得出了游学大致的费用。我们以北京初二学生为例,如果参加一个暑假去美国的行程为21天的游学夏令营,报名费约为52800元(包含住宿、车旅和基本饮食)。从近期公布的我国城镇居民人均可支配收入看,北京的数据是43910元。两个数字一对比可以看出,让孩子出国游学一次,对普通工薪阶层来说并不是一件轻松的事。

"带孩子们出去最让我吃惊的是他们的消费。"河南一所重点高中的校长说,去年他带着学生带美国游学,有的学生每到一个地方首要任务就是购物,手机、名牌包,什么都买,"至少花了几万元人民币","游学团有的时候成了代购团,"不少孩子都是带着购物清单游学的。

张峰介绍,负责的机构在出团之前都会跟家长交代,尽量别给孩子带太多钱,一方面是因为不安全,一方面是孩子自制力不强,"但是有些家长给孩子带了几千美元,有的甚至把信用卡给孩子。而且孩子们购物很容易互相攀比",在那些"大手大脚花钱"的同学带动下,有些孩子也不淡定了,一个孩子买了iPhone 6,就会有人跟着买。孩子收获了,但父母的钱袋子瘪了,所以,家长圈里戏称游学是"不坑孩儿只坑爹"。

游学正变成留学的前奏

当然,出国游学不菲的花费对于富裕家庭来说不算什么,但对于普通工薪家庭来说就是一个不小的负担。

北京家长赵先生的儿子今年上初二,学习成绩非常好。在赵先生的计划里,孩子出国留学应该是本科甚至是研究生阶段的事,但孰料一次游学经历把家庭的留学计划大大提前了。

去年暑假,赵先生的儿子赴英国游学,短短20天的时间就让小家伙迷恋上了国外教育,认为那里轻松快乐,没有那么重的课业负担。不管赵先生怎么苦口婆心地劝儿子,但正处于青春期的男孩固执得很,无奈之下,赵先生开始考虑让儿子高中去上国际班。而这意味着,身为工薪阶层的赵先生,势必要为这个选择卖掉一套房子。

有教育界人士介绍说,游学已经开始演变成留学的前奏,而早早出去留学也成了一部分孩子逃离压力的借口,而不是综合考虑后的理性选择。"我们国际班的孩子初中时基本都有过游学的经历。"郑州那位高中校长说,事实上,国际班学生也并非全部出自富裕家庭,不少人家也只是城市工薪阶层。

(节选自《北京青年报》,有改动)

(一)判断正误,正确的打"√",错的打"×"(12分)

1. 近两年,中小学生出国游学大潮正从西部席卷东部。( )
2. 游学热不仅改变了整个家庭的生活和教育计划,而且冲击了家长的"钱袋子"。( )
3. 静轩在英国游学后,变化很大,认为有rules(规矩)好做事。( )

4. 河南一所学校的校长鼓励学生游学，认为能开阔学生的眼界，还能刺激消费。
（　）
5. 游学会让孩子产生攀比心理。（　）
6. 游学已经开始演变成留学的前奏，国际班的学生都有游学的经历。（　）

（二）回答问题（3分）
游学项目大致可以分为哪三类？

第一～十五课总测试题

答题参考时间：100 分钟　　　　　　　　　　　　　分数：_____

一　给下列动词搭配适当的词语（5分）

批发 _____　　　　投入 _____

释放 _____　　　　协调 _____

保护 _____　　　　占据 _____

承受 _____　　　　分配 _____

抚养 _____　　　　传播 _____

支付 _____　　　　排除 _____

给予 _____　　　　震惊 _____

主办 _____　　　　维持 _____

二　选词填空（10分）

（一）

| 一旦　　对……充满好感　　宁愿　　继……之后 |
| 不妨　　总的来说　　从中　　并非　　多元化　　足以 |

1. 他在大学里曾经_____我_____，没想到现在依然对我怀有深厚的感情。

2. 最近的消防队也在30公里以外，因此_____木塔发生火灾，很有可能出现远水救不了近"火"的局面。

3. 不丹政府_____少赚游客外汇，也要确保国人快乐。

4. 外出时，_____带一个灵巧方便的随身听，一边坐车，一边欣赏音乐。

5. _____在北京国际音乐节演出_____，华裔大提琴演奏家马友友又赶到上海举行独奏音乐会。

6. 单纯从物质上帮助贫困大学生，已不_____让他们保持心态平衡，有时反而会适得其反。

7. 当今读者阅读兴趣的_____使得图书市场更多地呈现出相互竞争、各具特色的局面。

8. 我发现这个国家的人常常对别人的意见不作声，但这_____就是赞同。

9. 这本书将李嘉诚成功的各种经验做了一个总结，_____可以看出李嘉诚的为人和品格。

10. _____，女性比较实际，很多人愿意从基层做起，但男性比较要面子，所以碰壁的机会也多。

（二）

11. 本次发掘的恐龙化石初步估算，最大的个体约长20米，小的则8米_____。

    A. 左右   B. 前后   C. 上下

12. 我尝试着用DV拍摄了《平衡末日》，虽然很稚嫩，但是_____迈出了一步。

    A. 毕竟   B. 究竟

13. 事不_____，这位专家正要去北京开会，明天才能回来。

    A. 凑巧   B. 恰巧   C. 恰好

14. 去年新春期间，连续剧《风云》《烈火雄心》分别_____了央视收视率的第1位、第4位。

    A. 占据   B. 占领

15. 记者跟随菜农到了田间，追踪蔬菜生产、流通的几道_____，真切地看到了放心菜的来龙去脉。

    A. 环节   B. 关节

16. 有关专家认为，如果病毒要在人与人之间_____，那么病毒必须发生变异。

    A. 传布   B. 传播

17. 墨老先生认为学生整天热衷电子游戏，轻则_____学业，重则误入歧途。

    A. 耽搁   B. 耽误

18. 这是一部完全个性化的，没有受到现代物欲污染的、_____的舞剧。

    A. 纯粹   B. 纯洁

19. 目击者称，飞机坠毁前曾发生爆炸，政府当局认为不能_____恐怖袭击的可能。

    A. 消除   B. 排除

20. 我们国家的人过了太多清贫的日子，甚至许多人都穷怕了，_____幸福、富裕的生活是理所当然的。

   A. 追求　　　　　　　B. 寻求

三 判断 A、B 两句的意思是否相同，相同的画"√"，不同的画"×"（10 分）

1. （　）A. 物质对我没有太大的诱惑力。

   B. 物质并不是强烈吸引我的东西。

2. （　）A. 如果下一代不回归到传统的大家庭中间，势必会产生各种思潮，出现形形色色的违背天理的不良现象。

   B. 如果下一代不回归到传统的大家庭中间，很有可能会产生各种思潮，出现形形色色的违背天理的不良现象。

3. （　）A. 这些年轻人往往抱着游戏的心态，以婚姻的神圣名义，演出了一段段虚拟的故事。

   B. 这些年轻人往往抱着游戏的心态，把婚姻当作儿戏，演出了一段段虚拟的故事。

4. （　）A. 在家庭生活中，孩子仍扮演重要的角色。

   B. 在家庭生活中，孩子起着重要的作用。

5. （　）A. 针对自身最关心的问题，前三名依次是人际关系、未来发展和经济收入。

   B. 自身最关心的问题按顺序排列分别是人际关系、未来发展和经济收入。

四 请按正确的语序将下列句子组成完整的一段话（7 分）

1. A. 还可以在"家"里种花、养宠物

   B. 他们可以将客厅、卧室装饰一新

   C. 甚至还可以生养"孩子"

   正确的语序是：（　　　）（　　　）（　　　）

2. A. 总有消耗完的一天

   B. 由于化石能源是不可再生的

   C. 因此世界各国都将可再生能源技术的开发利用作为实现可持续发展的重要措施

   D. 并且大量使用化石能源会使生态和环境破坏日益严重

   正确的语序是：（　　　）（　　　）（　　　）（　　　）

五、完型填空（12分）

（一）

竟 　因为　 却　 不是　 而是

最近，某高校应届毕业生里流传着一个女生被一家外资会计师事务所录取的故事：__1__因为这个女生的临场表现有多出色，__2__她"凑巧碰到了好运"。这个女生赶去参加最后一轮面试，__3__因在公司在公司门口帮助一对老夫妻找洗手间而迟到。慌忙跑进公司人事部一看，面试官__4__是那对她帮着提过行李、搀扶过的老人。录取通知单就这样拿到了——__5__她刚才出色地完成了一道情商试题。

（二）

28岁的刘菲是一个艾滋病毒__6__者。怀孕的她到医院做临产前最后一次__7__，去拿验血单的时候，她觉得医院的走廊黑黑的，特别像她当时的心情。刘菲几年前曾有过吸毒的经历，因此而感染艾滋病。对刘菲来说，感染了艾滋病这个事实已经无法__8__了。这时候的她，最希望改变的就是即将出生的孩子的命运。根据医学研究结论，母婴__9__是感染艾滋病的途径之一，新生儿感染的__10__高达40%。刘菲最__11__的就是这个问题，自己已经带病，再生一个病小孩，该是多么痛苦。她想这孩子根本不应该来到自己身边的。可是她又非常强烈地渴望有一个自己的孩子,因为她觉得自己的生命可能不长了，希望通过一个孩子把生命__12__下去。

6. A. 带领　　B. 携带　　C. 伴随　　D. 佩戴
7. A. 检查　　B. 检验　　C. 审查　　D. 普查
8. A. 改正　　B. 改变　　C. 变化　　D. 纠正
9. A. 传播　　B. 传布　　C. 连接　　D. 传递
10. A. 比率　　B. 数量　　C. 速度　　D. 数额
11. A. 担忧　　B. 忧愁　　C. 担心　　D. 忧虑
12. A. 延长　　B. 延续　　C. 继续　　D. 延伸

六 用自己的话或原文中的关键句子概括下列各段的主要内容，字数不要超过30个（9分）

1. 都说怕结婚的男人多。事实上，许多女人也有这种心理。不少白领女性不愿结婚，是害怕那些婚姻带来的繁重家务活、生养孩子的义务、照顾丈夫和老人的责任，有的是怕结婚后感情不能长久，给自己带来伤害，有的是对自身或对方不够完美过分担忧，还有的是害怕感情还不成熟时结婚以后会不幸福。总之，女性对婚姻缺乏信心的现象越来越普遍。

2. 上海微创软件有限公司人事经理尼娜表示：学历证书并不说明一切，我们选定人才更看重EQ。我们不仅需要拥有知识的人，更需要灵活运用知识的人。而且，在与客户交流的过程中，EQ更能提高沟通效率。在对应届毕业生的简历进行筛选时，我们对那些积极参与社会实践的学生更感兴趣，其次会了解其所学专业，再次是成绩和荣誉，最后才是学校的"级别"。

3. 在中国，非常有意思的是，一个人的名字与时代是紧密联系在一起的。据语言学家们研究，上世纪"五四"运动之后，中国人名中使用频率最高的字是"华、建、国、明、伟、福、贵"等；新中国成立，"国庆、建华、建国"等名字成了当时父母们的最爱；"文革"10年，"红、东、卫、军、兵、强"等字最为流行。到了上世纪90年代，取名用字有了新的流行，为了避"俗"趋"雅"，"雨、晨、浩、宇、轩、然、欣、怡、逸、涵、萌、阳、飞"等又成了常见字。

七 阅读（47分）

阅读一（17分）

储蓄梦想放飞未来

邹本堃

编者按：随着全国高校的陆续放假，特困大学生如何返乡过节成了当前众多媒体关注的热点之一。之所以成为热点问题，是因为相关调查显示，大约三成特困大学生无力承担往返于学校和家乡之间的旅费。在北京，许多热心的人纷纷帮助这些身在异乡的学子返乡团聚。但是，我们还想与他们走得更近一些，看看这些经济上并不宽裕的学子们是如何打理他们日常生活的，换句话说，他们在平常的日子里，是怎样花钱的。本报记者采写的这一组故事或许会让您感到一丝惊讶，因为，他们的优美竟然可以来得那么从容，举重若轻。

赵先好——想给妈妈买件棉袄

从他走进首都师范大学外事餐厅，到两个小时的谈话结束，赵先好给记者的感觉可以用两个字概括：阳光。这个帅气的男生来自山东省泰安市宁阳县一个村庄，是首师大美术学院国画专业二年级学生。关于消费的话题就从点菜的推让开始了。

"你来点菜吧，点你爱吃的。"得知他这天下午刚刚考完最后一门功课，记者很想和他庆祝一下。

"不不不，还是您来，我还不怎么饿。"赵先好又补充说，"我就来过这个餐厅两次，都是同学过生日，大家凑着份子来的，平时哪能到这儿来，都是在那边解决。"说着，他指了指窗外斜对过的食堂。

赵先好解释说，他经常去餐厅的三层吃，人少，菜也便宜，土豆丝什么的，有8角的，也有1元钱一份的。"实在不行我就去卖面条的那边多放点辣酱和醋，拌一拌最下饭。"明明是苦中作乐，赵先好却说得很勾人胃口。

赵先好给记者算了一笔开支账。学费是大头儿，每年要1万元，住宿费每年600元。"学费我每年最多可以贷600元，吃饭每月控制在300元以内，加上电话费、日用品，再买点画笔颜料什么的，总共怎么也得四五百元。"

这个学期开学时，赵先好从家里带来了1400元，平均每月280元，每周做两个小时的家教，月收入240元，加上学校给特困生的补助，"偶尔老师还能帮我们接一点活儿干，比如前些天给一个单位做黑板报，一下午人家给了100元，我们3个同学分的。每月收支大致相抵，如果能剩下，我还要还读中学时欠的钱"。

赵先好就这么算着，听不出抱怨或者忧虑。可他也承认，有时候也会和要好的同学敞开心扉——父母为了自己能读书，特别是读自己喜爱的美术专业，农闲时骑着三轮车走村串乡收废品卖点钱。

两个小时很快过去了，从餐馆出来，记者发现赵先好的衣服穿得实在太单薄，正是大冷天，他的毛衣外面只有一件夹外套。"这是我有生以来买的最贵的一件衣服了，70元。衬里拆掉春秋还可以穿。"听说他已经买好1月24日回家的车票，我又问起他有没有想着给家里买点礼物，他笑了："想是想啊，但是我现在只有30元钱了。好在回家前我还有几次家教，拿到钱我想去批发市场给我妈买件棉袄。"

杨少泽——贫困不是我的标签

通过电话和在北京理工大学三年级就读的杨少泽联系时，他坚持不肯见面，理由是："虽说我家里的确很穷，现在日子也过得很苦，但我不想让贫困在我身上划上个记号，贫困同样可以活得很有尊严。"记者只好妥协，同意了他在QQ上聊聊的提议。

杨少泽来自湖北天门市的农村，那里出过不少高考状元。他毫不掩饰家境的窘困："我父母都是农民，但地不多，种下的那点棉花根本不够我和弟弟的学费。我父亲有点裁缝手艺，农活不忙的时候，就去武汉、荆沙打工；妈妈饭做得好，属于能'化平常为神奇'的那种，村里乡里谁家有个红白喜事，都会请她帮忙，也能给点红包。即便如此，也不够我和弟弟一年2万多的花费。每次假期要返校，家里的天就像要塌了，父母脸上好几天都阴着，走亲串友去借钱。"杨少泽说，后来他索性假期不回去了，一来可以省下路费，二来能多一些机会去勤工助学。

"可能我性格有些内向吧，很不容易找到工作，连做家教都做不长，我很纳闷北京一些孩子家里条件那么好，却整天忙着打游戏、听歌，我跟他们交流不好。"

杨少泽把每月的开销降到了最低，学习方面的开销省不下来的时候，就只能在吃饭上省。"我不愿意跟同学一起去食堂，他们虽然嘴上不说什么，但我受不了那同情的眼神，有时干脆就买上两个花卷去教室。"

"将来的事情不敢想，像我这种纯粹理科的专业，只能继续读研究生吧。"杨少泽说。

许杨——我是一个认真的"败家子"

1月14日下午5点，在肯德基店里喧闹的音乐声中，记者和许杨长达3个小时的谈话很快进入了主题。

上大三的许杨告诉记者,她从高二时就开始自己当家。上大学后,全家四口人每月600多元的总收入,为她支付每年4000元(还有6000元贷款)的学费后,再每月给她200元的生活费,就是能承受的极限了。所以,许杨一直在寻找机会减轻一些家里的负担。

　　"您想不出,我试过多少种勤工助学的工作!"许杨说起她的"工作"经历,满脸飞扬着自豪之情:"我做过家教,推销过彩电、数码相机,还自己做过贝壳工艺品拿出去卖,最近在帮一个出版社画卡通插图。"

　　每月基本固定的收入是,家里给200元,学校补助60元,特困生补助每月100元,奖学金平均每月也有几十元,加上勤工助学,总收入能有500多元。"一个月500多元对我来说已经很'腐败'了,我还能省下来。"许杨粗略算了一下,吃饭不到200元就够了,手机费20多元,对于学油画专业的许杨来说,大头儿是画画的开销。"画布最便宜的每米10元,好一点的20元、40元。以一幅97×103(厘米)的画为例,画框、画布、颜料等成本就要四五十元。最苦恼的不是钱不够用,而是眼看着钱花出去了却总看不到自己的进步。所以,我觉得自己真是个认认真真的'败家子'。"说着,一丝忧郁挂在了许杨脸上,但她随之摇摇头,好像要把这一切抛开,继续说:"从上了大学我就准备了两个本子,一个记着我的每一笔收入,另一个记着每一笔支出;现在我有3张银行卡,一张是家里每月给我存钱,一张是校园卡支付吃饭和日用开销,还有一张,是我这3年的节余。"

　　"我现在不仅有卡,还有国库券呢。去年11月,我用攒下的3000元买了3年期的国库券,利息高,不上税,还没有风险,3年后可以用来还学费的贷款。"许杨已经颇有些理财眼光了。

　　22岁的许杨对自己的未来有一个成熟的规划,"我觉得我现在每一笔钱都花得很值,包括我现在正在修的电脑美术辅修课,每学期要交1000元的学费,但可以拿到大专证,这个专业找工作、接活儿都更容易。我的家庭情况不好,只有靠我的努力,才会有转机"。

　　分别时许杨说,她2月初才会回老家,假期里除了要上辅修课,还和一个同学"租"了个模特练习画人体,分摊下来每人也要500多元。"这次要动用我的第三张卡了,好心疼啊。"许杨口中这么说着,眼里充满了自信和坚决。

(节选自《中国消费者报》,有改动)

(一)判断正误,正确的打"√",错的打"×"(14分)

1. 赵先好从没去过首都师范大学的外事餐厅。　　　　　　　　　　(　)
2. 赵先好每月的生活费得四五百元。　　　　　　　　　　　　　　(　)
3. 70元的衣服是赵先好买过的最贵的衣服。　　　　　　　　　　　(　)
4. 杨少泽不肯接受记者的采访。　　　　　　　　　　　　　　　　(　)
5. 杨少泽的弟弟也在学校读书。　　　　　　　　　　　　　　　　(　)
6. 许杨做过很多种勤工助学的工作。　　　　　　　　　　　　　　(　)
7. 许杨在假期里只是要上辅修课。　　　　　　　　　　　　　　　(　)

(二)回答问题(3分)

　　许杨为什么要买国库券?

阅读二（11分）

我们的爱情像烤肉

佳水

我生活中的关键词：第一眼、永远过不够、简单而不乏乐趣。

孩子由爷爷奶奶带着去他姑姑家了，家里就剩下我和丈夫两个人了。晚饭吃什么呢？我问丈夫想吃什么，谁想到他却说："咱俩去外面吃去吧，好长时间没有在一起聊了。"丈夫的眼神让我无法拒绝，就像当初无法拒绝他大手牵我的小手。

"好的。你等会儿我，我得洗把脸。"我洗脸抹油儿描眉画眼涂口红，丈夫就在一旁静静地看着，等着，我还真有点儿不适应。因为往常早晨上班时，他先出门开车时一准儿会扔给我一句："快点儿，就你磨蹭，要不你别搭车了。"收拾好之后，我挽着丈夫的胳膊出了家门。

我喜欢吃炒菜，各种滋味儿都可以尝到，可丈夫想去吃烤肉，他说"阳光三千里"的烤肉吃起来有味道，而且还拍着胸脯保证我会爱吃。我依了他去了烤肉店，服务员一看就我们俩，特意带我们到二楼靠窗的桌子。我一看前后桌就餐的，看起来好像都是谈恋爱的，并排坐着不是喁喁私语，就是卿卿我我，只有我俩面对面而坐。丈夫说："咱也装一回谈恋爱的，你也坐过来。"我摇头说："记得咱俩第一次出来吃饭就是面对面坐的。这样挺好，只要一抬头，你眼中有我，我眼中就有你。"丈夫笑了。

我们随便点了个拼盘，他要的是"小二"，我要的是"扎啤"。丈夫把肉均匀地铺在架子上，他把肉翻过来，我又把肉翻过去，我看肉外面的颜色像是熟了，刚要夹起来，丈夫就拦住我："火候大了不行，再放边儿上煨会儿才好吃。"于是，我按筷不动，撒起娇来，"那你给我夹吧。"于是，只要肉熟了，丈夫就先夹给我两片，然后他才吃。吃不了一口就又开始忙着往架子上搁肉。我耐不住寂寞就又开始跟着掺和，两双筷子奔同一块肉下家伙时，不小心碰到一起，我们忍不住笑起来。忽然间记起再过几天就到我们俩认识的日子了，于是我们聊起了第一次见面的情景，我说："其实我看你第一眼的时候没有任何感觉。"丈夫说："我看你第一眼时，我就认定这是我媳妇儿。"我接说着："后来越看就越有感觉了。"丈夫夹起一片烤好的肉放在嘴边说："是不是你刚看我时就像盘里的生肉，一点儿食欲都没有，后来爱情逐渐升温了，肉烤熟了，看着就有食欲，吃着就有味儿了？"说完，他把肉放进嘴里，一脸坏笑地嚼起来。吃着聊着，整整两个小时总算把盘里的肉吃光了。丈夫问我："饱了没，没饱再来一盘？"我喝下最后一口啤酒，"我怎么觉得吃烤肉没有吃炒菜解饱呢？没有饱的感觉，想吃还能吃。"丈夫说："就像咱们俩，永远过不够。"在我们还没有离开的时候，服务员给每位客人一小碗冰激凌，丈夫不吃甜的，把他的那碗送给了我，我很快就把两小碗冰淇淋都吃光了，丈夫问："好吃吗？"我点点头说："嫁给你真幸福，冰激凌都不跟我争。"

我们手拉手在服务员礼貌性的鞠躬祝福中走出了铺着红地毯的大门，晕晕的感觉就像当初牵手婚姻的时候……

回家的路上，我问他："为什么你吃烤肉的时候说话有种坏坏的感觉？"丈夫说："我坏吗？只是觉得我们的爱情像烤肉。"嘿，愚钝的丈夫吃烤肉还吃出灵感来了？

我吧唧着嘴，嘴里依然是烤肉的味道，或许我们的爱情真的像烤肉吧！不奢华，不油腻，咸淡适中，简单而不乏乐趣，付出才会吃出好味道……

（节选自《北京青年报》，有改动）

（一）判断正误，正确的打"√"，错的打"×"（8分）
1. 丈夫提议去吃烤肉。　　　　　　　　　　　　　　　　　　　　（　）
2. 作者第一次与丈夫出去吃饭时是并排坐的。　　　　　　　　　　（　）
3. 作者第一次与丈夫见面时没有喜欢对方的感觉。　　　　　　　　（　）
4. 饭店送给每一位离开的客人一份冰激凌。　　　　　　　　　　　（　）

（二）回答问题（3分）
作者为什么觉得他们的爱情像烤肉？

阅读三（15分）

浦东：国际化文明显特色

鲁雁南

这些天，代表上海参选全国文明城区的浦东新区正准备迎接最后的"考试"。但说到底，"考试"不是最终目的，老百姓从中得益了、满意了，才是真正喜人的"成绩"。那老百姓眼中的全国文明城区到底该是啥模样？记者在采访中听到的这些声音颇具代表性。

居民关注——先要有张"洁净脸"

家住上钢社区的周劲草自称"老卢湾、新浦东"。他认为，一个文明城区首先要有一张"洁净脸"。周劲草说，卢浦大桥浦东段附近有不少"围墙垃圾"长年得不到清理，这不仅将影响浦东"西大门"的形象，更会让大家对整个浦东的印象"大打折扣"。

好比"看人先看脸"，一个城市的文明底蕴也最先从整个城市的面貌上透出来。对生活在其中的居民们来说，城市"脸面"洁净与否更关系到每个人的切身利益。周劲草建议，政府部门还要多想些行之有效的措施，彻底解决市容环境"老大难"问题，将浦东的"容貌"修整得更漂亮，让老百姓享受到城市文明带来的"天更蓝、水更清、地更绿"的实惠。

洋居民心愿——走进普通人家做客

来自法国的"全职太太"安妮到浦东才一个月，虽说对"全国文明城区"的概念还不太清楚，但人与人之间和谐相处的图景令她很是向往。尽管家安在了看得见黄浦江景色的滨江国际社区，可邻居们大多是和她一样的"老外"，因此安妮一直就有个心愿：能早日走进浦东普通市民的家中做客。

安妮说，既然来到了中国，就应该多和当地人联谊交流，了解中国的人文、风俗。她希望她的两个孩子也能在浦东接受中国式的教育，学习中文。但让她感到不方便的是，目前正在为两个孩子办理入学手续排队，"听说可能还要排很长的队。"安妮说。

安妮觉得，这个崭新的"家"还要多添几分"味道"，供生活在其中的人们细细品味：这里有众多公园和绿地，但仅供人散步还是不够；能不能多一些运动的场所，让人呼吸着清新的空气流汗奔跑？马路上的小摊小贩在国外也是常见的，他们卖的有些小东西的确讨人喜欢，能不能不要一味驱赶，而是想办法把他们好好组织起来，为城市多添一份市集的热闹？

文明城区不仅要有外在的美，更要有内在的活力。安妮从《浦东旅游指南》上发现浦东有不少场馆、广场，但节庆性、主题性的活动却不太多。"在我的家乡法国小镇，一到夏季，广场上就会频频播放音乐和电影，大家都会聚在一起又唱又跳。"

"海归"建言——全社会装着"公益心"

乱晾衣服、违章穿马路……面对这些并不鲜见的不文明场景，在浦东创业7年的"海归"代表、吉尔生化（上海）有限公司总经理周敏觉得，除了个体的"修身养性"，对整个文明城区来说，更需要有一颗"公益心"。公益不该是"想起来就做、做完了就忘"的事，也不能光靠一小部分人做。这份"公益心"应该时时刻刻存在于我们的社会。

"就拿广告来说，我希望能看到更多公益性质的。"周敏说。起初在公交站点等处看到政府部门安装了视频设施时，她感到很高兴，但时间一长，却发现播放的多是商业广告。"如果放一些宣传文明行为的公益广告，那对市民们潜移默化的影响不就是每时每刻了吗？"周敏提出，新区政府应该先做表率，对办公楼大厅内视频电视的内容进行更换，加入些宣传文明的公益内容。

在海外工作、生活过的人可能都有这样的感受，如果你坐地铁"先上后下"或在公众场所大声喧哗，必定会引来众人"侧目"。周敏希望，这样一个全社会装着"公益心"的氛围也能在浦东形成。

外来建设者心声——不拖文明建设后腿

来自四川乐山的外来建设者黄桂银说得实在："在浦东打工多年，这里已经是我的第二故乡了，得知浦东正在创建全国文明城区，我跟工友们说要格外注意自己的一言一行，不能拖文明建设后腿！"

黄桂银说，文明城区里的人们不管来自何方，都应该"自我约束"。乘车、乘地铁时不要拥挤，更讲秩序一些；公交车的司机、售票员对乘客特别是外地乘客的态度更好些、服务更周到些，这些看上去最基本的文明素质，如果大家都能真正做到了，而且成为一种习惯，那才真正达到了创建文明城区的目的。

专家点评：借好全社会之力

多年"跟踪"浦东发展足迹的上海市社区发展研究会副会长徐中振教授指出，城市的文明包括城市化的文明、国际化的文明和体制化的文明这三方面。归根结底，打造一个文明城区不光是政府的事，更要借好全社会之力。

国际化的文明则应当是浦东的一大文明特色。徐中振建议，应该积极鼓励浦东众多国际化社区的居民们走出"小家"，投身城市公益福利事业。浦东还可以进一步探索政府购买公共服务的方式，继续完善"小政府、大社会"的管理体制，培育更多的社会组织，并使这些组织为广大市民提供一些高效的、低成本的服务。

（节选自《新民晚报》，有改动）

（一）判断正误，正确的打"√"，错的打"×"（14分）
1. 周劲草希望上钢社区更加洁净。（ ）
2. 滨江国际社区的居民大多是外国人。（ ）
3. 安妮的孩子要在中国读书。（ ）
4. 安妮不喜欢上海马路边上的小摊小贩。（ ）
5. 公交站点安装的视频设施播放的公益广告不多。（ ）
6. 浦东要成为文明城区主要靠政府的管理。（ ）
7. 浦东只要实现国际化文明就可以成为文明城区。（ ）

（二）回答问题（3分）
外来建设者对浦东创建文明城区提出了什么建议？

读报小知识（15则）

第一课

如何选看中文报刊

中文报刊非常丰富，你可以根据自己的兴趣或需要来选择不同类别的中文报刊。中国著名的报纸有《人民日报》《人民日报·海外版》《环球时报》《参考消息》《中国青年报》《经济日报》《科技日报》《健康报》《中国教育报》《光明日报》《中华读书报》《北京青年报》《北京日报》《南方周末》《文汇报》《新民晚报》《羊城晚报》等；著名的刊物有《三联生活周刊》《读者》《青年文摘》等。

第二课

如何找报纸的版面

中文报纸的文章是按照版面类别进行分布编排的，具体版面的名称与序号一般是放在报纸的最上方。报纸的第一版（又叫头版）通常会告诉读者当日有几版。一些报纸在头版上还有"今日导读"，提示读者一些重点文章分布在第几版。读者可以根据版面的类别来寻找自己想要读的文章。

第三课

如何看报刊文章的标题

新闻类的报刊文章其标题常常含有这篇文章里最重要的信息。看一篇中文报刊文章，首先要学会看标题，从标题中读出这篇文章说的是什么话题，主要内容是什么；然后调动自己过去所学到的与这个话题和主要内容有关系的一切背景知识来读这篇文章，并根据这篇文章的具体内容来判断自己对标题的认识是否正确，同时加深对标题的理解。

第四课

如何利用网络阅读中文报刊

现在中国的大多数著名报刊都有自己的网站。假如读者不知道所要找的报刊的网址，可以通过百度、新浪、搜狐等网站的检索窗口，直接输入所要找的报刊的中文名称，就可找到该报刊的网址，再根据具体日期或关键词，找到所要读的文章。

第五课

读报的方式——精读与泛读

根据读报的目的与要求的不同，读报的方式一般分为精读与泛读两种。精读要求对文章的字词句篇都要尽量读懂，并深入理解；泛读只要求读懂主要的内容，或根据要求读懂文章中的某一部分的内容。从掌握文章内容的比例来看，精读应读懂或掌握文章90%的内容；泛读只要求读懂或掌握文章70%的内容；从阅读的速度来看，精读比泛读慢得多，一般只有泛读速度的一半或不到一半。我们应该根据读报的不同目的与需求，学会运用精读与泛读这两种方式。例如，对报刊教材中的课文用精读方式，对报刊教材练习中的阅读材料或课外的阅读材料可用泛读方式。

第六课

如何精读报刊文章

首先应完整地读下去，知道这篇文章的主要内容和所属的话题类别。遇到文章中不认识的字词句时不要停顿下来急着查词典，可将不认识的地方用笔画出来，猜一下继续读下去。完整地读完第一遍后，接着回头看那些画线的地方，查词典的解释，进行理解。最后再完整地看一遍，重点理解、记忆不认识的字词。

第七课

如何泛读报刊文章

首先要明确读一篇文章的目的是什么，然后根据需要以最快的速度实现阅读目的。对与阅读目的无关的部分，即使看不懂，也不要停下来查词典；与阅读目的有关的部分，假如有不理解的地方，先做好标记，等阅读完全文后还不能理解，再查词典，加以理解。

第八课

报刊遇到生词怎么办

由于报刊文章的词汇量大、书面语较多,所以遇到生词是很正常的。当遇到生词时,要注意克服两种不好的阅读习惯:一是遇到生词就马上停下来查词典,二是对所有的生词都查词典。遇到生词,先可以用铅笔画出来,猜一下,继续读下去。等读完全文后,看是否已经知道一些生词的意思了,看这些生词是否有查的必要,重点查那些读完全文还不知道意思、并影响对文章内容理解的词语,且结合文章内容进行记忆。

第九课

如何扩大报刊阅读的词汇量

报刊文章具有话题集中的特点,即报刊文章往往围绕某一个话题来传达相关信息,且话题的范围与种类常在标题上得到明确体现,具体文章中的词汇也具有表达相应话题的特点。我们可以根据某一个话题来记忆报刊生词,将不断出现的一些生词分类到不同的话题词汇库中,并在一定的时间内多看一些同一话题或相关话题的报刊文章,这样能够多次看到表达同一话题而出现在不同文章中的报刊词汇。

第十课

学会阅读报刊中的数字表达

报刊文章中经常有一些统计数字,我们要学会快速地理解数字之间的关系,如倍数、比例、百分比、约数等。

第十一课

报刊语言的特点之一 —— 书面语多

报刊文章受发表的版面的限制,必须用尽可能少的文字传达出尽可能多的信息,故报刊语言具有很强的书面语特点。这些书面语主要有以下几种:普通的书面语,如参与、抵达等;成语,如莫名其妙、举世瞩目等;带文言成分的书面语,如则、倘、尚等。

第十二课

报刊语言的特点之一 —— 缩略词多

报刊文章用要有限的版面报道尽可能多的信息,常常将几个词压缩成一个词,即缩略词主要有两种类型:一是压缩式,通过直接减少原有几个词当中一些文字而获得的,如世贸组织、入世等等;二是对内涵相关的几个词进行归纳而成的,如三资企业、两会、四大件等等。

第十三课

报刊语言的特点之一 —— 常用列举法

报刊文章常常在对某一情况进行说明、解释时,采用列举法,主要有这几种:一是对某一情况具体举例说明,常采用"如、例如、比如"等词语格式;二是从不同方面来说明某一情况,常使用一些表示次序的词语,如"首先、其次、再次、最后""其一、其二、其三""一方面、另一方面"等;三是被列举的事物之间常用顿号(、)、分号(;),而不直接使用表示次序的词语。

第十四课

报刊语言的特点之一 —— 省略句、压缩句多

报刊文章较多使用省略句和压缩句,这些句子常采用无主语、承前省略主语、压缩句中结构成分等方式增加信息表达的密度,将可有可无、可以根据具体语境推知的相关信息省略掉,推出必不可少或重点突出的信息。

第十五课

报刊语言的特点之一 —— 长句子多

报刊文章较多使用一些长句子,这些句子通过增添并列成分、修饰成分来增加信息表达的长度与宽度。遇到长句子时,要学会分析句子的结构,找出句子的中心词(如主语、谓语、宾语等),这样在简化长句子中理解长句子。

词语总表

序号	词	拼音	词性	等级	索引	出现次数
A						
1	案件	ànjiàn	（名）	三	第五课	6
2	昂贵	ángguì	（形）	三	第六课	5
B						
3	摆设	bǎishè	（动）	附	第一课	15
4	败诉	bàisù	（动）	超	第五课	4
5	颁发	bānfā	（动）	三	第十四课	8
6	伴侣	bànlǚ	（名）	三	第五课	4
7	扮演	bànyǎn	（动）	二	第七课	9
8	办理	bànlǐ	（动）	一	第十三课	25
9	棒	bàng	（形）	二	第一课	4
10	包办	bāobàn	（动）	超	第三课	5
11	保护	bǎohù	（动）	一	第三课	26
12	保准	bǎozhǔn	（副）	超	第十三课	4
13	保姆	bǎomǔ	（名）	三	第一课	5
14	被动	bèidòng	（形）	二	第四课	9
15	背景	bèijǐng	（名）	二	第十二课	32
16	背离	bèilí	（动）	超	第十五课	6
17	本土	běntǔ	（名）	二	第十二课	11
18	本职	běnzhí	（名）	超	第十四课	4
19	比重	bǐzhòng	（名）	二	第三课	6
20	必将	bìjiāng	（副）	二	第三课	15
21	毕竟	bìjìng	（副）	二	第九课	24
22	避免	bìmiǎn	（动）	二	第十三课	20
23	编者按	biānzhě'àn	（名）	超	第十五课	5
24	便于	biànyú	（动）	二	第十二课	11
25	别具一格	bié jù yì gé		超	第七课	7
26	冰镇	bīngzhèn	（动）	超	第二课	4
27	并非	bìngfēi	（动）	三	第十一课	23

序号	词	拼音	词性	等级	索引	出现次数
28	播音	bōyīn		超	第十课	3
29	捕捉	bǔzhuō	（动）	三	第十四课	5
30	不妨	bùfáng	（副）	三	第六课	20
31	不堪	bùkān	（形）	三	第二课	11
32	不利	búlì	（形）	超	第二课	12
33	不良	bùliáng	（形）	二	第三课	21

C

序号	词	拼音	词性	等级	索引	出现次数
34	才华	cáihuá	（名）	三	第十课	8
35	财力	cái	（名）	三	第六课	3
36	财务	cáiwù	（名）	三	第六课	7
37	采访	cǎifǎng	（动）	二	第八课	34
38	残酷	cánkù	（形）	二	第九课	7
39	仓库	cāngkù	（名）	二	第十五课	3
40	操心	cāo xīn		三	第三课	7
41	草率	cǎoshuài	（形）	超	第四课	4
42	策略	cèlüè	（名）	二	第十课	6
43	侧面	cèmiàn	（名）	三	第四课	3
44	测定	cèdìng	（动）	二	第十课	4
45	测算	cèsuàn	（动）	三	第四课	7
46	差异	chāyì	（名）	二	第九课	41
47	搀扶	chānfú	（动）	超	第十课	6
48	掺杂	chānzá	（动）	超	第十四课	3
49	长此以往	chángcǐ yǐwǎng		超	第十五课	9
50	常年	chángnián	（副）	二	第十五课	7
51	潮汐	cháoxī	（名）	超	第十一课	6
52	沉溺	chénnì	（动）	超	第十五课	6
53	称道	chēngdào	（动）	超	第八课	3
54	成本	chéngběn	（名）	二	第三课	31
55	成立	chénglì	（动）	一	第十三课	16
56	成批	chéngpī	（形）	超	第二课	5
57	成品	chéngpǐn	（名）	二	第一课	4
58	成形	chéng xíng		超	第九课	4
59	诚信	chéngxìn	（形）	二	第十二课	18

序号	词	拼音	词性	等级	索引	出现次数
60	城镇	chéngzhèn	（名）	二	第十一课	5
61	程序	chéngxù	（名）	二	第五课	13
62	承受	chéngshòu	（动）	二	第四课	16
63	迟钝	chídùn	（形）	超	第二课	6
64	吃亏	chī kuī		三	第三课	4
65	吃力	chīlì	（形）	二	第六课	7
66	冲动	chōngdòng	（形）	二	第七课	9
67	充当	chōngdāng	（动）	三	第十一课	9
68	充实	chōngshí	（形）	三	第八课	6
69	重婚	chónghūn	（动）	超	第五课	9
70	宠物	chǒngwù	（名）	二	第五课	8
71	筹备	chóubèi	（动）	三	第十四课	8
72	出发点	chūfādiǎn	（名）	三	第十二课	6
73	出色	chūsè	（形）	二	第十课	19
74	出于	chūyú	（动）	二	第四课	20
75	初中	chūzhōng	（名）	一	第六课	14
76	储藏	chǔcáng	（动）	超	第十一课	7
77	储量	chǔliàng	（名）	超	第十一课	4
78	储蓄	chǔxù	（名）	三	第七课	4
79	川流不息	chuān liú bù xī		附	第一课	6
80	传播	chuánbō	（动）	一	第十三课	38
81	串	chuàn	（量）	二	第一课	9
82	纯粹	chúicuì	（形）	三	第十四课	20
83	词典	cídiǎn	（名）	二	第六课	5
84	此时	cǐshí	（名）	二	第六课	9
85	刺激	cìjī	（动）	二	第二课	16
86	从未	cóngwèi	（副）	三	第五课	16
87	从中	cóngzhōng	（副）	二	第八课	23
88	凑合	còuhe	（动）	三	第四课	6
89	凑巧	còuqiǎo	（形）	三	第十课	16

D

序号	词	拼音	词性	等级	索引	出现次数
90	答复	dáfù	（动）	二	第十四课	10
91	打交道	dǎ jiāodào		三	第十课	7

序号	词	拼音	词性	等级	索引	出现次数
92	贷款	dài kuǎn		二	第三课	11
93	待人处世	dài rén chǔ shì		超	第十课	4
94	单元	dānyuán	（名）	二	第九课	3
95	耽误	dānwù	（动）	三	第十三课	23
96	担忧	dānyōu	（动）	二	第四课	11
97	淡化	dànhuà	（动）	三	第三课	9
98	当事人	dāngshìrén	（名）	三	第三课	3
99	倒霉	dǎoméi	（形）	三	第十三课	4
100	岛屿	dǎoyǔ	（名）	三	第十一课	7
101	倒数	dàoshǔ	（动）	三	第七课	3
102	登	dēng	（动）	二	第八课	15
103	等级	děngjí	（名）	二	第九课	12
104	低下	dīxià	（形）	三	第七课	5
105	地道	dìdao	（形）	三	第一课	7
106	惦记	diànjì	（动）	三	第八课	7
107	定居	dìngjū	（动）	三	第一课	16
108	定位	dìngwèi	（名）	二	第十五课	10
109	定义	dìngyì	（名）	三	第八课	8
110	动不动	dòngbudòng	（副）	三	第二课	14
111	独立自主	dúlì zìzhǔ		附	第三课	10
112	独生子女	dúshēng zǐnǚ		超	第三课	9
113	赌博	dǔbó	（动）	二	第十五课	4
114	堵塞	dǔsè	（动）	三	第二课	7
115	短视	duǎnshì	（形）	超	第十五课	4
116	短信	duǎnxìn	（名）	一	第八课	56
117	断定	duàndìng	（动）	三	第一课	17
118	断绝	duànjué	（动）	超	第十五课	6
119	多元化	duōyuánhuà	（动）	超	第十二课	20

F

120	发怵	fāchù	（动）	超	第九课	4
121	发火	fā huǒ		三	第二课	4
122	发作	fāzuò	（动）	三	第二课	5
123	法定	fǎdìng	（形）	超	第五课	9

序号	词	拼音	词性	等级	索引	出现次数
124	法庭	fǎtíng	（名）	二	第五课	4
125	烦闷	fánmèn	（形）	附	第二课	6
126	烦恼	fánnǎo	（形）	三	第九课	10
127	烦躁	fánzào	（形）	三	第二课	9
128	繁重	fánzhòng	（形）	三	第四课	6
129	反目	fǎnmù	（动）	超	第五课	4
130	反思	fǎnsī	（动）	三	第三课	8
131	反问	fǎnwèn	（动）	附	第一课	5
132	返	fǎn	（动）	超	第十五课	16
133	范畴	fànchóu	（名）	三	第七课	4
134	犯法	fàn fǎ		超	第十三课	3
135	方案	fāng'àn	（名）	二	第十二课	10
136	非得	fēiděi	（副）	三	第四课	14
137	废弃	fèiqì	（动）	超	第十一课	9
138	分布	fēnbù	（动）	二	第三课	20
139	分割	fēngē	（动）	三	第三课	6
140	分化	fēnhuà	（动）	三	第九课	32
141	分配	fēnpèi	（动）	一	第十二课	9
142	分清	fēnqīng	（动）	超	第四课	7
143	分支	fēnzhī	（名）	附	第十二课	3
144	氛围	fēnwéi	（名）	三	第十二课	5
145	粉碎	fěnsuì	（动）	三	第十一课	6
146	分量	fènliàng	（名）	三	第九课	5
147	风格	fēnggé	（名）	二	第七课	19
148	风味	fēngwèi	（名）	三	第一课	3
149	风言风语	fēng yán fēng yǔ		超	第四课	5
150	封闭	fēngbì	（动）	二	第九课	7
151	奉献	fèngxiàn	（动）	二	第五课	11
152	福利	fúlì	（名）	二	第十二课	6
153	辐射	fúshè	（动）	三	第十一课	6
154	抚养	fǔyǎng	（动）	三	第五课	16
155	负面	fùmiàn	（名）	三	第十二课	8
156	负载	fùzǎi	（动）	超	第十一课	4
157	附属	fùshǔ	（形）	三	第九课	4

序号	词	拼音	词性	等级	索引	出现次数
158	赴	fù	（动）	三	第十四课	5
159	覆盖	fùgài	（动）	三	第十三课	11

G

序号	词	拼音	词性	等级	索引	出现次数
160	尴尬	gāngà	（形）	附	第十三课	12
161	感慨	gǎnkǎi	（动）	三	第十课	8
162	感染	gǎnrǎn	（动）	三	第十四课	16
163	高档	gāodàng	（形）	二	第六课	8
164	高考	gāokǎo	（名）	二	第九课	19
165	高温	gāowēn	（名）	二	第二课	5
166	搁置	gēzhì	（动）	三	第十三课	5
167	格言	géyán	（名）	超	第八课	4
168	各有千秋	gè yǒu qiānqiū		超	第十四课	6
169	跟头	gēntou	（名）	超	第十课	5
170	根源	gēnyuán	（名）	三	第十五课	7
172	公认	gōngrèn	（动）	二	第十四课	7
172	沟通	gōutōng	（动）	二	第五课	19
173	估算	gūsuàn	（动）	三	第十一课	5
174	固定	gùdìng	（形）	二	第九课	18
175	顾问	gùwèn	（名）	二	第十二课	5
176	关注	guānzhù	（动）	一	第五课	65
177	观测	guāncè	（动）	二	第十一课	5
178	冠以	guànyǐ	（动）	超	第四课	8
179	归宿	guīsù	（名）	附	第十五课	5
180	规模	guīmó	（名）	一	第三课	55
181	贵宾	guìbīn	（名）	三	第十课	3
182	国度	guódù	（名）	超	第十三课	4
183	国庆	guóqìng	（名）	一	第十三课	6
184	过度	guòdù	（形）	二	第二课	26

H

序号	词	拼音	词性	等级	索引	出现次数
185	含义	hányì	（名）	二	第十二课	6
186	涵养	hányǎng	（名）	超	第十课	19
187	行情	hángqíng	（名）	三	第十课	4
188	豪言	háoyǎn	（名）	超	第十课	4

序号	词	拼音	词性	等级	索引	出现次数
189	好感	hǎogǎn	（名）	三	第一课	14
190	合伙	héhuǒ	（动）	三	第一课	7
191	合拍	hépāi	（形）	超	第十五课	4
192	核心	héxīn	（名）	二	第三课	37
193	轰动	hōngdòng	（动）	三	第十四课	10
194	红火	hónghuo	（形）	三	第一课	5
195	互补	hùbǔ	（动）	三	第十课	5
196	互动	hùdòng	（动）	二	第九课	15
197	滑稽	huájī	（形）	附	第八课	5
198	话题	huàtí	（名）	一	第七课	41
199	化妆品	huàzhuāngpǐn	（名）	超	第六课	6
200	环节	huánjié	（名）	二	第十二课	19
201	换发	huànfā	（动）	超	第十三课	10
202	换位	huànwèi	（动）	三	第十课	6
203	挥霍	huīhuò	（动）	超	第六课	9
204	回归	huíguī	（动）	三	第三课	13
205	汇集	huìjí	（动）	三	第十课	8
206	会员	huìyuán	（名）	一	第一课	7
207	缓解	huǎnjiě	（动）	二	第二课	9
208	幻灯片	huàndēngpiàn	（名）	超	第九课	3
209	火	huǒ	（形）	二	第一课	36
210	获取	huòqǔ	（动）	二	第四课	12
211	获悉	huòxī	（动）	三	第十三课	6

J

序号	词	拼音	词性	等级	索引	出现次数
212	机缘	jīyuán	（名）	超	第十四课	4
213	积蓄	jīxù	（名）	三	第十五课	10
214	基数	jīshù	（名）	超	第十三课	5
215	激励	jīlì	（动）	三	第八课	9
216	级别	jíbiě	（名）	三	第十课	6
217	极度	jídù	（副）	三	第二课	21
218	即便	jíbiàn	（连）	三	第五课	18
219	挤	jǐ	（动）	二	第九课	18
220	给予	jǐyǔ	（动）	二	第七课	21

序号	词	拼音	词性	等级	索引	出现次数
221	计较	jìjiào	(动)	三	第四课	9
222	技巧	jìqiǎo	(名)	二	第八课	7
223	继……之后	jì……zhīhòu		超	第五课	50
224	加剧	jiājù	(动)	三	第十二课	13
225	加盟	jiā méng		二	第十四课	5
226	家务	jiāwù	(名)	二	第一课	15
227	坚定	jiāndìng	(形)	二	第四课	4
228	兼有	jiānyǒu	(动)	超	第十四课	4
229	艰辛	jiānxīn	(形)	三	第六课	3
230	简历	jiǎnlì	(名)	三	第十课	29
231	间接	jiànjiē	(形)	二	第十一课	5
232	奖励	jiǎnglì	(动)	二	第十四课	12
233	交谈	jiāotán	(动)	三	第九课	7
234	娇气	jiāoqì	(形)	三	第六课	3
235	焦点	jiāodiǎn	(名)	二	第八课	7
236	狡猾	jiǎohuá	(形)	三	第六课	5
237	搅拌	jiǎobàn	(动)	三	第二课	4
238	阶段	jiēduàn	(名)	二	第三课	22
239	接收	jiēshōu	(动)	二	第十一课	19
240	结晶	jiéjīng	(名)	三	第七课	5
241	截然	jiérán	(副)	超	第九课	8
242	解题	jiě tí		超	第九课	6
243	借口	jièkǒu	(名)	三	第五课	4
244	金发碧眼	jīnfà bìyǎn		超	第一课	5
245	精美	jīngměi	(形)	二	第一课	19
246	精巧	jīngqiǎo	(形)	超	第八课	6
247	敬业	jìngyè	(动)	三	第十课	5
248	就地	jiùdì	(副)	三	第十一课	7
249	局限	júxiàn	(动)	三	第五课	8
250	沮丧	jǔsàng	(形)	三	第二课	6
251	巨星	jùxīng	(名)	三	第十四课	3
252	俱乐部	jùlèbù	(名)	二	第一课	5
253	剧本	jùběn	(名)	二	第十四课	6
254	聚会	jùhuì	(名)	二	第三课	4

序号	词	拼音	词性	等级	索引	出现次数
255	角色	juésè	（名）	二	第七课	10
K						
256	开销	kāixiāo	（名）	三	第六课	25
257	开支	kāizhī	（名）	二	第六课	22
258	看待	kàndài	（动）	二	第八课	29
259	看中	kànzhòng	（动）	三	第十二课	16
260	看重	kànzhòng	（动）	三	第七课	23
261	扛	káng	（动）	三	第八课	8
262	亢奋	kàngfèn	（形）	超	第二课	6
263	考核	kǎohé	（动）	二	第十二课	7
264	可想而知	kě xiǎng ér zhī		附	第十三课	7
265	恪守	kèshǒu	（动）	超	第四课	6
266	客厅	kètīng	（名）	二	第一课	8
267	嗑	kè	（动）	超	第二课	3
268	坑骗	kēngpiàn	（动）	超	第一课	7
269	恐惧	kǒngjù	（形）	三	第四课	6
270	跨度	kuàdù	（名）	超	第五课	3
271	快速	kuàisù	（形）	三	第九课	26
272	款式	kuǎnshì	（名）	三	第六课	5
273	匮乏	kuìfá	（形）	超	第五课	9
274	困惑	kùnhuò	（形）	三	第十二课	7
L						
275	来源	láiyuán	（名）	二	第二课	14
276	来之不易	lái zhī bú yì		超	第六课	4
277	懒惰	lǎnduò	（形）	三	第六课	5
278	滥用	lànyòng	（动）	三	第十三课	20
279	劳动力	láodònglì	（名）	三	第十五课	13
280	冷淡	lěngdàn	（形）	附	第五课	11
281	愣	lèng	（动）	三	第一课	4
282	离异	líyì	（动）	超	第四课	3
283	理念	lǐniàn	（名）	三	第十二课	12
284	理智	lǐzhì	（形）	二	第四课	17
285	联手	liánshǒu	（动）	二	第十四课	5

序号	词	拼音	词性	等级	索引	出现次数
286	两极	liǎngjí	（名）	超	第九课	5
287	两口子	liǎngkǒuzi	（名）	三	第三课	3
288	了事	liǎo shì		超	第十五课	5
289	临场	línchǎng	（动）	超	第十课	8
290	灵丹妙药	líng dān miào yào		超	第二课	4
291	零食	língshí	（名）	二	第八课	9
292	领略	lǐnglüè	（动）	三	第九课	21
293	领取	lǐngqǔ	（动）	二	第五课	6
294	流传	liúchuán	（动）	二	第十课	11
295	留恋	liúliàn	（动）	附	第四课	4
296	率	lǜ	（名）	三	第七课	89
297	掠夺	lüèduó	（动）	三	第十五课	21
298	略微	lüèwēi	（副）	附	第十四课	7
299	轮流	lúnliú	（动）	三	第六课	9
300	论坛	lùntán	（名）	三	第十二课	5
301	落	luò	（动）	二	第三课	47

M

序号	词	拼音	词性	等级	索引	出现次数
302	盲从	mángcóng	（动）	超	第十课	4
303	冒险	màoxiǎn	（动）	三	第十二课	4
304	魅力	mèilì	（名）	三	第一课	12
305	门当户对	mén dāng hù duì		附	第七课	5
306	门路	ménlù	（名）	附	第十五课	4
307	梦想	mèngxiǎng	（名）	二	第十二课	23
308	密度	mìdù	（名）	三	第十一课	6
309	面世	miànshì	（动）	超	第八课	9
310	面子	miànzi	（名）	二	第六课	7
311	名称	míngchēng	（名）	一	第六课	14
312	名义	míngyì	（名）	二	第五课	17
313	模式	móshì	（名）	二	第三课	37
314	谋	móu	（动）	超	第六课	46
315	沐浴	mùyù	（动）	超	第一课	7

N

序号	词	拼音	词性	等级	索引	出现次数
316	纳入	nà	（动）	三	第十三课	12

序号	词	拼音	词性	等级	索引	出现次数
317	乃至	nǎizhì	（连）	三	第十四课	17
318	耐人寻味	nàirén xúnwèi		附	第七课	4
319	难度	nándù	（名）	一	第五课	9
320	难以言表	nán yǐ yán biǎo		超	第四课	7
321	内涵	nèihán	（名）	三	第十四课	8
322	内行	nèiháng	（名）	附	第一课	10
323	内情	nèiqíng	（名）	超	第十四课	5
324	能源	néngyuán	（名）	三	第十一课	89
325	年富力强	nián fù lì qiáng		超	第十五课	5
326	念头	niàntou	（名）	三	第四课	3
327	宁愿	nìngyuàn	（副）	三	第四课	23

O

序号	词	拼音	词性	等级	索引	出现次数
328	偶尔	ǒu'ěr	（副）	二	第二课	18
329	偶然	ǒurán	（形）	二	第五课	19

P

序号	词	拼音	词性	等级	索引	出现次数
330	排除	páichú	（动）	二	第十四课	25
331	排队	pái duì		一	第九课	6
332	派出所	pàichūsuǒ	（名）	超	第十三课	4
333	攀升	pānshēng	（动）	三	第十三课	4
334	盼	pàn	（动）	三	第九课	10
335	庞大	pángdà	（形）	三	第四课	10
336	陪同	péitóng	（动）	二	第三课	7
337	赔偿	péicháng	（动）	二	第五课	5
338	蓬勃	péngbó	（形）	三	第八课	4
339	碰撞	pèngzhuàng	（动）	三	第十四课	6
340	批发	pīfā	（动）	三	第一课	6
341	偏见	piānjiàn	（名）	三	第八课	6
342	贫乏	pínfá	（形）	超	第十一课	7
343	频率	pínlǜ	（名）	三	第十三课	5
344	品尝	pǐncháng	（动）	三	第四课	7
345	平静	píngjìng	（形）	二	第二课	7
346	评论	pínglùn	（动）	二	第八课	8
347	评书	píngshū	（名）	超	第八课	4

序号	词	拼音	词性	等级	索引	出现次数
348	评委	píngwěi	（名）	三	第八课	7
349	颇	pō	（副）	三	第七课	34
350	普查	pǔchá	（动）	超	第四课	5
351	普照	pǔzhào	（动）	超	第十三课	3

Q

序号	词	拼音	词性	等级	索引	出现次数
352	奇特	qítè	（形）	三	第一课	8
353	恰当	qiàdàng	（形）	二	第九课	6
354	千方百计	qiān fāng bǎi jì		三	第六课	5
355	牵挂	qiānguà	（动）	三	第八课	12
356	签字	qiān zì		二	第三课	3
357	欠缺	qiànquē	（动）	附	第十一课	14
358	强化	qiánghuà	（动）	二	第四课	8
359	亲密	qīnmì	（形）	二	第五课	5
360	亲情	qīnqíng	（名）	三	第三课	5
361	情报	qíngbào	（名）	三	第四课	4
362	情感	qínggǎn	（名）	一	第五课	29
363	情节	qíngjié	（名）	二	第八课	10
364	情景	qíngjǐng	（名）	二	第十课	7
365	情理	qínglǐ	（名）	超	第三课	5
366	穷尽	qióngjìn	（动）	超	第十一课	9
367	区分	qūfēn	（动）	三	第四课	9
368	区域	qūyù	（名）	二	第十课	5
369	取舍	qǔshě	（动）	超	第六课	8
370	劝阻	quànzǔ	（动）	三	第三课	4
371	确保	quèbǎo	（动）	一	第二课	7

R

序号	词	拼音	词性	等级	索引	出现次数
372	燃烧	ránshāo	（动）	二	第十一课	7
373	热点	rèdiǎn	（名）	二	第十二课	9
374	人品	rénpǐn	（名）	三	第七课	8
375	人士	rénshì	（名）	二	第五课	22
376	人事	rénshì	（名）	三	第十课	14
377	忍耐	rěnnài	（动）	三	第四课	9
378	日趋	rìqū	（副）	三	第三课	23

序号	词	拼音	词性	等级	索引	出现次数
379	融洽	róngqià	（形）	三	第五课	8
380	容量	róngliàng	（名）	三	第十一课	18
381	容忍	róngrěn	（动）	三	第四课	8
382	如意	rúyì	（形）	三	第二课	5
383	软件	ruǎnjià	（名）	二	第十三课	9
384	弱势	ruòshì	（名）	三	第十四课	7

S

序号	词	拼音	词性	等级	索引	出现次数
385	散发	sànfā	（动）	三	第十一课	10
386	筛选	shāixuǎn	（动）	三	第十课	7
387	善待	shàndài	（动）	超	第十五课	10
388	伤心	shāngxīn	（形）	一	第五课	7
389	上市	shàng shì		二	第一课	4
390	上下	shàngxià	（助）	二	第三课	22
391	上涨	shàngzhǎng	（动）	二	第六课	7
392	尚未	shàngwèi	（副）	三	第十四课	11
393	少女	shàonǚ	（名）	三	第九课	7
394	舍不得	shěbude	（动）	二	第六课	7
395	社交	shèjiāo	（名）	三	第七课	7
396	申请	shēnqǐng	（动）	二	第五课	6
397	身材	shēncái	（名）	二	第七课	12
398	身份证	shēnfènzhèng	（名）	一	第十三课	11
399	身影	shēnyǐng	（名）	三	第十五课	4
400	神圣	shénshèng	（形）	三	第五课	7
401	审核	shěnhé	（动）	三	第五课	3
402	生僻	shēngpì	（形）	超	第十三课	21
403	施展	shīzhǎn	（动）	超	第十课	6
404	时尚	shíshàng	（形）	超	第七课	12
405	时下	shíxià	（名）	超	第六课	6
406	实习	shíxí	（动）	一	第十课	7
407	实质	shízhì	（名）	三	第五课	9
408	食用	shíyòng	（动）	三	第二课	27
409	市区	shìqū	（名）	二	第一课	4
410	势必	shìbì	（副）	三	第三课	19

序号	词	拼音	词性	等级	索引	出现次数
411	适宜	shìyí	（形）	三	第十一课	7
412	释放	shìfàng	（动）	二	第二课	12
413	收支	shōuzhī	（名）	三	第七课	5
414	手艺	shǒuyì	（名）	三	第十五课	7
415	售货员	shòuhuòyuán	（名）	二	第一课	4
416	书籍	shūjí	（名）	三	第七课	9
417	疏离	shūlí	（动）	超	第三课	4
418	输入	shūrù	（动）	一	第十三课	13
419	属实	shǔshí	（动）	超	第十四课	3
420	双重	shuāngchóng	（形）	三	第三课	4
421	双方	shuāngfāng	（名）	一	第三课	18
422	爽快	shuǎngkuài	（形）	附	第十四课	5
423	水准	shuǐzhǔn	（名）	三	第六课	6
424	说法	shuōfǎ	（名）	二	第十课	14
425	说服	shuōfú	（动）	二	第六课	9
426	思潮	sīcháo	（名）	超	第三课	9
427	思考	sīkǎo	（动）	二	第四课	20
428	思路	sīlù	（名）	三	第九课	7
429	思维	sīwéi	（名）	二	第二课	11
430	随即	suíjí	（副）	三	第八课	4
431	随心所欲	suí xīn suǒ yù		附	第五课	6
432	随意	suíyì	（形）	二	第五课	8

T

序号	词	拼音	词性	等级	索引	出现次数
433	探讨	tàntǎo	（动）	二	第八课	13
434	梯子	tīzi	（名）	三	第八课	5
435	体验	tǐyàn	（动）	一	第五课	19
436	天文	tiānwén	（名）	二	第九课	5
437	条款	tiáokuǎn	（名）	三	第五课	7
438	调节	tiáojié	（动）	二	第二课	13
439	调侃	tiáokǎn	（动）	三	第八课	5
440	通缉	tōngjī	（动）	附	第十三课	3
441	通用	tōngyòng	（动）	二	第十三课	4
442	头头是道	tóutóu shì dào		附	第九课	5

序号	词	拼音	词性	等级	索引	出现次数
443	头衔	tóuxián	（名）	三	第四课	5
444	投入	tóurù	（动）	二	第九课	24
445	投缘	tóuyuán	（形）	超	第七课	4
446	透视	tòushì	（动）	超	第七课	7
447	透支	tòuzhī	（动）	三	第十五课	6
448	团队	tuánduì	（名）	二	第十二课	16
449	推荐	tuījiàn	（动）	三	第二课	9
450	推向	tuīxiàng	（动）	超	第十二课	10
451	退休	tuìxiū	（动）	一	第六课	6
452	脱离	tuōlí	（动）	二	第三课	9

W

序号	词	拼音	词性	等级	索引	出现次数
453	玩具	wánjù	（名）	一	第六课	9
454	晚婚	wǎnhūn	（动）	超	第四课	13
455	旺盛	wàngshèng	（形）	三	第十四课	6
456	微不足道	wēi bù zú dào		附	第七课	6
457	维持	wéichí	（动）	二	第十五课	21
458	唯一	wéiyī	（形）	超	第九课	9
459	委屈	wěiqū	（形）	三	第二课	3
460	未知数	wèizhīshù	（名）	附	第十四课	3
461	文具	wénjù	（名）	三	第六课	5
462	文坛	wéntán	（名）	超	第八课	3
463	无关紧要	wúguān jǐnyào		附	第十三课	8
464	无可奈何	wúkě nàihé		三	第六课	6
465	无能为力	wú néng wéi lì		附	第二课	5
466	无穷无尽	wú qióng wú jì		超	第六课	4
467	无所谓	wúsuǒwèi	（动）	二	第七课	5
468	无疑	wúyí	（动）	二	第四课	23
469	无影无踪	wú yǐng wú zōng		超	第二课	7
470	无缘无故	wú yuán wú gù		超	第二课	3
471	误事	wù shì		超	第十课	6

X

序号	词	拼音	词性	等级	索引	出现次数
472	稀罕	xīhan	（动）	附	第十五课	4
473	喜新厌旧	xǐ xīn yàn jiù		超	第八课	8

序号	词	拼音	词性	等级	索引	出现次数
474	下降	xiàjiàng	（动）	二	第十五课	31
475	鲜红	xiānhóng	（形）	超	第五课	3
476	掀起	xiānqǐ	（动）	三	第四课	7
477	闲不着	xiánbuzháo		超	第十四课	3
478	嫌弃	xiánqì	（动）	附	第十五课	7
479	限度	xiàndù	（名）	三	第一课	12
480	相应	xiāngyìng	（动）	二	第十五课	12
481	享乐	xiǎnglè	（动）	超	第七课	4
482	项链	xiàngliàn	（名）	三	第一课	6
483	像模像样	xiàng mú xiàng yàng		超	第五课	3
484	消耗	xiāohào	（动）	二	第二课	16
485	潇洒	xiāosǎ	（形）	三	第四课	4
486	小看	xiǎokàn	（动）	三	第一课	11
487	校园	xiàoyuán	（名）	一	第十五课	18
488	协调	xiétiáo	（动）	二	第十课	19
489	协作	xiézuò	（动）	三	第十二课	6
490	心灵	xīnlíng	（名）	二	第一课	12
491	心态	xīntài	（名）	二	第八课	18
492	心头	xīntóu	（名）	超	第九课	4
493	欣慰	xīnwèi	（形）	三	第十四课	5
494	新式	xīnshì	（形）	三	第四课	5
495	新颖	xīnyǐng	（形）	三	第六课	4
496	形态	xíngtài	（名）	二	第七课	9
497	形形色色	xíngxíngsèsè		附	第三课	7
498	悬挂	xuánguà	（动）	三	第十三课	3
499	悬念	xuánniàn	（名）	三	第九课	6
500	选定	xuǎndìng	（动）	超	第十课	10
501	学历	xuélì	（名）	二	第四课	23
502	学业	xuéyè	（名）	三	第七课	6
503	血压	xuèyā	（名）	三	第二课	9
504	寻求	xúnqiú	（动）	二	第十五课	24

Y

序号	词	拼音	词性	等级	索引	出现次数
505	压缩	yāsuō	（动）	三	第十五课	11

序号	词	拼音	词性	等级	索引	出现次数
506	压抑	yāyì	（动）	三	第二课	3
507	严	yán	（形）	二	第九课	59
508	沿海	yánhǎi	（名）	二	第十一课	12
509	俨然	yǎnrán	（副）	超	第八课	3
510	演变	yǎnbiàn	（动）	三	第三课	10
511	演讲	yǎnjiǎng	（动）	二	第九课	10
512	养育	yǎngyù	（动）	超	第五课	6
513	野生	yěshēng	（形）	二	第十一课	6
514	业务	yèwù	（名）	二	第十二课	17
515	一带	yídài	（名）	二	第十一课	5
516	一旦	yídàn	（副）	二	第二课	34
517	一概	yígài	（副）	附	第四课	4
518	一贯	yíguàn	（形）	二	第六课	15
519	一手	yìshǒu	（副）	超	第十四课	15
520	依次	yīcì	（副）	二	第七课	14
521	依赖	yīlài	（动）	二	第三课	21
522	以往	yǐwǎng	（名）	二	第十课	16
523	抑制	yìzhì	（动）	三	第二课	6
524	因素	yīnsù	（名）	二	第七课	57
525	饮食	yǐnshí	（名）	二	第二课	22
526	应届	yīngjiè	（形）	超	第十课	15
527	应邀	yìngyāo	（动）	三	第八课	3
528	荧屏	yíngpíng	（名）	超	第十课	4
529	影坛	yǐngtán	（名）	超	第十四课	11
530	优异	yōuyì	（形）	三	第十课	13
531	忧郁	yōuyù	（形）	三	第二课	5
532	幽默	yōumò	（形）	二	第八课	11
533	犹豫	yóuyù	（形）	二	第一课	9
534	有机	yǒujī	（形）	三	第十一课	15
535	有求必应	yǒu qiú bì yìng		超	第六课	6
536	诱惑	yòuhuò	（动）	三	第一课	9
537	娱乐	yúlè	（名）	二	第七课	23
538	欲望	yùwàng	（名）	三	第一课	5
539	寓言	yùyán	（名）	三	第八课	4

序号	词	拼音	词性	等级	索引	出现次数
540	元旦	yuándàn	（名）	二	第九课	5
541	员工	yuángōng	（名）	一	第十二课	39
542	约束	yuēshù	（动）	二	第五课	12
543	运输	yùnshū	（动）	一	第十一课	5
544	运转	yùnzhuǎn	（动）	三	第十课	7
545	运作	yùnzuò	（动）	二	第十二课	23

Z

序号	词	拼音	词性	等级	索引	出现次数
546	栽	zāi	（动）	三	第十课	7
547	再度	zàidù	（副）	二	第十四课	8
548	攒	zǎn	（动）	三	第一课	7
549	赞同	zàntóng	（动）	三	第七课	12
550	躁动	zàodòng	（动）	超	第十五课	3
551	造就	zàojiù	（动）	三	第十四课	8
552	择偶	zé'ǒu	（动）	超	第四课	28
553	增添	zēngtiān	（动）	三	第七课	10
554	扎实	zhāshi	（形）	二	第九课	4
555	展望	zhǎnwàng	（动）	三	第七课	7
556	占据	zhànjù	（动）	二	第十一课	23
557	战略	zhànlüè	（名）	二	第十一课	6
558	长相	zhǎngxiàng	（名）	三	第七课	4
559	招收	zhāoshōu	（动）	三	第十二课	11
560	照旧	zhàojiù	（副）	超	第六课	13
561	折合	zhéhé	（动）	三	第十一课	4
562	针对	zhēnduì	（动）	二	第七课	13
563	针锋相对	zhēnfēng xiāngduì		附	第八课	6
564	珍珠	zhēnzhū	（名）	二	第一课	10
565	镇定	zhèndìng	（动）	附	第二课	3
566	镇静	zhènjìng	（形）	超	第二课	3
567	震惊	zhènjīng	（动）	二	第十四课	9
568	争吵	zhēngchǎo	（动）	三	第三课	3
569	征集	zhēngjí	（动）	三	第八课	6
570	整合	zhěnghé	（动）	三	第十二课	11
571	正餐	zhèngcān	（名）	超	第八课	6

序号	词	拼音	词性	等级	索引	出现次数
572	<u>正值</u>	zhèngzhí	（动）	超	第十课	14
573	正直	zhèngzhí	（形）	三	第十二课	8
574	支撑	zhīchēng	（动）	二	第十五课	6
575	支付	zhīfù	（动）	二	第六课	14
576	指标	zhǐbiāo	（名）	二	第三课	15
577	指南	zhǐnán	（名）	三	第十课	6
578	指望	zhǐwàng	（动）	三	第八课	15
579	制约	zhìyuē	（动）	二	第五课	14
580	智商	zhìshāng	（名）	三	第十课	17
581	<u>中档</u>	zhōngdàng	（形）	超	第六课	4
582	中断	zhōngduàn	（动）	二	第三课	9
583	忠实	zhōngshí	（形）	三	第五课	6
584	衷心	zhōngxīn	（形）	三	第十四课	4
585	粥	zhōu	（名）	二	第二课	7
586	主编	zhǔbiān	（名）	三	第八课	3
587	主办	zhǔbàn	（动）	二	第八课	6
588	主导	zhǔdǎo	（名）	二	第七课	10
589	主角	zhǔjué	（名）	二	第十一课	8
590	主流	zhǔliú	（名）	二	第三课	8
591	主体	zhǔtǐ	（名）	二	第三课	11
592	<u>抓捕</u>	zhuābǔ	（动）	超	第十三课	4
593	转化	zhuǎnhuà	（动）	二	第十五课	5
594	装饰	zhuāngshì	（动）	二	第五课	11
595	<u>装卸</u>	zhuāngxiè	（动）	超	第十五课	4
596	壮大	zhuàngdà	（形）	三	第四课	8
597	<u>状告</u>	zhuànggào	（动）	超	第五课	5
598	卓越	zhuóyuè	（形）	三	第八课	6
599	自行	zìxíng	（副）	三	第五课	9
600	自然	zìrán	（名）	一	第一课	42
601	自在	zìzài	（形）	二	第九课	8
602	滋味	zīwèi	（名）	三	第四课	11
603	宗旨	zōngzhǐ	（名）	三	第十五课	4
604	总裁	zǒngcái	（名）	二	第十二课	6

序号	词	拼音	词性	等级	索引	出现次数
605	总的来说	zǒngde láishuō		三	第七课	16
606	总和	zǒnghé	（名）	超	第十一课	4
607	总监	zǒngjiān	（名）	超	第十二课	8
608	走廊	zǒuláng	（名）	三	第十一课	5
609	足以	zúyǐ	（动）	二	第十五课	21
610	罪犯	zuìfàn	（名）	三	第十三课	4
						6470

注：本书的词语总表中，根据《汉语国际教育用音节汉字词汇等级划分》(北京语言大出版社，2010)，属于纲内词语有482个，两种大纲未收的有128个，本书属于纲内的普通词语(482个)占总生词量(610个)的79.01%，超纲率为20.99%。每个生词平均重现率为：6470次÷610个≈10.6次/个。

参考答案

第一课

三、1. 川流不息　　2. 沐浴　　3. 对……有诱惑力　　4. 对……充满好感
　　5. 合伙　　6. 小看　　7. 摆设　　8. 断定
　　9. 确定　　10. 精细　　11. 精美
四、1. √　2. ×　3. √　4. ×
五、1. DBACE　2. DCAEB
六、1. C　2. D　3. B　4. C
七、1. C　2. B　3. C　4. B　5. D　6. C　7. D
快速阅读三：1. √　　2. √　　3. ×　　4. ×　　5. √　　6. √　　7. ×　　8. √

第二课

三、1. 消耗　　2. 无影无踪　　3. 偶尔　　4. 一旦　　5. 堵塞
　　6. 不堪　　7. 动不动
四、1. ×　2. √　3. ×　4. √
五、1. BAC　2. ECABD
六、1. B　2. C　3. A　4. B
七、1. C　2. D　3. A　4. B　5. B　6. C　7. A
快速阅读三：1. √　　2. ×　　3. √　　4. √　　5. √　　6. ×　　7. ×　　8. ×

第三课

三、1. 依赖　　2. 独立自主　　3. 日趋　　4. 反思　　5. 操心　　6. 演变
　　7. 必将　　8. 势必　　9. 左右　　10. 上下
四、1. √　2. ×　3. ×　4. √
五、1. BCAD　2. BEACD
六、1. C　2. A　3. D　4. C
七、1. 之所以　　2. 除了　　3. 都　　4. 就　　5. 因为
　　6. B　7. C　8. A　9. D　10. C　11. D　12. B
快速阅读三：1. ×　　2. √　　3. √　　4. ×　　5. ×　　6. √　　7. ×　　8. ×

第四课

三、1. 宁愿　　　　2. 非得　　　　3. 无疑　　　　4. 出于
　　5. 难以言表　　6. 冠以　　　　7. 凑合　　　　8. 掀起

四、1. √　2. ×　3. ×　4. √

五、1. DACEB　2. DACB

六、1. D　2. C　3. A　4. B

七、1. 无疑　　2. 然而　　3. 却是　　4. 宁愿　　5. 也要　　6. 究竟
　　7. 各自　　8. A　　9. B　　10. B　　11. C　　12. D
　　13. C　　14. A

快速阅读三：1. ×　2. √　3. ×　4. ×　5. ×　6. √　7. √

第五课

三、1. 即便　　　　2. 继……之后　　3. 从未　　4. 像模像样　　5. 以……名义
　　6. 体验　　　　7. 奉献

四、1. ×　2. √　3. √　4. ×

五、1. CEADB　2. ACDEB

六、1. C　2. D　3. B　4. B

七、1. 因为　　2. 偶然　　3. 异常　　4. 于是　　5. 虽然　　6. 但
　　7. C　8. A　9. C　10. C　11. D　12. C　13. A

快速阅读三：1. √　2. √　3. ×　4. √　5. √　6. ×

第一～五课测试题

二、1. 小看　　2. 对……充满好感　　3. 一旦　　4. 极度　　5. 上下
　　6. 必将　7. 冠以　　　　　　　　8. 宁愿　　9. 继……之后　　10. 从未

三、1. √　2. √　3. ×　4. ×　5. ×

四、1. ACB　2. CBDA

五、1. 之所以　　2. 除了　　3. 都　　4. 就　　5. 因为
　　6. B　7. C　8. B　9. A　10. D　11. C　12. A

六、1. 如果反应慢，注意力不集中的话，首选食物是鸡蛋。
　　2. 中国城乡家庭结构出现了多样化的趋势。
　　3. 女性也和男性一样存在着恐惧婚姻的问题。

七、阅读一

　　（一）1. √　2. ×　3. ×　4. ×　5. √　6. ×　7. √

　　（二）贪食症患者不加引导，很难自我克服贪吃的习惯。他们常常隐瞒真情，不加注意，很难被早期发现。但是，只要医生细心、负责，往往可以通过与患者及其亲友交谈，对患者进行全面检查而发现问题。

阅读二

（一）1. ×   2. √   3. ×   4. √   5. √   6. ×

（二）他们的组成是：一，具有两年以上工作经历并取得学士（含）以上学位的人才；二，具有中级（含）以上专业技术职称或相当资格、资质的人才；三，对首都经济和社会发展做出突出贡献及特殊领域、特殊行业的紧缺急需人才。

阅读三

（一）1. √   2. √   3. √   4. ×   5. ×

（二）绝大多数家庭由于孩子上学使家庭生活受到严重冲击，比如不看电视、不听广播，平时都处于一种临战状态； 因为对孩子的教育问题，家庭成员意见不统一，彼此关系紧张； 家庭对孩子的满意度低，总是不满意孩子的学习成绩； 孩子的处世和生存能力差，只是学习工具，许多家庭以学习的名义，什么事都不让孩子做。

第六课

三、1. 一贯   2. 挥霍   3. 说服   4. 开支   5. 轮流
　　6. 照旧   7. 开销   8. 不妨

四、1. √ 2. × 3. × 4. √

五、1. CDBEA   2. DEACB

六、1. C 2. A 3. B 4. D

七、1. 已   2. 而且   3. 似乎   4. 舍不得   5. 却
　　6. B   7. B   8. A   9. A   10. C   11. A   12. B

快速阅读三：1. × 2. √ 3. × 4. √ 5. √ 6. × 7. √ 8. √

第七课

三、1. 增添   2. 微不足道   3. 总的来说   4. 颇
　　5. 透视   6. 依次   7. 给予   8. 别具一格

四、1. √ 2. × 3. × 4. √

五、1. DEBAC   2. DBAC

六、1. A 2. B 3. C 4. D

七、1. 已   2. 如今   3. 以及   4. 除此之外   5. 更加   6. 而
　　7. A   8. C   9. D   10. B   11. D   12. C   13. A

快速阅读三：1. √ 2. × 3. √ 4. √ 5. × 6. √ 7. √ 8. ×

第八课

三、1. 喜新厌旧   2. 面世   3. 指望   4. 激励   5. 针锋相对
　　6. 从中   7. 征集

四、1. √ 2. √ 3. × 4. ×

五、1. CEBDA 2. DEACB
六、1. B 2. A 3. A 4. B
七、1. 颇 2. 因为 3. 比如 4. 然而 5. 似乎 6. 也
    7. C 8. A 9. B 10. D 11. C 12. D 13. C
快速阅读三：1. √ 2. √ 3. √ 4. √ 5. √ 6. × 7. × 8. ×

第九课

三、1. 挤 2. 互动 3. 投入 4. 分化 5. 领略
四、1. × 2. √ 3. √ 4. ×
五、1. DACB 2. ACEDB
六、1. A 2. C 3. D 4. B
七、1. 在……眼中 2. 只有……才能 3. 甚至 4. 但是 5. 与……相比
    6. 确实 7. 而且 8. A 9. B 10. C
    11. C 12. D 13. B 14. B
快速阅读一：1. C 2. A 3. B
快速阅读三：1. × 2. √ 3. √ 4. √ 5. × 6. ×

第十课

三、1. 涵养 2. 协调 3. 优异 4. 汇集 5. 流传
四、1. × 2. × 3. √ 4. √
五、1. DBEAC 2. ECABD
六、1. D 2. B 3. C 4. A
七、1. 只有 2. 才能 3. 颇 4. 如果 5. 那么 6. 更
    7. C 8. D 9. B 10. A 11. C 12. B 13. C
快速阅读二：1. C 2. B 3. C
快速阅读三：1. × 2. √ 3. × 4. √ 5. √ 6. ×

第六～十课测试题

二、1. 正值 2. 指望 3. 从中 4. 颇 5. 给予
    6. 一贯 7. 不妨 8. A 9. B 10. A
三、1. × 2. √ 3. × 4. × 5. √
四、1. ACB 2. ACDB
五、1. 开支 2. 财务 3. 不妨 4. 开销 5. 取舍
    6. D 7. A 8. B 9. C 10. D 11. B 12. A
六、1. 家长可以结合孩子的消费要求让孩子学做理智的消费者。
    2. 城市青年的消费观念具有时尚和理性的特点。

3. 什么是情商以及其作用。

七、阅读一：

(一) 1. √   2. √   3. ×   4. ×   5. √   6. ×   7. ×

(二) 好销的书当然不一定是好书，但是好书必定在某个时间、地点好销。

阅读二：

(一) 1. √   2. ×   3. √   4. ×   5. √   6. ×

(二) 有法律意义上的婚壳，却无正常的夫妻关系和完整的家庭生活，亚婚姻的男女，貌合而神离。面对亚婚姻，没有很好的办法，除了果断——果断融合，或者果断退出。

阅读三：

(一) 1. ×   2. √   3. √   4. ×   5. √   6. ×

(二) 欠缺自我认识能力、为人出世的能力，不懂感恩。

第十一课

三、1. 散发   2. 并非   3. 穷尽   4. 充当   5. 贫乏

四、1. √   2. √   3. ×   4. ×

五、1. CADB   2. DACB

六、1. B   2. C   3. A   4. B

七、1. 由此   2. 据预测   3. 在……内   4. 将   5. 对……起到
　　6. A   7. C   8. B   9. B   10. A   11. D   12. D

快速阅读二：1. C   2. D   3. A

快速阅读三：1. ×   2. √   3. √   4. ×   5. ×   6. √   7. √

第十二课

三、1. 看中   2. 探讨   3. 推向   4. 便于   5. 考核   6. 加剧
　　7. 多元化

四、1. √   2. √   3. ×   4. ×

五、1. DCAB   2. BACD

六、1. B   2. A   3. C   4. B

七、1. 在   2. 即   3. 如   4. 就   5. 还   6. 对   7. 另外
　　8. B   9. C   10. A   11. D   12. D   13. B   14. A

快速阅读三：1. ×   2. √   3. ×   4. ×   5. ×   6. √

第十三课

三、1. 避免   2. 输入   3. 可想而知   4. 获悉

四、1. √   2. √   3. ×   4. ×

五、1. CABD   2. ACDBE

六、1. B   2. A   3. D   4. D
七、1. 是否   2. 换发   3. 遇到   4. 假如   5. 无法
　　6. 也许   7. 因此   8. B   9. C   10. B
　　11. A   12. A   13. C   14. A
快速阅读三：1. √   2. ×   3. √   4. ×   5. √   6. ×

第十四课

三、1. 轰动   2. 颁发   3. 乃至   4. 答复   5. 各有千秋
　　6. 一手   7. 奖励
四、1. ×   2. √   3. ×   4. √
五、1. BACD   2. CADBE
六、1. C   2. B   3. C   4. A
七、1. 将   2. 至少   3. 毕竟   4. 而   5. 而又   6. 有关
　　7. B   8. A   9. B   10. B   11. A   12. A   13. B
快速阅读一：1. B   2. A   3. C   4. D
快速阅读三：1. √   2. ×   3. √   4. ×   5. ×   6. √

第十五课

三、1. 支撑   2. 足以   3. 下降   4. 长此以往   5. 积蓄
四、1. √   2. ×   3. ×   4. √
五、1. ACB   2. CABD
六、1. C   2. D   3. C   4. B
七、1. 如今   2. 足以   3. 差不多 4. 长此以往   5. 同时   6. 因此
　　7. B   8. A   9. C   10. A   11. D   12. B
　　13. A
快速阅读三：1. ×   2. √   3. ×   4. ×   5. √   6. ×

第十一～十五课测试题

二、1. 加剧   2. 耽误   3. 长此以往   4. 寻求   5. 并非
　　6. 纯粹   7. 可想而知   8. 接收   9. 乃至   10. 便于
三、1. ×   2. √   3. ×   4. ×   5. √
四、1. BCA   2. CADB
五、1. 应该   2. 如果   3. 哪怕   4. 并不是   5. 而是
　　6. B   7. C   8. A   9. B   10. D   11. A   12. C
六、1. 我国北方和东南沿海地区及一些岛屿风能资源丰富。
　　2. 公司培养新员工时注重诚信、学习能力和明星员工三个方面。

3. 年富力强的农民工最受用工者欢迎。

七、阅读一：

　　（一）1. √　2. √　3. ×　4. ×　5. ×　6. ×

　　（二）父亲总是说种田没出息。

　　阅读二：

　　（一）1. ×　2. √　3. ×　4. ×　5. ×　6. √　7. ×

　　（二）很多罕见姓过去存在，现在消失了。

　　阅读三：

　　（一）1. ×　2. √　3. √　4. ×　5. √　6. ×

　　（二）第一类以增长见识为主；第二类以留学预考察为主；第三类以减压为主。

第一～十五课测试题

二、1. 对……充满好感　2. 一旦　3. 宁愿　4. 不妨　5. 继……之后
　　6. 足以　　　　　7. 多元化　8. 并非　9. 从中　10. 总的来说
　　11. A　12. A　13. A　14. A　15. A　16. B　17. B　18. A　19. B　20. A

三、1. √　2. √　3. ×　4. √　5. √

四、1. BAC　2. BADC

五、1. 不是　2. 而是　3. 却　4. 竟　5. 因为
　　6. B　7. A　8. B　9. A　10. A　11. C　12. B

六、1. 女性对婚姻缺乏信心。

　　2. 选定人才更看重 EQ，而不是学历证书。

　　3. 在中国，一个人的名字是与时代紧密联系在一起的。

七、阅读一：

　　（一）1. ×　2. √　3. √　4. ×　5. √　6. √　7. ×

　　（二）她买这 3 年期的国库券，利息高，不上税，还没有风险，3 年后可以用来还学费的贷款。

　　阅读二：

　　（一）1. √　2. ×　3. √　4. ×

　　（二）爱情像烤肉一样：不奢华，不油腻，咸淡适中，简单而不乏乐趣，付出才会吃出好味道……

　　阅读三：

　　（一）1. √　2. √　3. √　4. ×　5. √　6. ×　7. ×

　　（二）文明城区里的人们不管来自何方，都应该"自我约束"。乘车、乘地铁时不要拥挤，更讲秩序一些；公交车的司机、售票员对乘客特别是外地乘客的态度更好些、服务更周到些，这些看上去最基本的文明素质，如果大家都能真正做到了，而且成为一种习惯，那才真正达到了创建文明城区的目的。